Josten

Daniel Josten, geb. 1976; Studium der Erziehungswissenschaft, Schwerpunkt „Interkulturelle Kommunikation und Bildung“; 2009 und 2010 Lehraufträge an der Universität zu Köln; 2011 Promotion im Fach Sozialwissenschaften.

Daniel Josten

„Die Grenzen kann man sowieso nicht schließen"

Migrantische Selbstorganisation – zivilgesellschaftliches Engagement zwischen Ausschluss und Partizipation

WESTFÄLISCHES DAMPFBOOT

Bibliografische Information der Deutschen Nationalbibliothek
Die Deutsche Nationalbibliothek verzeichnet diese Publikation in der Deutschen Nationalbibliografie; detaillierte bibliografische Daten sind im Internet über http://dnb.d-nb.de abrufbar.

Diese Dissertation wurde von der Humanwissenschaftlichen Fakultät der Universität zu Köln im Juni 2011 angenommen.

1. Auflage Münster 2012

Das titelgebende Zitat stammt von Madjiguène Cissé (1998, 71), Sprecherin der „Sans Papiers" in Frankreich.

Umschlag: Lütke Fahle Seifert AGD, Münster
Druck: Rosch-Buch Druckerei GmbH, Scheßlitz
Gedruckt auf säurefreiem, alterungsbeständigem Papier
ISBN 978-3-89691-902-1

Inhalt

Einleitung

„Heute schlägt sich die politische Demokratisierung der Gesellschaft in einer zivilgesellschaftlichen Infrastruktur nieder, die wir in Gestalt verständigungsorientierter Praktiken, Diskussionen, gemeinsamer Aktionen, Bürgerinitiativen usw. im urbanen Alltag beobachten." (Yildiz 2000, 221) Genau das will diese Arbeit, „im urbanen Alltag beobachten", den Blick lenken auf urbane AkteurInnen der Zivilgesellschaft.

Dass eine freie Entfaltung zivilgesellschaftlicher Strukturen gewährleistet wird, ist für moderne Gesellschaften äußerst bedeutsam, um gesellschaftliche Entwicklungen reflektieren und gegebenenfalls berichtigen zu können. Damit dies jedoch funktionieren kann, muss die Gesellschaft auch ein Forum für öffentliche Auseinandersetzungen bieten und ein Einbeziehen aller in ihr lebenden Menschen ermöglichen.[1] Dazu gehört auch ein nicht unerheblicher Anteil von Menschen mit Migrationshintergrund, den das Statistische Bundesamt für die BRD im Jahr 2009 mit knapp unter zwanzig Prozent angibt.[2] Angesichts dessen stellt sich die Frage, wie es um die zivilgesellschaftliche Beteiligung dieses Anteils bestellt ist. Darüber ist bislang jedoch noch wenig bekannt und entsprechende Organisationen finden selten Beachtung. Wo sie zur Sprache kommen, geht es zumeist recht einseitig darum zu bewerten, inwiefern sie geeignet sind, sogenannte Integrationsprozesse oder unerwünschte Segregationstendenzen zu befördern.[3]

Wenngleich Organisationen von MigrantInnen in wissenschaftlichen Publikationen in den letzten Jahren zunehmend thematisiert wurden,[4] so gilt Folgendes dennoch nach wie vor: „Wünschenswert sind weitere wissenschaftliche Forschungen über das freiwillige Engagement von MigrantInnen ..., die neben der quantitativen Erfassung des Engagements und seiner Rahmenbedingungen auch die subjektive Perspektive der MigrantInnen ... analysieren". (Hoppe/Huth 2002, 32)

Die hier vorliegende Untersuchung stellt einen Beitrag zu einer solchen Forschung dar, welcher sich allerdings weniger den Quantitäten widmet als vielmehr der Sichtweise der AkteurInnen und den Rahmenbedingungen. Ihnen wendet er sich vor dem Hintergrund der Frage nach Kompetenzen im Umgang mit Diversität in europäischen Stadtquartieren zu. Als Beispiel für die urbane Entwicklung

---

1 Vgl. Berking 1997, 405; Unterkapitel II 2. 1

2 Vgl. Statistisches Bundesamt 2010, 7

3 Vgl. Pries/Sezgin (Hg.) 2010, 7ff; Pries 2010, 17, In: ebd.

4 Vgl. Schimany/Schock 2010, 356, In: ebd.

wurde Köln gewählt. Da die Zusammensetzung der Bevölkerung jener anderer Großstädte ähnelt,[5] ist die Situation durchaus vergleichbar. Die Ausgangsthese lautet, dass Erkenntnisse über Möglichkeiten, Probleme und Durchsetzungsweisen migrantischer Selbstorganisation in einer Stadt Schlüsse über dortige Fähigkeiten im Umgang mit wachsender Vielfalt zulassen. Daher sollen Formen der zivilgesellschaftlichen Beteiligung von MigrantInnen in Köln in den Blick genommen werden. In den Fokus geraten so Vorgänge, wie migrantische Gruppen auf der städtischen Bühne ihren Platz im Alltag anmelden.

Eine in ihrer Zusammensetzung durch wachsende Vielfalt geprägte Gesellschaft ist darauf angewiesen, diese Entwicklung zu berücksichtigen. Die Beschaffenheit der urbanen, gesellschaftlichen Konstellation ist unter anderem dadurch geprägt, ob in öffentlichen Zusammenhängen gesellschaftliche Regeln des als normal geltenden Verhaltens durch Vielfalt als gestört empfunden werden oder nicht, aber ebenso, ob dies durch Symbole oder Ausschlussfunktionen gegenüber sozial Ausgegrenzten der Fall ist.[6]

Zu fragen ist in diesem Zusammenhang, ob Stadtgesellschaft sowie städtische Administration in der Lage sind, einen angemessenen Umgang mit wachsender gesellschaftlicher Vielfalt zu entwickeln. Angesichts eines vorherrschend mononationalen und -kulturellen Blickwinkels scheinen hier deutliche Schwierigkeiten zu bestehen: etwa darin, Menschen mit Migrationshintergrund als selbstverständlich vorhandenen Teil der Gesellschaft anzusehen.

Ohne die tatsächliche Verschränkung gesellschaftlicher Zusammenhänge zu beachten, wird MigrantInnen so häufig mangelnde Initiative unterstellt, migrantische Selbstorganisation gar als Ausdruck eines solchen Mangels betrachtet. Demgegenüber zeigt es sich, dass gerade aus der zugewiesenen, gesellschaftlichen Abseitsstellung heraus Möglichkeiten erschlossen werden können. Dabei spielen nicht zuletzt wachsende weltweite Mobilität sowie lokale Fähigkeiten im Umgang mit zunehmender Differenzierung von Lebensstilen eine Rolle. Das urbane Leben, welches sich durch soziale Differenzierung, Mobilität und kulturelle Vielfalt auszeichnet, schöpft in der Praxis mitunter eben gerade auch hieraus

---

5 So etwa bezüglich des Bevölkerungsanteils von Menschen mit Migrationshintergrund, wie Zahlen für das Jahr 2007 aus ausgewählten Großstädten zeigen: Augsburg 39,5 Prozent, Dortmund 30,8 Prozent, Duisburg 29,3 Prozent, Düsseldorf 31,5 Prozent, Essen 19,4 Prozent, Frankfurt am Main 42 Prozent, Hannover 29,8 Prozent, Köln 30,8 Prozent, München 35,2 Prozent, Nürnberg 38,3 Prozent und Stuttgart 37,3 Prozent. (Vgl. Die Beauftragte der Bundesregierung für Migration, Flüchtlinge und Integration 2010, 54)

6 Vgl. Goffman 1959, 67, 101, 115, 132f

Möglichkeiten der Kompetenzentwicklung auf der Suche nach „*lokalen* Lösungen für *global* erzeugte Probleme" (Bauman 2004, 14, Herv. i. Orig.).

Bei der versuchten Etablierung von Wegen zur Teilhabe entwickeln MigrantInnen Fähigkeiten, sich in das gesellschaftliche Geschehen einzuklinken. In jegliches Handeln von Personen fließt der jeweilige gesellschaftliche Rahmen gewissermaßen mit ein. Dabei wird auch immer der Begründungszusammenhang des größeren sozialen Gefüges hinterfragt.[7] So schöpfen allochthone Personen durchaus auch aus Ressourcen, welche sich aus der Perspektive ihrer gesellschaftlichen Randstellung ergeben. Letztere ist unter anderem durch Zuschreibungen entstanden und bisweilen auch ins Selbstkonzept eingeflochten – gleichsam unter Rückgriff auf aufoktroyierte, im allgemeinen Diskurs zirkulierende, Postulate angeblicher Differenz. Dies kennzeichnet keineswegs einen abgrenzenden Rückzug, sondern beinhaltet vielmehr Forderungen nach Anerkennung derjenigen, die sich durch ihren Migrationshintergrund hier häufig vor strukturell gleiche Probleme gestellt sehen. Aus diesen Umständen ergeben sich mitunter spezifische Bedürfnisse.[8]

Es geht also darum, wie sich migrantische AkteurInnen selbst verorten, welche Möglichkeiten sie sehen und welche Wege sie gehen, um ihre Ziele zu erreichen. Daher sollen verschiedene Varianten der Einteilung von Migration erwähnt und die jeweiligen Formen der Platzierung migrantischen Engagements im urbanen Alltag untersucht werden. Dabei gilt ein besonderes Augenmerk dem Vergleich von Organisationen und Gruppen formal akzeptierter, mit diesbezüglichen Ansätzen illegalisierter MigrantInnen. Letztere haben es ungleich schwerer, sich im städtischen Raum Gehör zu verschaffen, ohne Gefahr zu laufen, Sanktionen unterworfen zu werden. Der Beitrag zur wissenschaftlichen Diskussion soll also darin liegen, einen Vergleich von verschiedenen „Selbst-ins-Bild-Setzungen" unterschiedlicher migrantischer Gruppen zu unternehmen.

Die Teilnahme an zivilgesellschaftlichen Prozessen von MigrantInnen ist einerseits nach je zugestandenem Status rechtlich eingeschränkt, andererseits gibt es eine Reihe von Selbstorganisationen migrantischer Gruppen, die zeigen, dass – auch ohne breite gesellschaftliche Anerkennung – Wege gefunden werden können, sich zu engagieren. Die verschiedenen rechtlichen Rahmenbedingungen für Menschen, die unterschiedlichen Kategorien von MigrantInnen zugerechnet werden, schlagen sich auf die Art und Weise ihres Handelns nieder. Persönliches Engagement und die Verfolgung eigener Absichten laufen im Alltag mit einer

---

7 Vgl. Ebd., 221f

8 Vgl. Mannitz 2006, 306f; Berking 2008b, 22f

größeren Selbstverständlichkeit ab als vielfach angenommen. Häufig wird sogar gerade der Versuch, Teilhabe zu ermöglichen, als Abgrenzung wahrgenommen und negativ bewertet.

Der offiziellen Praxis der öffentlichen Repräsentation von MigrantInnen – die eher den behördlichen Bedürfnissen entsprach als jenen der Minderheitsbevölkerung – wurden seit den 1960er Jahren durch MigrantInnenselbstorganisationen vornehmlich emanzipative Absichten entgegengesetzt. Dies blieb als zumeist einzige Möglichkeit der Teilhabe an der Bildung öffentlicher Meinung in Opposition zu den – durch etablierte gesellschaftliche Einflussnahme bevorzugten – ethnisierenden und spaltenden Vorstellungen.[9]

In Köln verfügt laut statistischer Angaben knapp ein Drittel der Bevölkerung über einen Migrationshintergrund.[10] Den schwierigen Prozess zur Teilnahme dieses Anteils an zivilgesellschaftlichen Abläufen gilt es zu thematisieren.

Dem hier angesprochenen Zusammenhang wird im Weiteren anhand der folgenden Fragen nachgegangen:

- Welche Möglichkeiten finden migrantische Selbstorganisationen, sich zivilgesellschaftlich zu beteiligen?
- Wie sehen die Bedürfnisse und Lösungsstrategien aus, die allochthone Interessenzusammenschlüsse angesichts der Hürden, die ihnen bezüglich gesellschaftlicher Partizipation gesetzt werden, formulieren?
- Welche Maßnahmen sind es, die ergriffen werden, um als aktive gesellschaftliche AkteurInnen der städtischen Gesellschaft wahrgenommen und wirksam zu werden?
- Wie gehen hingegen städtische VertreterInnen vor?

Es bleibt zu zeigen, wie der gebotene Spielraum die Art der Partizipation bestimmt und inwiefern die zivilgesellschaftlichen AkteurInnen gesamtgesellschaftlich relevante Lösungsansätze entwickeln können. Dazu wird unter I zunächst die methodische Vorgehensweise der empirischen Arbeit näher erläutert. Teil II stellt daraufhin den theoretischen Rahmen vor, der einerseits das eingebrachte Vorverständnis absteckt und andererseits als offene Diskussionsgrundlage für die – durch die Feldforschung gewonnenen – Erkenntnisse dienen soll. Als letztes Kapitel in diesem Teil geht das dritte (II 3.) auf die in der Großstadt vorgefundene Vielfalt ein. Zunächst wird die Stadt unter den Vorzeichen einer sich entwickelnden Postmoderne gesehen (II 3. 1), während das Unterkapitel II

9 Vgl. Yildiz 1994, 45ff; Schmidt 2003, 13ff, 32

10 Die Kölner Statistischen Nachrichten (2007, 31) geben 31,4 Prozent für das Jahr 2006 an (zu 2007 vgl. Fußnote 5).

3. 2 schließlich das Beispiel Köln näher betrachtet und auf diese Weise in das Forschungsfeld einführend den empirischen Teil einläutet. In Teil III der Arbeit werden die Ergebnisse der empirischen Untersuchung dargestellt, während im letzten (IV) schließlich eine Auswertung der Analyse von Publikationen (IV 1. 1), eine Deutung der vorangegangenen Interviewdarstellungen (IV 1. 2) und abschließend ein Resümee (IV 2.) erfolgen.

I Methodische Bemerkungen zur empirischen Vorgehensweise

Gesellschaftliche Zurechnungen vollziehen sich heutzutage vor urbanem Horizont. Um die gesellschaftliche Situation zu erforschen, bietet es sich daher an, sich großen Städten zuzuwenden. Köln wird in dieser Arbeit also als Beispiel für eine europäische Großstadt herangezogen. Aus den zahlreichen hier vorhandenen migrantischen Selbstorganisationen wurde eine überschaubare Auswahl getroffen, da dies eine gewisse Tiefe der Analyse ermöglicht. Damit dennoch eine Erfassung auch in einer gewissen Breite erfolgen kann, wurden Beispiele gewählt, welche mit unterschiedlichen, gesellschaftlich hervorgebrachten, migrantischen Bevölkerungsgruppen assoziiert werden können. Die beiden größten Bevölkerungsgruppen in der BRD, welche aus EinwohnerInnen mit Migrationshintergrund bestehen, bilden mit je rund drei Millionen Menschen jene, die aus der Türkei und aus Ländern der ehemaligen UdSSR stammen.[1] Hierzu wurden als Beispiele eine Vereinigung Türkeistämmiger, die „Föderation demokratischer Arbeitervereine e.V. (DIDF)", und ein Verein Russischsprachiger, „PHOENIX-Köln e.V. (PHOENIX)", ausgewählt. Um die Unterschiede bezüglich der Möglichkeiten zivilgesellschaftlichen Engagements verschiedener Bevölkerungsgruppen pointiert herausarbeiten zu können, wurden außerdem Beispiele aus der Gruppe der Illegalisierten herangezogen, deren Anzahl sich nicht seriös schätzen lässt, weshalb die auf die Bundesrepublik bezogenen Angaben zwischen 100.000 und 1,5 Millionen schwanken.[2] Zusätzlich wurde die Perspektive der genannten Personenkreise in einem Interview um jene der Stadtverwaltung ergänzt, um eine Einschätzung über die dominierende Sicht zu diesem Thema in etablierten, Rahmen setzenden Strukturen zu ermöglichen.

Den in der Einleitung angedeuteten Forschungssträngen wird hier in mehreren Schritten nachgegangen:

---

1 Vgl. Statistisches Bundesamt 2010, 8

2 Vgl. Herbert 2001, 287; Schönwälder/Vogel/Sciortino 2004, 27

1. Vorkenntnisse und -annahmen werden zunächst dargelegt und zu einem theoretischen Rahmen verknüpft (Teil II).
2. Eine Inhaltsanalyse von Publikationen migrantischer Selbstorganisationen soll vertiefend helfen, Ensembles relevanter Themenkomplexe festzustellen, um sie im Weiteren zu verfolgen. Außerdem kann dabei bereits eine erste Einschätzung über die Art und Weise des dargebotenen Selbstverständnisses im öffentlichen Diskurszusammenhang erfolgen (Kapitel III 1).
3. In leitfadengestützten ExpertInneninterviews mit MultiplikatorInnen ausgewählter Beispielgruppen, aber auch etablierter, wie etwa involvierter, städtischer Institutionen, wird herausgearbeitet, wie sich die Situation im Alltag für die Beteiligten darstellt. Die Auswahl der InterviewpartnerInnen und Gruppen fußt auf der vorangegangenen Analyse und Recherche. Nach der Durchführung der Befragungen werden die Ergebnisse aufbereitet. Die so gewonnenen Erkenntnisse liefern eine Grundlage zur Diskussion im Rahmen des anfänglich geschaffenen theoretischen Forschungskontextes. In Bezug auf die Frage nach der öffentlichen Repräsentation illegalisierter MigrantInnen kommen zusätzlich stellvertretende RepräsentantInnen aus der UnterstützerInnenszene zu Wort. Wie in der qualitativen Sozialforschung üblich, sollen die Befragungen möglichst offen gehalten werden, weshalb der verwendete Leitfaden flexibel zum Einsatz kommt. Die Fragestellungen können hierbei im Verlauf des Erhebungsprozesses noch erweitert und angepasst werden (Kapitel III 2).
4. Hierauf folgt eine ausführliche Auswertung der Ergebnisse der Fallrekonstruktionen sowie eine hermeneutische Erörterung dieser im Zusammenhang mit den anfänglich aufgestellten Thesen und Theorien, um zu einer dichten Beschreibung[3] zu gelangen. Vorsicht mit Verallgemeinerungen sollte hier selbstverständlich sein, auch im Forschungsverlauf eventuell erkannte Schwächen des Erklärungsversuchs mögen hier erörtert werden (Teil IV).

Um aussagekräftiges Datenmaterial zu erhalten, welches vor dem in Teil II geschaffenen, theoretischen Hintergrund diskutiert werden kann, kommen Methoden der qualitativen Sozialforschung zur Anwendung. Die Ausgangsüberlegungen sollen hierzu im Verlaufe des gesamten Forschungsprojekts offen bleiben, um sie gegebenenfalls anhand neu gewonnener Erkenntnisse berichtigen zu können. Der theoretische Teil dieser Arbeit dient dabei als Deutungsrahmen. Die hier wiedergegebenen Thesen und Theorien sind vorläufiger Art und sollen mittels der empirischen Untersuchung überprüft werden. Lebenszusammenhänge

3 Vgl. Bohnsack/Marotzki/Meuser (Hg.) 2003, 33ff

und -umstände dürfen dabei nicht als mangelhaft gesehen werden, nur weil sie irgendwelchen ideellen Vorstellungen scheinbar nicht entsprechen.[4]

Qualitative Methoden erlangten in der Soziologie seit der ersten Hälfte des 20. Jahrhunderts unter anderem unter dem Einfluss stadtsoziologischer Forschungen der sogenannten Chicagoer Schule zunehmend an Gewicht, welche in Untersuchungen zum Teil bereits Dokumente migrantischer Organisationen in den Blick nahm. Sie beschäftigte sich mit sozialer Ungleichheit, und klassen- beziehungsweise ethnienbezogene Unterschiede wurden auf soziale Gründe zurückgeführt. Dazu sollte der Alltag in den Städten untersucht werden, wobei nicht vornehmlich die Lebenssituationen von Individuen in den Blickpunkt gerückt wurden, sondern der gesellschaftliche Zusammenhang mit der Sichtweise Agierender Beachtung finden sollte. Ihre untersuchten Ansichten sollten Einblicke in die Realität ermöglichen, wie sie etwa durch auf Konstruktionen beruhendem Handeln zustande kommt, das reale Folgen zeitigt, was mit quantitativen Daten allein so nicht möglich wäre. Dazu kam es verstärkt zum Einsatz offener Interviews und der Analyse von Dokumenten.[5]

Die mit Methoden der qualitativen Sozialforschung gewonnenen Erkenntnisse beruhen auf stets veränderbaren Konstruktionen der im Feld Beteiligten. Sie stellen deren Rekonstruktion dar, wobei beachtet werden sollte, dass auch die Forschung selbst auf vorgefundene und etwa in Interviews präsentierte Konstruktionen ihrerseits einen Einfluss ausübt. Qualitative Sozialforschung untersucht also keine gegebene Wirklichkeit, sondern analysiert Konstruktionen und legt diese neu aus, rekonstruiert sie also. Folglich wird soziales Handeln entsprechend der theoretischen Modellannahmen, wie sie in den kommenden Kapiteln genauer entwickelt werden, aus den Blickwinkeln, welche auf die systemischen, die diskursiven und die lebensweltlichen Zusammenhänge gerichtet sind, betrachtet und im weiteren Deutungsverlauf wieder in den Zusammenhang gestellt.[6]

> „Das spezifische Erkenntnispotential rekonstruktiver Sozialforschung liegt darin, soziale Verhältnisse als Sinnzusammenhänge erfassen zu können und auf diese Weise ... einen verstehenden Nachvollzug sozialen Handelns zu ermöglichen. Dabei geht es nicht nur um die Rekonstruktion des subjektiv gemeinten Sinns, sondern vor allem darum, soziales Handeln als je individuellen Ausdruck überindividuel-

---

4 Vgl. Bukow/Nikodem/Schulze/Yildiz 2001, 107, 114; Nikodem 2002, 100

5 Vgl. Girtler 1989, 201f; Diekmann 1996, 95f; Schnell/Hill/Esser 2005, 36f; Löw/Steets/Stoetzer 2007, 31ff

6 Vgl. Bukow/Nikodem/Schulze/Yildiz 2001, 116; Nikodem 2002, 100, 102, 106; Flick 2006, 15, 19, 57, 60

ler sozialer Zugehörigkeiten ... und kollektiver Orientierungen ... verständlich zu machen" (Meuser 2003).[7]

So sollen mittels Interpretation des Sinns, welchen die Handelnden ihrem Tun selbst geben, empirisch vorgefundene Gegebenheiten und soziale Abläufe beschrieben, Forschungshypothesen überprüft und gegebenenfalls neue aufgestellt werden.[8]

Analyse von Dokumenten

Die qualitative Inhaltsanalyse von Publikationen[9] migrantischer Selbstorganisationen in Kapitel III 1 widmet sich zunächst der Beschreibung der enthaltenen Informationen anhand der Fragestellungen, welche sich aus den vorangegangenen Erörterungen ergeben. Sie soll Schlussfolgerungen darüber ermöglichen, was intentional mitgeteilt wird, welche Werte dabei einfließen und welche den Adressaten der Texte zugeschrieben werden.[10] Die qualitative Inhaltsanalyse von Texten rekonstruiert den in ihnen dargebotenen Sinn. Dabei berücksichtigt sie schließlich auch den weiteren Zusammenhang, in dem die Texte stehen.[11]

Zunächst werden den Texten dazu Informationen entnommen und zur Auswertung aufbereitet. Dies reduziert die Informationsmenge und strukturiert sie dem Untersuchungsziel entsprechend. Diese Extraktion erfolgt – ausgehend von den theoretischen Vorüberlegungen aus Teil II der Arbeit – anhand eines Suchrasters. Dabei werden untersuchungsrelevante Textstellen gesucht und den Kategorien des Suchrasters zugeordnet. Bereits in diesem Schritt erfolgt eine Interpretation, die zur Feststellung der Relevanz nötig ist.[12] Die Auswertungskategorien, die auf den vorläufigen theoretischen Überlegungen beruhen, werden im Prozess der Extraktion ergänzt.

Das Vorgehen umfasst also vier Schritte, wobei die jeweils vorangegangenen Ergebnisse die Basis für die nächsten Schritte bilden:

1. Die Vorbereitung der Extraktion: Sämtliches zu untersuchendes Material wird hier einbezogen. Zur Findung der Informationen, die zur Beantwortung der Untersuchungsfragen benötigt werden, wird ein Suchraster erstellt, wobei der

---

7 In: Bohnsack/Marotzki/Meuser (Hg.) 2003, 142

8 Vgl. Diekmann 1996, 444

9 Vgl. Gläser/Laudel 2006, 204

10 Vgl. Diekmann 1996, 482, 484, 486

11 Vgl. Bohnsack/Marotzki/Meuser (Hg.) 2003, 90

12 Vgl. Gläser/Laudel 2006, 193ff

theoretische Hintergrund Berücksichtigung findet. Hierbei spielt die Frage eine Rolle, ob sich abzeichnet, dass im theoretischen Teil etwas fehlt, was im Zusammenhang von Relevanz wäre.[13]

2. Die Extraktion: In diesem Schritt wird aus den Texten alles für relevant Gehaltene berücksichtigt. Zusätzlich fließen hier auch bereits Vermutungen, Zusatzinformationen und weitere Interpretationen ein, die aber als solche kenntlich gemacht sind. Das Suchraster wird hierbei ergänzt, sobald der Untersuchungsverlauf dies nötig macht. Die Ergebnisse der Extraktion bilden das Rohmaterial für das weitere Vorgehen. Die ursprünglichen Fundstellen sind hierin erhalten. Auf das Ausgangsmaterial kann also bei auftretenden Problemen zurückgegriffen werden.[14]
3. Die Aufbereitung: Sie dient der Qualitätsverbesserung der Daten. Verstreute Informationen werden zusammengefasst, die Textmenge wird weiter reduziert und Fehler werden berichtigt, der Inhalt also weiter strukturiert. Das Ergebnis der Aufbereitung beinhaltet als Basis die zur Beantwortung der Forschungsfragen relevanten Informationen. Diese sind nunmehr theoretisch und empirisch dreifach strukturiert, durch die theoretischen Vorannahmen genauso wie durch die Vorbereitung der Extraktion sowie durch die Extraktion selbst.[15]
4. Die Auswertung (Unterkapitel IV 1. 1): Sie dient dem Ziel, die Forschungsfragen zu beantworten und ist deutlich durch diese sowie die Untersuchungsstrategie geprägt. Hier geht es darum, anhand der erarbeiteten Rekonstruktionen gegebenenfalls vorhandene Zusammenhänge zu klären. Die Rekonstruktionen sowie gefundene Zusammenhänge werden in den theoretischen Rahmen einbezogen. Dabei findet eine Generalisierung ebenso statt wie die Festlegung ihres Geltungsbereiches. Es erfolgt eine Konfrontation der empirischen Ergebnisse mit dem weiteren Zusammenhang und eine Weiterentwicklung der Theorie, ihr Ausbau, ihre Einschränkung oder sogar Widerlegung. Hierbei bleibt die Struktur des untersuchten Materials gleichfalls dort erhalten, wo sie dem theoretischen Vorüberlegungen widerspricht oder darüber hinausgeht, woraufhin gegebenenfalls eine im Weiteren nötige Diskussion erfolgt.[16]

---

13 Vgl. ebd., 196ff

14 Vgl. ebd., 209ff

15 Vgl. ebd., 219ff

16 Vgl. ebd., 240ff

Leitfadeninterviews

Kapitel III 2 widmet sich der Darstellung der geführten Interviews sowie einer ersten Auswertung. Bei der Erstellung des Interviewleitfadens spielen Entwicklungsverläufe, Entstehungsgründe, aktuelle Aktivitäten und ihre Bedeutung für die Mitglieder des jeweils untersuchten Zusammenhangs genauso eine Rolle wie eventuelle Probleme oder das Vorhandensein von Ressourcen in den Communities oder den Kooperationen von MigrantInnenselbstorganisationen untereinander und mit Institutionen der sogenannten Mehrheitsgesellschaft sowie deren Bedeutung für letztere. Mehrheitsgesellschaftliche Dominanzverhältnisse sind umgekehrt ebenso zu berücksichtigen, aber gleichfalls, ob und inwiefern diese auch Unterstützung bieten, also etwa welche Möglichkeiten der Förderung bestehen und bekannt sind.

Der Leitfaden hilft dabei, möglichst sämtliche interessierenden Themenbereiche anzusprechen und dadurch Vergleiche verschiedener Interviews zu ermöglichen. Die im Gespräch jeweils anstehende Entscheidung, wie und wann die Fragen gestellt werden, soll dabei möglichst dem Gesprächsverlauf angepasst werden, ohne den Hergang zu stark zu lenken. Diese Flexibilität soll unerwarteten Antworten Raum lassen und trotzdem gewährleisten, dass wichtige Bereiche nicht ausgespart bleiben. Intendiert wird auf diese Weise zunächst eine möglichst große Offenheit der Erzählung zu erzielen, die nicht allzu sehr durch Nachfragen determiniert wird. Letztere erfolgen daher zunehmend erst im fortgeschrittenen Verlauf der Interviews.[17] Bei ihrer Transkription erfolgt ein Anonymisieren und zur besseren Lesbarkeit ein Hinzufügen von Satzzeichen sowie eine behutsame Anpassung des Satzbaus.[18]

Bei der Auswertung des so entstandenen Materials kommt das deskriptiv hermeneutische Verfahren der sozialwissenschaftlichen Paraphrase zum Einsatz. Für diese Nacherzählung sind zunächst die für objektivierbar gehaltenen Informationen der Texte bedeutungsvoll. Dabei wird der theoretische Rahmen auf seine Anwendbarkeit geprüft und geschaut, ob sich die vorliegenden Fälle mit diesen theoretischen Annahmen erklären lassen.[19]

Der sozialwissenschaftlichen Paraphrase (III 2) folgt im Unterkapitel IV 1. 2 eine weitere Auslegung in drei Schritten, die den dargebotenen Sinn und vorkommende Muster der Mitteilungen analytisch rekonstruiert:

---

17 Vgl. Diekmann 1996, 451; Heinze 2001, 168f

18 Vgl. ebd., 172

19 Vgl. ebd., 204

1. Explikation: Zunächst wird erläutert, was die InterviewpartnerInnen mitteilen wollten, wobei im Geiste die Rolle der jeweiligen GesprächspartnerInnen berücksichtigt wird. Diese Rekonstruktion erfolgt satzweise, entlang der Struktur des Textes. Hierbei kommt es bereits zu einer Interpretation der Daten, zum Beispiel anhand wissenschaftlich-theoretischer Vorüberlegungen, solcher des Alltags oder der biographischen Erfahrungen des Interpretanten.
2. Metakommunikative Rekonstruktion: In dieser Phase werden Muster der bereits gegebenen Erklärungen und Deutungen der bisherigen Interpretationen gesucht, kritisch hinterfragt und kontrolliert sowie gegebenenfalls korrigiert oder ergänzt. Die so herausgearbeitete Erzählstruktur soll helfen, die Relevanz der mitgeteilten Bedeutungen und Konzepte für die Interviewten zu erkennen. Es geht also darum, was den Betreffenden wirklich wichtig ist. Erkennbar wird dies nicht nur an der Häufigkeit der jeweils angesprochenen Themen, sondern unter anderem auch an der Art des Ausdrucks, der Betonung et cetera.
3. Identifizierung von Kernaussagen: Im letzten Schritt werden wesentliche Punkte des so „diskursiv ausgehandelten Interpretationsprozesses“ (Heinze 2001, 207) herausgearbeitet. Die zuvor vorgenommene Systematisierung sowie die theoretischen Vorüberlegungen inklusive der forschungsleitenden Fragestellungen helfen dabei, Kernaussagen zu finden. Auf diese Weise wird in einem sich aus den vorliegenden Inhalten ergebenden Prozess geprüft, ob das theoretische Vorverständnis die aus den Gesprächen gewonnenen Inhalte erklärt, ob es sie weiter aufgliedert, ihre Einzelheiten berücksichtigt, oder ob es einer Ergänzung bedarf.[20]

Schließlich erfolgt in Kapitel IV 2 ein Resümee. Die Ergebnisse der vorangegangenen Forschungsetappen werden hier abschließend in einem größeren Zusammenhang diskutiert.

20 Vgl. ebd., 206f, 211

II Zur Lage der MigrantInnen

II 1 Einteilung von MigrantInnen in besondere Gruppen

Die Einteilung Zugewanderter in besondere Bevölkerungsgruppen, wie sie hier näher beschrieben wird, ist für deren gesellschaftliche Positionierung bestimmend. Dadurch, dass Minoritäten durch die Setzung von Rahmenbedingungen und im Alltag hervorgebracht werden, wird die gesellschaftliche Lage von MigrantInnen festgelegt.

In seinem Debütroman *Der Klub der polnischen Wurstmenschen* nimmt Leszek Herman, der in Berlin zusammen mit anderen den „Club der polnischen Versager" ins Leben gerufen hat, anschaulich die in der Bundesrepublik übliche gesellschaftlich diskursiv hervorgebrachte Einteilung von MigrantInnen in verschiedene Gruppen aufs Korn:

> „In der Masse der Stimmen der öffentlich geführten Debatte hatten sich zwar auch solche befunden, die die deutsche Herkunft des Wurstmenschen beweisen wollten, da in seinem Gewebe deutsche Konservierungsstoffe gefunden worden waren. Auf dieser Grundlage hätte der große Wurstmensch als deutschstämmiger Aussiedler mit allen Privilegien anerkannt werden können. Dieser Vorschlag wurde jedoch als zu absurd abgelehnt.
> Der große Wurstmensch wurde also Pole, und so stand ihm die Kategorie 'Duldung' zu. Üblicherweise ist das die schlechteste Klasse, mit der man als Nicht-Bundesbürger in Deutschland dauerhaft leben kann. Was den großen Wurstmenschen betrifft, konnte man trotzdem von großem Glück sprechen, weil er andernfalls nur noch auf eine humanitäre Schlachtung hätte hoffen können." (2004, 17)

II 1.1 Die Rahmenbedingungen der Zuwanderung und die Schaffung von besonderen Bevölkerungsgruppen

Der Umgang mit dem Thema Immigration ist in der BRD besonders durch den institutionellen Rahmen geprägt. Mit verschiedensten Konstellationen in Zusammenhang mit Zugezogenen und Hergeflohenen korrespondieren unterschiedlichste rechtliche Zusammenhänge. So betreffen etwa Flüchtlinge andere

Regelungen als sogenannte Aussiedler, als die hier bereits seit Generationen ansässigen MigrantInnen, welche einst als Arbeitskräfte angeworben wurden, als Zweigstellenangestellte ausländischer Firmen oder anderer Staaten. Sie alle werden von den vorherrschenden ausländerpolitischen Maßgaben je unterschiedlich angesprochen, haben – je nach zugestandenem Status – Rechte in unterschiedlichem Umfang.[1] Auch durch die Setzungen der Entwicklungspolitik sind bestimmte Teile der Weltbevölkerung – schon bevor sie migrieren – klientelisiert, zu einer Minderheit gestempelt und stigmatisiert. Dies prägt von Beginn an ein Bild unterschiedlicher Zuwanderungsgruppen und spielt bei der Zuweisung gesellschaftlicher Plätze später im Einwanderungsland eine Rolle. Gesetzlich wird dann etwa zwischen wirtschaftlich nützlichen und nicht nützlichen ImmigrantInnen unterschieden.[2] Diskriminierung kann hier also bereits weitestgehend aufgrund der formalrechtlich festgeschriebenen Strukturen wirken – gleichsam als das Ergebnis ihrer nach eigenen Grundsätzen ausgerichteten und verfolgten Prinzipien.[3]

Den zuständigen Ämtern erschienen ImmigrantInnen vornehmlich als soziales Problemfeld, dem sie unter dem Stichwort Integration – womit jedoch in erster Linie Assimilation gemeint war – beizukommen versuchten. Damit wird die Zuordnung zu einer Gruppe konserviert. Ausländer ist ein juristisch durch Staatsangehörigkeit festgelegter Begriff, der aber wieder zunehmend wertend benutzt wird. Die rechtliche Unterscheidung verschiedener eingewanderter Gruppen weist ein gesondertes Recht für Minderheiten auf, welches grundsätzliche Prinzipien des Rechts ignoriert oder unter bestimmten Voraussetzungen als eine Art Bonus lediglich gewährt.[4] Der Umgang mit Migration zeigt sich in der Zusammenfassung migrantischer Gruppen unter verschiedene Begriffe. Zentral bei dieser Zuweisung, die den verschiedenen Gruppen unterschiedlichen, rechtlichen und sozialen Status zuweist, ist die völkisch beeinflusste Variante von Staatsbürgerschaft anhand einer konstruierten Volkszugehörigkeit. So gelten mitunter weiterhin hier geborene Nachkommen zugezogener Eltern oder gar Großeltern als Ausländer. Zwar ergänzte die zu Beginn des Jahres 2000 in Kraft getretene neue Fassung des Staatsangehörigkeitsrechtes die Regelungen um Aspekte des Territorialprinzips (Ius Soli) und eröffnete die Möglichkeit einer doppelten Staatsangehörigkeit, diese wird allerdings lediglich bis zum 23. Lebensjahr gewährt.

1 Vgl. Cohen 1992, 68; Bade 1994, 9ff, 19; Rütten 2000, 180

2 Vgl. Ottersbach 1997, 188, 194

3 Vgl. Gomolla/Radtke 2002, 14f

4 Vgl. Ottersbach 1997, 173f; Terkessidis 2000, 6f, 9, 29

Danach muss eine Entscheidung für eine der Staatsangehörigkeiten getroffen werden. Damit sowie dem Anfang 2005 in Kraft getretenen Zuwanderungsgesetz, wurde für hier geborene Nachkommen von Menschen mit Ausländerstatus ein Anrecht auf die deutsche Staatsbürgerschaft eingeführt. Allerdings wird dieses nur jenen zuteil, welche die vielen daran geknüpften Bedingungen erfüllen, was mit Schwierigkeiten verbunden ist. Das Zuwanderungsgesetz legt fest, welche Immigration erwünscht ist, gewährt gewissen definierten Gruppen Vorrechte und sorgt damit für eine Klassifizierung von Menschen.[5]

So wird eine Gruppe von ImmigrantInnen beispielsweise nach dem Prinzip des Ius Sanguinis als dem sogenannten deutschen Volk zugehörig gesehen. Das Bundesvertriebenengesetz regelt, wer aufgrund der deutschen Staatsan- oder Volkszugehörigkeit gewisse Begünstigungen erhalten kann. Das Prinzip der Abstammung stellt ein Kriterium der Inklusion dar, welches in der bundesrepublikanischen Gesellschaft weiterhin dafür sorgt, die Vorstellung von Homogenität zu stützen und sie nicht durch wachsende Vielfalt erschüttert sehen zu müssen.[6]

„Deutscher Volkszugehöriger ... ist derjenige, der sich in seiner Heimat zum deutschen Volkstum bekannt hat und bei dem dieses Bekenntnis durch bestimmte Merkmale wie Abstammung, Sprache, Erziehung, Kultur bestätigt wird." (Unabhängige Kommission Zuwanderung 2001)[7]

Ab 1990 zögerte das Bundesverwaltungsamt in Köln die Bearbeitung der, gemäß Reglement in den Herkunftsländern gestellten, Anerkennungsanträge jedoch hinaus, um den Zuzug dieser Gruppe zu drosseln. Die Regeln für die Anerkennung als sogenannteR (Spät-)AussiedlerIn wurden im Folgenden zudem verschärfend ergänzt. Nicht zuletzt, da sich während der 1980er und 1990er Jahre zunehmend Unmut über die Zuwanderung von sogenannten AussiedlerInnen öffentlich äußerte und auf ähnliche Weise wie gegen Asylsuchende Stimmung gegen sie gemacht wurde, wollten die Verantwortlichen diesen Bereich der Zuwanderung gleichermaßen weiter verringern. So kann den entsprechenden Status beispielsweise nur noch erhalten, wer vor Beginn des Jahres 1993 geboren wurde. Dies hatte unter anderem zur Folge, dass zahlreiche Zugewanderte aus osteuropäischen Staaten, die sich zu eben diesem völkischen Konstrukt bekennen, heute keine Möglichkeit einer Anerkennung dessen mehr haben.[8] Die Lebenslage dieser rechtlich zwar voll anerkannten Gruppe, die folglich auch nicht statistisch als

5 Vgl. Cohen 1992, 69f; Flam (Hg.) 2007, 20, 234, 267

6 Vgl. ebd., 7

7 Zit. n. Alt 2003, 260

8 Vgl. Nuscheler 1995, 123ff; Fulbrook 1996, 94f; Alt 2003, 260f

Immigrierte erfasst wird, obwohl diese Menschen bei ihrem Umzug Staatsgrenzen passieren, ist jedoch in vielerlei Hinsicht – besonders bezüglich Zuschreibungs- und Diskriminierungsverfahren – eher mit der anderer ImmigrantInnen vergleichbar als mit jener alteingesessener BürgerInnen.[9]

II 1.2 Die Anwerbung von Arbeitskräften

Anders als die Situation der MigrantInnen, welche vom Bundesvertriebenengesetz betroffen sind, stellt sich jene der sogenannten Gastarbeiter dar. Das erste Abkommen zur Anwerbung von Arbeitskräften aus anderen Ländern wurde 1955 mit Italien geschlossen. Im Zeitraum von 1960 bis 1968 kamen derartige Verträge mit weiteren Ländern wie Spanien, Griechenland, Türkei, Marokko, Portugal, Tunesien und Jugoslawien hinzu. Die Abmachungen mit der Türkei, Marokko und Tunesien enthielten allerdings besondere Regelungen über prinzipielle Aufenthaltsbeschränkungen. Die potentiellen Arbeitskräfte mussten sich einer medizinischen Untersuchung bereits im Herkunftsland unterziehen und wurden nach Tauglichkeit selektiert. In der BRD angekommen, interessierte jedoch lediglich die Einbindung ihrer Arbeitskraft und sie wurden größtenteils von der eingesessenen Bevölkerung separiert untergebracht.[10] Die Beschäftigung ausländischer Arbeitskräfte hierzulande ähnelt – vor allem bezogen auf die Art der Anwerbung und Regulierung von Lebens- und Arbeitsumständen – dem Vorgehen in der Weimarer Republik.[11] Wie die frühe Politik der Anwerbung von ausländischen Arbeitskräften seitens der Bundesrepublik zeigt, soll durch die Gesetzgebung eine Immigrationsleitung sowie eine Beeinflussung der Bevölkerungszusammensetzung erreicht werden. So erfolgte Anwerbung von Arbeitskräften zuerst aus West- und Südeuropa. Erst später, als die Zuzugswilligkeit aus diesen Ländern abnahm, wurden auch andere Länder einbezogen. Maßgebend hierfür waren medizinische und kulturpolitische Gedanken. Das mehr oder weniger implizite Ziel des Ausländergesetzes, Immigration einzuschränken oder gar zu verhindern, belohnt deutsche Staatsangehörigkeit beziehungsweise Abstammung und diskriminiert Eingewanderte als „'Gastarbeiter', 'Ausländer' und 'Asylanten'. Diese Form politisch-juristischer Entscheidung steht in der Tradition der Nationalstaatenbildung." (Ottersbach 1997, 216)

---

9 Vgl. Rütten 2000, 182

10 Vgl. Sassen 1997, 162; Treibel 1999, 55; Terkessidis 2000, 16ff

11 Vgl. Herbert 1986, 175; Bade 1994, 41

Die Anwerbung von Arbeitskräften erfolgte vor allem nach wirtschaftlichen Erwägungen und war zunächst als vorübergehende Maßnahme angelegt. Die damit verknüpfte Hoffnung war, mit den Arbeitskräften aus dem Ausland Möglichkeiten zu haben, nach Bedarf über diese verfügen, die Bewegungen Migrierender kontrollieren und nicht zuletzt, Löhne niedrig halten zu können. Mit dem Einsatz sogenannter Gastarbeiter, die mit ihrer Tätigkeit im Bereich schlecht bezahlter, wenig verlockender Arbeit mehrheitlich eine relative Verbesserung ihrer wirtschaftlichen Situation erreichen konnten, wurden im Beschäftigungssystem der BRD die Aufstiegsmöglichkeiten der einheimischen Bevölkerung verbessert.[12]

Heutzutage besteht jedoch ein wesentlicher Unterschied: Anders als damals wird die Unterschichtung ausländischer Arbeitskräfte mit dadurch gewährleistet, dass neue Formen der Arbeitsmigration vom hiesigen sozialen Sicherungssystem abgekoppelt werden.[13]

II 1.3 Der weitere Umgang mit Immigration

> „Während von den Arbeitnehmern, den Arbeitnehmerinnen in den global agierenden Unternehmen durchaus eine nationale und internationale Mobilität erwartet wird, ja sogar als unabdingbar und fortschrittlich gefordert wird, verhält es sich mit der Migration nach Europa, in die Bundesrepublik Deutschland anders. Diese wird kontrolliert und stigmatisiert. Hierzu formuliert Ulrich Beck sehr präzise: 'Mobilität zwischen Nationalstaaten ist dagegen nicht Mobilität, sondern gilt als 'Migration' und ist im allgemeinen unerwünscht sowie erheblichen Restriktionen unterworfen. An den Grenzbäumen der Nationalstaaten verwandelt sich also 'erwünschte Flexibilität' in 'unerwünschte Migration'. Die Menschen, die tun, was innerhalb von Nationalstaaten hocherwünscht ist, werden nun kriminalisiert. Sie sind 'Wirtschaftsflüchtlinge', 'Asylanten', 'illegale Einwanderer', die sich 'Schlepperbanden' anvertrauen (im nationalen Raum nimmt diese Aufgabe das Arbeitsamt wahr.)' (1999a:35) Migrantinnen und Migranten werden nicht nur ethnisiert, sie werden ebenso kriminalisiert“ (Nikodem 2002, 44).

Zu den Bestimmungen, die den Zuzug in die BRD regeln, gehören solche, die unter dem Stichwort Familienzusammenführung firmieren. Diese kamen zwar nicht zuletzt aufgrund des Drucks migrantischer Gruppen zustande, bevorteilten von Beginn an allerdings besonders der europäischen Gemeinschaft Zugehörige; andere waren diesbezüglich eher auf Jovialität administrativer Instanzen angewiesen. Der längst begonnene Ansiedlungsprozess konsolidierte sich entgegen

12 Vgl. Leggewie 1980, 124f; Treibel 1999, 55f; Bojadžijev 2008, 97f, 108

13 Vgl. Dreher 2003, 17f

der Intention des Anwerbestopps von 1973. Tendenziell näherte sich der Lebensstandard vor allem in den Bereichen des Konsums, der Lohnhöhe und den Wohnverhältnissen an, wenngleich MigrantInnen mehrheitlich dennoch eher auf niedrige Einkommen angewiesen blieben.[14]

Während hierzulande im Jahr 1978 in Meinungsumfragen noch 39 Prozent der Befragten angaben, die sogenannten GastarbeiterInnen hätten in ihre Herkunftsländer zurückzukehren, waren es 1982 bereits zwei Drittel der Befragten. Der aus dem 19. Jahrhundert stammende nationalistische, rassistisch geprägte Begriff der „Überfremdung“, der aufgrund der NS-Geschichte zunächst diskreditiert gewesen war, kursierte erneut. Dies kann in einem größeren Zusammenhang der damaligen, zur konservativen Richtung neigenden, politischen Entwicklung gesehen werden. Anfang der 1980er kam es verstärkt zu Diskussionen über eine vermeintlich angeschlagene Vorstellung deutsch definierter Identität und zu Bemühungen um eine Neukonstruktion einer solchen. Auf diese Art wurde immer häufiger unterstrichen, dass MigrantInnen nicht dazugehören sollten.[15]

In der ersten Hälfte der 1980er Jahre wurde die Zahlung einer sogenannten Rückkehrhilfe beschlossen, welche letztlich kaum dazu führte, dass MigrantInnen fortzogen. Diese Regelung sollte allerdings einerseits der autochthonen Bevölkerung zeigen, dass eine Verringerung des Ausländeranteils der Bevölkerung angestrebt werde, andererseits wurde potentiell nachfolgenden MigrantInnen klargemacht, dass sie nicht willkommen seien. Ebenso wirkte etwa 1997 die juristische Neuregelung, welche eine Visumspflicht für Kinder aus Ländern außerhalb der EU einführte. Daraufhin mussten zahlreiche Kinder, die bis dahin bereits auf dem hiesigen Staatsgebiet lebten, eine Aufenthaltsgenehmigung beantragen.[16]

Mit Beginn der 1990er kam es vermehrt zu rassistisch motivierten Gewalttaten, und Migration wurde zu einem zunehmend wichtigen Thema in politischen Auseinandersetzungen wie in der öffentlichen Debatte, in deren Verlauf unter anderem suggeriert wurde, das Land könne aufgrund von zu viel Einwanderung quasi bersten. 1993 wurde mit einer Parlamentsentscheidung das Recht auf Asyl durch restriktivere Regelungen deutlich beschnitten.[17]

Die seit den 1980er Jahren – zunächst nur in kleinen Kreisen – geführte Debatte über die doppelte Staatsbürgerschaft bekam im darauf folgenden Jahrzehnt zwar Aufwind, aber diese Möglichkeit setzte sich dennoch nicht durch. 1994

14 Vgl. Cohen 1992, 57; Bade 1994, 43ff

15 Vgl. Schönwälder 1996, 166ff

16 Vgl. Nuscheler 1995, 115; Treibel 1999, 63

17 Vgl. Nuscheler 1995, 129ff; Schönwälder 1996, 159ff, 172

beschloss die damalige – aus CDU/CSU und FDP bestehende – Regierung eine Neuregelung, bei der die Wortschöpfung „Staatszugehörigkeit" im Gegensatz zu „Staatsangehörigkeit" eingeführt wurde. Dieser neue Status betonte in gewisser Weise die ethnisch konstruierte Exklusivität deutscher Zugehörigkeitsvorstellungen. Er ermöglichte es der sogenannten dritten ImmigrantInnen-Generation zu "a cuckoo in the German nest" (Fulbrook 1996, 102) zu werden. Den EnkelInnen von Eingewanderten wurde, sofern deren Eltern ebenfalls seit mindestens zehn Jahren hier lebten, also eine Art Zwischenform offeriert. Mit dem Erreichen der Volljährigkeit wurde damit eine Entscheidung der Betreffenden nötig, sich zwischen der voll gewährten deutschen Staatsangehörigkeit oder jener der Großeltern zu entscheiden.

Es sollte weiterhin Druck auf ausländische Arbeitskräfte ausgeübt werden können und so die Funktionalität der bisherigen Ausländerpolitik für das Arbeitsmarktsystem bewahrt werden. Dass die bundesdeutsche Staatsbürgerschaft nur bei Entlassung aus der alten Staatsbürgerschaft erteilt wird, verfehlt ohnehin seine Wirkung, zum einen, weil der bürokratische Aufwand gar nicht in allen betreffenden Fällen stattfinden kann, zum anderen, weil in einigen Ländern, wie etwa der Türkei, durchaus Regeln zur doppelten Staatsbürgerschaft bestehen, die es mitunter erlauben, nach der Entlassung aus der ursprünglichen Staatsbürgerschaft diese nach Erhalt derjenigen der BRD wieder zu erlangen.[18]

Ein großer Unterschied im Umgang mit Nicht-Deutschen zeigt sich zwischen Angehörigen anderer EU-Staaten, welche sich mittlerweile immerhin innerhalb der Europäischen Union niederlassen dürfen, wo sie mögen, und Menschen, die es trotz der dagegen gerichteten Maßnahmen schaffen, als Flüchtlinge herzukommen. Die Asylgesetzgebung wurde Anfang der 1990er Jahre geändert. Sie fiel – wie bereits erwähnt – restriktiver aus. Besonders die sogenannte Drittstaatenregelung macht es fast unmöglich, in der BRD Asyl zu erlangen. Ohne die Entwicklung der EU wäre dies so nicht denkbar gewesen. In diesem Rahmen spielte die Bundesrepublik bezüglich einer strengeren Asylgesetzgebung genauso eine prägende Rolle wie in puncto einer strengen, EU-weiten Regelung der Abschiebehaft. Der Umgang mit Migration in der EU ist infolgedessen gespalten: BürgerInnen aus EU-Staaten werden umfassende Freiheiten gewährt, Menschen aus weiteren Ländern hingegen nicht.[19]

Letzteren wird nach dem Asylverfahrensgesetz mit der Stellung eines Antrags auf Asyl eine „Aufenthaltsgestattung" gewährt, die für die Verfahrensdauer gilt

18 Vgl. Treibel 1999, 67

19 Vgl. ebd., 71f; Hutter 2003, 222f; Lehnert 2008

und eine Reihe von Restriktionen beinhaltet. Dazu gehört etwa der Wegfall der freien Ortswahl genauso wie der freien Wahl der Unterkunft sowie das Verbot, einer Erwerbsarbeit nachzugehen.[20] Für EU-BürgerInnen gilt hingegen „Freizügigkeit" nach dem Freizügigkeitsgesetz/EU. Diese kommt nach der Genfer Flüchtlingskonvention Flüchtlingen erst dann zu, wenn sie die Hürde des Asylverfahrens, das sich mitunter sehr lange hinziehen kann, genommen haben und einen legalen Status erlangen konnten.[21] Laut Aufenthaltsgesetz kann für bis zu einem halben Jahr auch eine sogenannte „Duldung" erreicht werden, während der zumindest temporär einer Erwerbsarbeit in der BRD nachgegangen werden darf und Abschiebungen in Länder ausgesetzt werden können, deren Situation als heikel gilt.[22] Für unbefristete Aufenthalte wird dagegen eine „Niederlassungserlaubnis" benötigt. Sie lässt eine berufliche Tätigkeit und freie Wohnortwahl im Bereich des Staatsgebietes zu, wird aber nur unter bestimmten Voraussetzungen erteilt, zu denen etwa ein gesicherter Lebensunterhalt, der mindestens fünfjährige Besitz einer „Aufenthaltserlaubnis", die ebenso lange Einzahlung in eine Art Rentenversicherung, dreijährige Straffreiheit von Haftstrafen ab sechs Monaten beziehungsweise Geldstrafen ab 180 Tagessätzen, Kenntnisse der deutschen Sprache sowie Nachweis ausreichenden Wohnraums gehören.[23]

Die Koppelung der Aufenthaltsgewährung an den Nichterhalt von Arbeitslosen- oder Sozialhilfe zeigt beispielsweise, wie ökonomische Gründe Immigrationspolitik mitbestimmen. Die soziale Zuweisung der MigrantInnen erfolgt auf den unteren Rängen der sozialen Leiter.[24] Wer gar eine Einbürgerung anstrebt, wird seit September 2008 zu Sprach- und Wissenstests,[25] inklusive Loyalitätsbekundung zum deutschen Staat, genötigt, für die ein Standardtext unterzeichnet werden muss. Dieser enthält ein Bekenntnis „zur freiheitlich demokratischen

---

20 Vgl. Dt. Ausländerrecht 2005, 250ff

21 Vgl. Nome 2006, 77; Dt. Ausländerrecht 2005, 71ff, 199, 250; Anders verhält es sich mit sogenannten Kontingentflüchtlingen, „die vom UNHCR aus humanitären Gründen ... anerkannt worden" (Nome 2006, 168) sind. Über die Aufnahmemenge bestimmen die Staaten allerdings selbst, ebenso darüber, wer aufgenommen wird. Zwischen 1980 und Anfang 2005, als zuvor gültige Regeln entfielen, „sind rund 200 000 Kontingentflüchtlinge in Deutschland ansässig geworden. Flüchtlinge, die aus humanitären Gründen aufgenommen werden, brauchen hierzulande heute kein Asylanerkennungsverfahren mehr" (ebd.).

22 Vgl. Dt. Ausländerrecht 2005, 6ff, 42; Nome 2006, 37f

23 Vgl. Dt. Ausländerrecht 2005, 7ff

24 Vgl. Mayer 1997, 538; Ottersbach 1997, 209f

25 Vgl. Dienelt 2006; ders. 2008

Grundordnung des Grundgesetzes" (Landratsamt Ortenaukreis Migrationsamt 2008) sowie eine Erklärung, keine Absichten zu verfolgen, die sich gegen selbige richten, regelwidrig die „Amtsführung der Verfassungsorgane" (ebd.) beeinträchtigen oder „auswärtige Belange" (ebd.) des Staates gefährden. Aus der einstigen Ausländerpolitik[26] ist eine Integrationspolitik geworden, die Ergebenheit verlangt. Die entsprechenden Maßnahmen, wie etwa sogenannte Integrationskurse, sind geeignet, die als nicht deutsch angesehenen Bevölkerungsteile zu überwachen und zu disziplinieren.[27]

II 1.4 Zuordnung zu Gruppen und deren Folgen

Die vorangegangenen Beispiele juristischer Regelungen im Umgang mit Migration zeigen die deutliche Bevorzugung der deutschen Bevölkerungsteile. Dabei handelt es sich bis heute um offiziell vertretene Politik, wie etwa bei der seit Mitte der 1960er Jahre festgeschriebenen Bevorzugung inländischer Arbeitskräfte beim Arbeitsmarktzugang. Lanciert wird sie mit unterschiedlicher Schwerpunktsetzung zum Beispiel von der SPD[28] über die Unionsparteien[29] bis hin zur rechtsextremen NPD.[30] Ein weiteres Exempel für eine migrationsbezogene Bevölkerungspolitik dieser Art ist die verfassungsgerichtlich bestätigte Annahme, das Wahlrecht habe einer Bevölkerung im nationalen beziehungsweise völkischen Sinne zugute zu kommen und nicht etwa allen im Bereich des Staatsgebietes Lebenden.[31]

Mittels Klientelisierung und entsprechender Einordnung wird die Kluft aufrechterhalten. Der juristisch vorgegebene Umgang mit MigrantInnen hat Folgen für die gesellschaftliche Stellung und Akzeptanz Eingewanderter seitens der sich für deutsch Erklärenden. Die migrationspolitischen Maßnahmen zielen tendenziell ab auf Zuzugsbegrenzung, strukturell angelegte, direkt oder indirekt

26 Vgl. Reißlandt 2003, 124ff

27 Vgl. Hentges 2006; Ha 2007

28 „SPD-Chef Sigmar Gabriel will die Zuwanderung ausländischer Arbeitskräfte so lange bremsen, bis Arbeitslose in Deutschland besser in Arbeit kommen." (RTL AKTUELL 2010)

29 „Die CSU sei der Überzeugung, dass der Fachkräftemangel zuallererst mit der Qualifizierung der eigenen Bevölkerung gelöst werden müsse" (SPIEGEL ONLINE 2010).

30 „Die NPD lädt ... zu einer Kundgebung samt Familienfest mit zentraler Forderung: 'Arbeit zuerst für Deutsche'." (Litschko 2009); Vgl. Flam (Hg.) 2007, 20, 112, 139ff, 231, 267, 275, 280

31 Vgl. Ottersbach 1997, 183, 187f

wirkende Unterdrückungsmechanismen zwecks Förderung der Rückkehr sowie auf die Festigung der Statusunterschiede von eingewanderter und alteingesessener Bevölkerung. Im Zuge der Umsetzung derartiger Politik findet eine Schaffung von KlientInnengruppen und Minderheiten statt, die – konsequent zu Ende gedacht – in rechtsextreme Ansichten mündet, was von Teilen der Einwohnerschaft, die sich als deutsch definieren, auch vollzogen wird. Mit Stigmata versehene Menschengruppen sollen etwa durch Abschiebung beseitigt und so der gewünschten Homogenität einer vorgestellten, deutschen Bevölkerung zugearbeitet werden. Diese eugenische Richtung nationaler Bevölkerungspolitik wird mit einem – als natürlich ausgegebenen – Verständnis von einheitlicher Kultur und Nation gerechtfertigt, das eine Überbewertung und eine übertriebene Fokussierung auf vermeintliche Unterschiede beinhaltet.[32]

„Der Unterschied zwischen 'deutsch' und 'ausländisch' ist künstlich." (Ein Berufsschüler)[33]

Die Existenz von Minderheiten ist keine naturgegebene Konstante, sondern wird durch bevölkerungswissenschaftliche Diskurse und ihre politische Instrumentalisierung gesellschaftlich konstruiert und kann daher Veränderungen unterliegen.[34] Entwicklungspolitisches Vorgehen wie bevölkerungspolitische Maßnahmen zielen gleichsam unausgesprochen auf die Entfernung und Absonderung als negativ betrachteter Menschengruppen ab, um die Bevölkerungszusammenstellung – politisch wie gesellschaftlich opportuner Vorstellung entsprechend – zu formen. Dazu zählt die Einteilungs- und damit verbundene Zuweisungspraxis der Migrationspolitik, wie beispielsweise Abschiebung, Residenzpflicht und erzwungene Unterbringung in Einrichtungen. Minderheiten werden so durch institutionelle Vorgaben, zudem in der Alltagswelt, hervorgebracht. Rechtliche, wirtschaftliche und soziale Unterschiede kommen infolge der Klientelisierung durch Institutionen zustande, deren Logiken die Klassifizierung der Bevölkerung maßgeblich mitbestimmen.

MigrantInnen werden im Zuge dessen etwa in „Ausländer", „Über- oder Aussiedler", „Asylanten", „Gastarbeiter", „Illegale" und andere Kategorien zusammengefasst. Gegenüber der als alteingesessen betrachteten Bevölkerungsmehrheit, zudem untereinander, werden dergestalt wirtschaftliche, soziale und rechtliche Differenzen installiert. Dadurch wird in der Bevölkerung eine Normalisierung

32 Vgl. ebd., 190f

33 Zit. n. Beck-Gernsheim 2004, 108

34 Vgl. Ottersbach 1997, 9f

nationalisierender und ethnisierender Muster unterfüttert, teilweise sogar rassistische Einstellungen gestärkt. Infolgedessen wächst auch die Bereitschaft, im Alltag Gewalt gegen MigrantInnen anzuwenden.[35]

In engem Zusammenhang steht die Staatsangehörigkeit zudem mit der Klassenlage. Sozioökonomische Faktoren, wie Arbeitsbereich, Erwerbslosigkeit, Sozialhilfebedürftigkeit und Wohnverhältnisse, verweisen die migrantische Bevölkerung hier größtenteils auf die unteren Gesellschaftsbereiche. Zwar gleicht sich das Niveau allmählich an, doch noch in den 1990er Jahren verdienten Menschen ohne deutschen Pass durchschnittlich rund zwölf Prozent weniger als InhaberInnen dieses Dokuments in vergleichbarer Erwerbsposition. Seit Ende der 1980er Jahre zeigt sich zunehmend, dass die gesellschaftliche und wirtschaftliche Lage eng mit den Rahmenbedingungen zusammenhängt und Menschen, deren Aufenthaltsstatus gesichert ist, diesbezüglich deutlich besser gestellt sind als solche in einer prekären aufenthaltsrechtlichen Situation.[36]

Die Bevölkerungspolitik hat Bevölkerung als wirtschaftliche Manövriermasse zur Grundlage, auf deren Steuerung sie abzielt. Einerseits wird – auf Bevölkerungsrückgang zielend – ein sogenanntes Ausländerproblem geschaffen, während andererseits die deutsche Bevölkerung zu mehr Geburten angeregt wird. Die intentional migrationssteuernde Bevölkerungspolitik wird zudem durch bestimmte Normen und Werte geprägt. Hier spielen besonders rassistische und nationalistische Werte eine Rolle. Sie dienen der gesellschaftlichen Konstruktion von imaginierten Gemeinschaften, hinter der gemeinsame Interessen stehen, welche aus der geteilten sozialen Lage und den für sie geltenden Normen resultieren.[37]

„Die theoretische Erfassung des Bevölkerungsgeschehens ist eine wichtige Voraussetzung bevölkerungspolitischen Handelns." (Ottersbach 1997, 13)

Den wissenschaftlichen Hintergrund für die auf Migration bezogenen, bevölkerungspolitischen Diskurse liefern vor allem die Bevölkerungswissenschaft, die Soziologie, die Pädagogik sowie die Wirtschaftswissenschaften. Moralische Vorstellungen bekommen dadurch einen wissenschaftlichen Anstrich. Migrationspolitik ist geprägt von normativen, vor allem nationalistischen Vorstellungen. Sie dient auch der Legitimation bevölkerungspolitischer Maßnahmen. Diskursiv werden angebliche, qualitative Unterschiede der Kulturen behauptet, welche dann als Gründe für migrationspolitisches Handeln herhalten. Bevölkerungspolitische Imperative geben den jeweiligen Diskursen die Richtung vor und lassen

35 Vgl. ebd., 14f; Bojadžijev 2008, 146
36 Vgl. Herbert 2001, 292, 296
37 Vgl. Ottersbach 1997, 60, 108, 114ff

sie objektiv begründet erscheinen, während die inhaltliche Ausstattung und der legitimierende Beitrag dazu von Seiten der Politik und der Wissenschaft kommen.[38] In wissenschaftlichen, politischen und wirtschaftlichen Diskursen hat die eugenische Vorstellung einer Art erhaltenswerter Volksgesundheit weiterhin eine Relevanz. Sie wird sogar zur Rechtfertigung öffentlicher Gesundheitsversorgung von, sich widerrechtlich hier aufhaltenden, MigrantInnen herangezogen und macht Klientelisierung von Bevölkerungsgruppen, Selektion, Diskriminierung und Wegsperrung oder Ausweisung möglich. Ihre Wirkungsmacht wird bei der Betrachtung sämtlicher bevölkerungspolitischer Maßnahmen sichtbar.[39]

Derartige Maßnahmen beinhalten im Bereich der Migrationspolitik eine eugenische Grundtendenz. Unterfüttert wird dies mitunter durch geradezu rassenpolitische Statements, die in der Bevölkerung durchaus auf geteilte Resonanz stoßen, wie in der Debatte um entsprechende Äußerungen Thilo Sarrazins (SPD) jüngst wieder deutlich wurde.[40] Mit Mitteln wie Einsperrung und Ausweisung soll eine, als gesund empfundene, einem imaginierten nationalen Maßstab entsprechende Bevölkerungsstruktur erreicht werden. Vermehrt kommen seit den 1970ern – seitdem die politischen Eingriffe in die Migrationsentwicklung gerechtfertigt werden mussten – Diskussionsbeiträge aus der Wissenschaft, etwa als „Überfremdungsproblematik". Seit Ende der 1980er Jahre dehnte sich der abweisende Umgang mit MigrantInnen auf die Europäische Gemeinschaft aus. Fruchtbarkeitsraten werden zur Begründung der Annahme herangezogen, „die Deutschen" stürben aus. Von nationalistischen bis rechtsextremen WissenschaftlerInnen kommen Begründungen für derartige Thesen. Deren Verständnis liegt zum einen die Fiktion von „Nation" und „Volk" zugrunde, zum anderen die der „Identität". Hieraus ergibt sich die Hypothese der Differenz von Völkern, Nationen und Kulturen. In liberaleren Kreisen gelten heuer Ethnien und Nationen als Träger von Unterschieden. Auf dieser Grundlage bildete sich seit den 1980ern ein – politische Spektren übergreifender – Nationalismus heraus, der Nation zum ausgemachten Bewertungsstandard macht.[41] Diesem Standard nicht

38 Vgl. ebd., 122ff

39 Vgl. ebd., 163, 198; Kieser 2001, 60; „Die Unterstützung durch die Gesundheitsämter läßt sich vergleichsweise leicht rechtfertigen, da es i. d. R. um die 'Volksgesundheit bedrohende Krankheiten' geht, deren Behandlung auch im allgemeinen Interesse der Öffentlichkeit liegt." (Münz/Alscher/Özcan 2001, 84)

40 Vgl. Bode et al. 2010; Fülberth 2010

41 Bereits im Zuge der Konstruktion des deutschen Nationalismus im 19. Jahrhundert war die nationale Idee in der Lage gewesen, unterschiedliche politische Lager zu binden (Vgl. Josten 2009, 3f).

entsprechende Teile der Bevölkerung werden hiernach minorisiert und klientelisiert. Unter der Voraussetzung einer als einheitlich imaginierten identitären Kulturvorstellung gelten diesem Verständnis nach unterscheidbaren Kulturen zugeordnete MigrantInnen als abweichende und daher zu beobachtende Gruppe. Die Differenz wird somit festgeschrieben. Für nationalistische Diskurse durchaus anknüpfungsfähig trägt die Wissenschaft dazu ihren Teil bei, nicht nur, indem sie das nötige diskursive Umfeld schafft, sondern auch, indem sie derartige Politik rechtfertigt. Hier kommt zum Vorschein, wie wissenschaftlich und politisch mit dem Thema Migration umgegangen wird.[42]

Im Mittelpunkt dieser Denkweise steht eine nationalstaatliche Konzeption, die in Diskursen über Migration und urbanes Zusammenleben zur Orientierung dient. Darüber hinaus prägt sie im Alltag die Vorstellungen darüber, was als fremd, was als zugehörig zu gelten hat und beeinflusst Identitätsvorstellungen und Grenzmarkierungen. All dies wird nach dem Grundgedanken modelliert, geographisch umrissenes Staatsgebiet, kulturelle Prägung des Selbstbildes und politischer Souveränitätsanspruch eines Landes seien als geschlossenes Ganzes zu betrachten.[43]

MigrantInnen werden in der BRD rechtlich und politisch diskriminiert. Eine Gleichstellung wird vermieden. Strukturell werden Zugewanderte in politischen, kulturellen, sozialen sowie ökonomischen Bereichen benachteiligt. Dahinter steht die Idee, die als nicht deutsch Klientelisierten klein zu halten, um die imaginierte Blutsverwandtschaft des Ius Sanguinis nicht zu gefährden. Aussonderung und Klientelisierung finden umso gründlicher statt, je einheitlicher das erdachte Bild von der Idealbevölkerung ausfällt.[44]

„Der abnehmende politische, soziale und ökonomische Status bei sogenannten 'EU-Mitgliedern', 'Ausländern' und 'Asylbewerbern' konvergiert mit der gesellschaftlichen Akzeptanz der einzelnen Immigrantengruppen bei der autochthonen Bevölkerung." (Ottersbach 1997, 173) Entsprechend unterschiedlicher Zuweisungen, politischer Bewertungen und Behandlung von MigrantInnen gibt es diesen gegenüber auch seitens der autochthonen Bevölkerung ein von tolerant bis rassistisch variabel daherkommendes Auftreten.[45]

---

42 Vgl. Ottersbach 1997, 176ff

43 Vgl. Berking 2008b, 19

44 Vgl. Ottersbach 1997, 172f, 186; Flam (Hg.) 2007, 9ff

45 Vgl. Ottersbach 1997, 174

II 1.5 Ebenen der Herstellung von Minderheiten durch das Migrationsregime: Institutionen und Lebenswelt[46]

Die durch Nationalstaaten installierten Migrationsregime dienen der Regelung der Abläufe im Bereich von Wanderungsbewegungen. Sie legen fest, unter welchen Voraussetzungen Grenzüberschreitungen erlaubt sind, Aussperrungen erfolgen und welche Bereiche freier Bewegungsmöglichkeiten gewährt werden.[47]

Für Migrationsregime nennt Ludger Pries vier bedeutsame Gesichtspunkte:

> „die *historischen Rahmenbedingungen* als Auswander- und/oder Einwanderland ...
> das *allgemeine sozio-politische Institutionensystem*, welches für Migranten relevant ist ...
> die den Migranten gewährten *formalen Rechte und realen Teilhabechancen*, die sich vor allem auf die unterschiedlichen Statusgruppen von Migranten ... beziehen ...
> die den Migranten gewährten *Möglichkeiten der Daseinsvorsorge und Erwerbsgelegenheiten*" (Pries 2010, Herv. i. Orig.).[48]

Alle diese Punkte haben Anteil am Prozess der Erzeugung von Minderheiten, der auf verschiedenen Ebenen abläuft. Die Institutionen unterteilen die Bevölkerung in verschiedene Gruppen. Wie stark sie klientelisieren und selektieren, hängt von der Stärke ihrer bevölkerungspolitischen Beeinflussung und Durchsetzungsfähigkeit ab. Maßnahmen der Migrationspolitik weisen diesbezüglich in der BRD eine besonders starke Klientelisierung auf. Die Unterteilung der Bevölkerung in verschiedene Gruppen erfolgt aufgrund des auf die Bevölkerung bezogenen politischen Handelns durch Institutionen.

Die Immigrationspolitik ist Sache des Bundes. Sie wird jedoch auf bundeslandspezifische Weise ausgelegt und ergänzt sowie durch kommunale wie lokale EntscheidungsträgerInnen mitgeprägt. Die betreffenden Politikbereiche weisen verschiedene Tendenzen auf, sind gleichsam jedoch klientelbildend – etwa in der Bildung im selektiven Schulsystem – sowie immigrationsbegrenzend – etwa in der Wirtschafts- und Sozialpolitik.

Menschen aus EU-Staaten, der deutschen Abstammungsgemeinschaft Zugerechnete und Menschen aus den ehemaligen Anwerbeländern oder der sogenannten Dritten Welt unterliegen verschieden abgestuften Regularien, die von Duldung bis Verweigerung des Zuzugs reichen. Diese Politik – wie sie sich etwa darin zeigt, dass per Ausländergesetz Menschen Rechte verwehrt werden, die grundgesetzlich eigentlich verbrieft sind – beruht auf einem nationalen Volksverständnis

46 Vgl. die „Soziogenese ethnischer Minoritäten" (Bukow/Llaryora 1998)

47 Vgl. Berking 2008b, 20f

48 In: Pries/Sezgin (Hg.) 2010, 23

anstelle eines solchen von einer staatsbürgerschaftlichen Bevölkerung. Auch hier Geborenen werden anhand eines Abstammungsmythos' die sonst üblichen politischen Mitbestimmungsrechte nur unter bestimmten Bedingungen gewährt. Ist die nach herrschender Ansicht dazu üblicherweise nötige Zugehörigkeit zur Nation beziehungsweise zum Volk nicht gewährleistet, werden diese als nicht deutschstämmig angesehenen Eingewanderten zumeist als Gäste betrachtet, die später wieder zurückkehren oder sich anzupassen haben. Die nach nutzbringender und unnützer Migration sortierende, nationalistisch ausgerichtete Politik setzt zur Erlangung der hiesigen Staatsbürgerschaft voraus, dass die deutsche Sprache beherrscht wird sowie dass eine Identifikation mit der sogenannten deutschen Kultur stattfindet. So wird eine üblicherweise grundrechtlich gesicherte Teilhabe an politischer Willensbildung für Ausländer ausgeschlossen.

Die migrationsbezogene Bevölkerungspolitik ist auf Verhinderung von Zuzug angelegt. Rechtfertigend flankiert wird dies durch migrationspolitische Diskurse. Dies wirkt sich so aus, dass die allochthone Bevölkerung im Vergleich zur autochthonen in eine benachteiligte Position gerät. Wirtschaftlich, sozial und rechtlich werden MigrantInnen durch die Bevölkerungspolitik in eine unsichere Lage versetzt. Durch die Diskriminierung eines Teils der Bevölkerung und gleichzeitiges Hofieren nationalistischen Denkens bei einem anderen Teil wird eine feindliche Einstellung gegenüber als nicht deutsch Angesehenen staatlich legitimiert.

Mitverantwortlich für die Schlechterstellung der immigrierten Bevölkerungsteile sind ebenso die Sozial-, Wirtschafts-, Bildungs-, Wohnungs- und Arbeitspolitik. Hier werden MigrantInnen ungleich behandelt. Der Arbeitsmarkt und die Ausbildungsmöglichkeiten bieten den allochthonen Bevölkerungsteilen nicht den gleichen Zugang, während die Wohnraumpolitik dazu führt, dass die verringerte Verfügbarkeit finanziell günstigen Wohnraums eine Verdrängung aus begehrten Stadtteilen begünstigt. Somit sind MigrantInnen von einer Vielzahl von Maßnahmen betroffen, die sie unentwegt zu KlientInnen machen.[49]

Bevölkerungspolitische Maßnahmen produzieren so Minderheiten auf institutionelle Weise. Minderheiten entstehen durch das Abstempeln zu Objekten, wie es etwa in der Ausdrucksweise in Ablehnungsbescheiden nach Aufenthaltsersuchen zum Ausdruck kommt, durch das Marginalisieren und das Selektieren von, mit negativen Stigmata versehenen, Bevölkerungsteilen, durch ein herrschaftlich legitimiertes Hierarchisieren der Bevölkerungsgruppen und durch das in Diskursen stattfindende Ausfindig-Machen von Unterschieden zwischen jenen.

---

49 Vgl. Ottersbach 1997, 195ff; zum Bildungssystem: Auernheimer (Hg.) 2003

Dies geschieht besonders ausgeprägt im Bereich der Migrationspolitik, zudem in der Außenpolitik.[50] Quantitative Begrenzung der Immigration oder Öffnung ihr gegenüber ist stets auch eine Entscheidung über die Zusammensetzung der Bevölkerung. Hierbei wird besonders stark selektiert, diskriminiert und klientelisiert. Besonders betroffen sind hiervon all jene, welche nicht dem Idealbild vom „'normalen' und 'gesunden Deutschen' entsprechen." (Ottersbach 1997, 218)

Auch in der Lebenswelt produziert Bevölkerungspolitik Minderheiten. Die jeweiligen nach eugenischem Grundtenor ausgerichteten Maßnahmen intendieren – durch die anvisierte, zu erreichende Norm der Bevölkerungszusammensetzung – ein entsprechendes Verhalten hervorzurufen und akzeptabel zu machen. Durch Einengung der vielfältigen Realitäten Einzelner auf eine gewünschte Vorstellung von Wirklichkeit und mittels der Intentionen von Bevölkerungspolitik findet eine Normierung und Normalisierung statt, die den Alltag prägt. Hier treffen die erwünschte, angestrebte Realität und deren jeweilige Umsetzung aufeinander. Zur Herstellung von Minderheiten kommt es umso stärker, je deutlicher die Umsetzung der Wunschvorstellung angemessen ist. Stigmatisierende und ausgrenzende Tendenzen gegenüber anders Erscheinenden kommen durch die Leitung und Einengung der Bevölkerungsstruktur zustande. So entfalten die bevölkerungspolitischen Maßnahmen über die Alltagswelt indirekt einen minorisierenden Effekt. Dies verläuft etappenweise. Die Wirkung der institutionell ausgeführten Normierung der Bevölkerungspolitik betrifft zunächst die ganze Bevölkerung. Hier entsteht entweder ein abweichendes oder zustimmendes Verhalten. Die Institutionen wiederum reagieren hierauf mit ausgrenzenden oder normalisierenden Bestrebungen.

Diskurse können Menschengruppen regelrecht erschaffen. Sie können eine bestimmte Stellung innerhalb der Gesellschaft zuweisen, erneuern, untermauern, eine solche verweigern sowie dies jeweils entsprechend begründen.[51] Im Vollzug der durch Herrschaftsinteressen diverser Gesellschaftskreise geprägten

---

50 Vgl. Wodak/Leeuwen 1999, 109, 117; Josten 2004, 48ff: Was die Außenpolitik anbelangt, hofiert übrigens der türkische Staat hier ansässige, nationalistische bis rechtsextreme Organisationen aus der Türkei stammender MigrantInnen, um so Einfluss auf hiesige Belange zu erhalten. (Vgl. Aslan/Bozay et al. 2000, 209ff) Ähnlich verfährt ja auch die BRD, wenn sie gemeinsam mit involvierten Vorfeldorganisationen als deutschstämmig definierte Minderheiten im Ausland betreut. Gemeinsam ist diesen, nationale Herkunft fixierenden, Staatsinteressen, „ihre Populationen im Ausland ... kontrollieren und/oder strategisch ... nutzen" (Berking 2008b, 22) zu wollen.

51 Vgl. Ottersbach 1997, 217; Bojadžijev 2008, 97, 282

Diskurse läuft eine Minorisierung von Bevölkerungsgruppen ab, welche auf den etikettierenden Prozess der Normierung abweichend oder negativ reagieren. Abweichungen von Minoritäten kommen über die Alltagswelt – vermittelt durch das politisch gelenkte und geschaffene System von Regularien – zustande. Eine Minderheit entsteht dabei, indem eine öffentliche Anklage sich auf sie bezieht und sie als abweichend markiert. Die eugenisch ausgerichtete Herstellung von Minoritäten geht unisono normativ vonstatten. Der individuelle Umgang mit ihnen unterscheidet sich jedoch deutlich und reicht von Akzeptanz bis hin zu rechtsextremen Übergriffen. Es kommt hierbei auf die Stärke der bevölkerungspolitischen Maßnahmen und auf die hieraus je individuell abgeleiteten Vorstellungen und Theorien des Alltags an. Ob daraus ein Dogma der Ablehnung entsteht, diese latent bleibt oder sich manifestiert, hängt von der codemäßigen Umsetzung des Alltags ab. Aus individueller Sicht wirkt die institutionalisierte Bevölkerungspolitik als objektiv gegeben und dauerhaft.

In dieser Wirklichkeit kommen alle von Einzelnen konstruierten und im Alltag vollzogenen Normen sowie ihre institutionellen Ausformungen zusammen. Neben Normierung von Verhalten geht es hier um Identitätsprägung. Betroffenen erscheint die strukturelle Zusammenfassung in Gruppen als objektive Wirklichkeit. Persönliche Erfahrungen und strukturelle Verhältnisse kommen zusammen und die zuvor objektiv gegebene Wirklichkeit wird subjektiv erfahren. Schon das Überstülpen der Norm durch die sich konform Benehmenden bestimmt Verhalten entweder als abweichend oder konform. Die Minderheitenbildung von vermeintlich Abweichenden entsteht also nicht durch die so gesehenen Gruppen selbst.[52] Diese werden ihrerseits wiederum zu Sachkundigen im ethnischen Kategorisierungsbetrieb der Gesellschaft, welche Wissen über die Bedeutung gewisser Titulierungen in unterschiedlichen Zusammenhängen erwerben und damit auf vielfältige Weise umzugehen lernen.[53]

Es zeigt sich, dass Verbreitung und Intensität der Feindlichkeit gegenüber MigrantInnen von der Stärke der bevölkerungspolitischen Maßnahmen abhängt. Diskriminierende, stigmatisierende Strukturen und verstärkte, diskursive Problematisierung der Migration bedeuten eine weite Verbreitung von Minorisierung, Stigmatisierung sowie der Annahme, Immigration sei ein Problem.

Die Herstellung von Minderheiten im Alltag und in den Institutionen – also die alltagsweltliche Minorisierung sowie die strukturell hergestellte Klientelisierung – ergänzen sich. Die institutionell hergestellte Normierung bringt

52 Vgl. Ottersbach 1997, 218ff; Geller 2008, 20

53 Vgl. Berking 2008b, 22f; Römhild 2008b, 64, 69f

Alltagswelt mit hervor. In der BRD findet sowohl staatlicher- als auch alltagsweltlicherseits eine Scheinbiologisierung von MigrantInnen statt, die prinzipiell in bewusster sozialer Abspaltung besteht, aber wahrheitswidrig öffentlich als mangelnde Integration(sbereitschaft) dargestellt wird. Das Ziel von Diskriminierung ist hierbei ein Machtausbau der Eigengruppe.[54]

II 1.6 Unterschiedlich inkludiert – unterschiedliche Teilhabe im Alltag

> „Heutzutage ist der rechtliche oder nationale Status einer Person ... in zunehmendem Maße ein unauslöschliches Stigma, das die Wahl von Lebensmöglichkeiten, den Zugang zu Berufssparten oder zur Berufstätigkeit überhaupt und zu anderen Merkmalen von Privilegien und Wohlstand bestimmt." (Cohen 1992, 73)

Obwohl viele der Probleme, welche es im täglichen Leben zu bewältigen gilt, nicht unbedingt spezifisch für Zugezogene gelten, sondern aufgrund weltweiter Entwicklungen potentiell jedeN betreffen können und gesellschaftliche AußenseiterInnenpositionen mitunter zum geteilten Schlussfolgerungsarsenal gemeinsamer Erfahrungen gehören, kann genau dies der Konkurrenz förderlich sein, besonders angesichts hiesiger tradierter Spaltungslinien entlang ethnischer wie kultureller Zuschreibungen, zumal da der bislang dominierende Inklusionszusammenhang schwindet, welcher hauptsächlich über den Zugang zu Erwerbsarbeit funktionierte.[55] Die Zurechnung zu Konstrukten wie Ethnien geschieht zunehmend mit strategischem Hintergrund und kann den Zugang zu den Funktionssystemen der Gesellschaft behindern oder gar versperren.[56] Ein großes gesellschaftliches Problem ist die Verweigerung einer formalen Inklusion in gesellschaftliche Teilsysteme für ganze Bevölkerungsgruppen.[57]

Die Situation von ImmigrantInnen in der BRD kann mit Robert Castel als exkludiert beschrieben werden.[58] Wie in den obigen Ausführungen gesehen, findet die Exklusion auf unterschiedliche Weise statt, zum einen mit dem „Aufbau geschlossener Räume, die von der Gemeinschaft abgetrennt sind, sich jedoch innerhalb der Gemeinschaft befinden" (Castel 2008, 81). Zum anderen „werden ... bestimmte Klassen der Bevölkerung mit einem speziellen Status versehen,

---

54 Vgl. Ottersbach 1997, 237ff

55 Vgl. Bommes/Scherr 1991, 305f, 310; Schmals 2000; Bauman 2004, 19f

56 Vgl. Bukow 1996, 162ff; Durugönül 1999, 139, 145

57 Vgl. Nikodem 2002, 80

58 Vgl. Castel 2008, 69ff; Kronauer 2008, 147

der ihnen ermöglicht, in der Gemeinschaft zu koexistieren, sie aber bestimmter Rechte und der Beteiligung an bestimmten sozialen Aktivitäten beraubt." (ebd.)

So werden zwar auch hier die von Exklusion Betroffenen als Teil der Gesellschaft gesehen, ihr Status ist jedoch durch eine besondere Stellung gekennzeichnet, welche gleichzeitig Anerkennung durch die Gesellschaft verweigert sowie von angemessener Teilhabe und sozialer Wechselseitigkeit ausschließt. Diese auf die formalen gesellschaftlichen Systeme – wie das der Bildung, der Wirtschaft, der Politik, des Arbeitsmarktes et cetera – bezogene Exklusion muss somit als besondere Inklusionsform gesehen werden. Wie angedeutet, findet Exklusion nämlich innerhalb der Gesellschaft statt und stellt keinen – ohnehin nur schwer denkbaren – kompletten Ausschluss aus ihr dar.

Die, aufgrund der Termini zunächst ein Innen und Außen der Gesellschaft nahe legende, Vorstellung hebt hier vor allem auf juristische Regeln und institutionelle Maßgaben ab. Sie trifft besonders auf Fälle zu, deren staatsbürgerlicher Status fraglich ist, deren Zugang also institutionell – aufgrund rechtlicher Normierung – verweigert wird. So kommen die betroffenen Bevölkerungsgruppen zwar im Austauschzusammenhang mit den Funktionssystemen der Gesellschaft durchaus vor, sie sind jedoch gleichsam ihres Subjektstatus' beraubt und durch Klientelisierung auf Objekthaftigkeit zurückgeworfen.[59] Neben den, in der systemtheoretischen Verwendung des Exklusionsbegriffes[60] vornehmlich interessierenden, Funktionssystemen soll hier ein Augenmerk ebenso auf gesellschaftliche Organisationen als Akteurinnen gelegt werden. In dieser Sicht zeigt sich möglicherweise auch deutlicher, wie Exklusion aus einem organisatorischen Bereich, eine solche aus anderen nach sich ziehen kann. Die in dieser Arbeit zentrale Frage nach der Form migrantischer Selbstorganisation kann ebenfalls als eine Folge dessen gesehen werden.[61]

In „dieser ... Konzeption von Exklusion ... konstituiert sich gesellschaftliche Zugehörigkeit im Wesentlichen durch Partizipationsmöglichkeiten. Sie bemessen sich an kulturellen und damit historisch veränderbaren Maßstäben und sind in einem hohen Maße institutionell vermittelt." (Kronauer 2002, 45)

Der Fokus liegt hier also besonders auf juristisch und institutionell determinierten Ausschlussformen.[62] Der Zugang zum Bereich der Politik etwa ist für die Bevölkerung ohne deutschen Pass weitestgehend verschlossen. Dieses

---

59 Vgl. ders. 2002, 124, 148f, 187f

60 Vgl. hierzu Farzin 2006

61 Vgl. Bieling 2000, 54f; Pries 2010, 37, In: Pries/Sezgin (Hg.) 2010

62 Vgl. Kronauer 2008, 151

Exklusionsverhältnis hat ebenfalls bestimmte Auswirkungen auf die Teilhabe im alltäglichen Leben sowie auf soziale Nahbeziehungen.[63]

Obwohl Menschen also heutzutage in hohem Maße formal durch Marktbeziehungen und Staatsbürgerschaftsrechte verbunden sind, ist Exklusion als bestimmte Form des Vorkommens in der Gesellschaft möglich. Exklusion wird demnach nicht unbedingt in erster Linie bestimmt durch einen Mangel an Ressourcen; sondern ihre Folgen, ausgrenzend wirkende Vorurteile, die Erfahrung sich nutzlos zu fühlen sowie die nicht gewährte Möglichkeit einer Vertretung von Interessen werden mit diesem Begriff hervorgehoben. Trotz dieser besonderen Benachteiligungsform gesellschaftlicher Gruppen kommt jedoch zugleich ebenso armutsbedingte Ungleichheit vor, welche sich von derjenigen durch Exklusion zustande kommenden unterscheidet, jedoch gleichsam mit ihr korrespondiert, indem Risiken der Exklusion vor allem Angehörige der unteren Klassen betreffen. Ebenso zieht umgekehrt die Verweigerung der vollen Staatsbürgerschaftsrechte für MigrantInnen Probleme auf dem Arbeitsmarkt nach sich sowie eine Gefährdung durch mangelhafte soziale Absicherung, was in besonderem Maße für Illegalisierte gilt.[64] Die Benachteiligung im Bildungssystem wirkt sich negativ auf die Form der Inklusion auf dem Arbeitsmarkt aus. Dabei kann die jeweilige Art des Umgangs mit den rechtlich vorgegebenen Exklusionsregeln auf organisatorischer Ebene durchaus eine unterschiedliche Ausprägung finden.

Die Anmeldung eigener Interessen und persönlicher Einsatz finden – trotz der Benachteiligung durch eine exkludierte Stellung – mit dem Ziel der Teilhabe täglich statt.[65] In vielerlei Hinsicht wird dies öffentlich jedoch von denjenigen als segregatives Verhalten interpretiert und gescholten, welche Partizipationsmöglichkeiten für Menschen ohne deutschen Pass eigentlich nicht vorsahen[66] oder lediglich paternalistische Symbole zuließen, wie die Ausländerbeiräte mit ausschließlich beratender Funktion. Hierbei eingebrachte Bemühungen wirken sich auch auf die gesamte gesellschaftliche Situation aus. Die Teilhabemodi im Alltag unterliegen somit in Dependenz zu den Inklusionsmodi gesellschaftlicher Funktionssysteme einer schleichenden Veränderung.

Grob umrissen möge Inklusion, bezogen auf die formalen Systeme, wie etwa das der Bildung, hier verstanden werden als Vorkommen in einem Austauschzusammenhang. Während Exklusion jedoch nicht lediglich das bloße Ausgeschlos-

63 Vgl. ders. 2002, 48

64 Vgl. Balibar 1991, 157ff; Cohen 1992, 63; Kronauer 2008, 141ff, 184, 212

65 Vgl. Flam (Hg.) 2007, 29, 65f, 125, 133ff

66 Vgl. Yildiz 1994, 51

sensein, sondern das Vorkommen als Auszuschließende, beziehungsweise – damit korrespondierend – die Selbstbeschreibung als Ausgeschlossene meint.[67] Auch als Exkludierte bleiben die Betroffenen also ein Teil der Gesellschaft, können jedoch nicht in dem vollen Umfang der von ihr gebotenen Möglichkeiten teilnehmen. Unterschiedliche Inklusionsweisen haben verschiedene Teilhabe-/Partizipationsweisen an der Gesellschaft – beispielsweise in Alltagssituationen – zur Folge. Die Notwendigkeit, im vorgegebenen Rahmen zu bleiben, prägt die Formen der Beteiligung. So ist Exklusion nicht im Sinne eines Standes außerhalb der Gesellschaft, sondern als bestimmte Form eines solchen innerhalb jener zu begreifen. Nicht zuletzt werden schließlich die Standards, welche Exklusionserfahrungen möglich machen, von der Gesellschaft selbst erst gesetzt.[68] Die Bedingungen, unter denen Lebenslagen als exkludiert beschreibbar werden, und die Bedingungen, unter welchen diese Beschreibungen gesellschaftlich akzeptabel werden, spielen dabei eine Rolle.[69]

> „Nicht gelöst freilich ist durch diese Form der Inklusion das, was man sozialpolitisch *Integration* nennen kann, also die Passung von Lebensläufen an Arbeitsmärkte, politische Räume oder kulturelle Milieus. Exakt dafür scheint die jeweilige Form der Inklusion das Problem zu sein." (Nassehi 2008, 125, Herv. i. Orig.)

Das Individuum findet mit der jeweiligen Form der systemischen Inklusion sowohl Möglichkeiten als auch Gefahren vor, die mitunter unmittelbar zugeteilt und damit für einzelne unberechenbar werden. Während der Begriff der Inklusion sich also auf den Zugang zu und die Einbindung in formale gesellschaftliche Teilsysteme bezieht, dreht es sich bei Integration um Fragen gemeinsamer oder eben verschiedener Lebensgestaltung im Alltag. Inklusion ist für das Funktionieren postmoderner Gesellschaften bedeutsamer als Integration. Wer also angesichts einer florierenden Vielfalt im Alltag die Gesellschaft entzwei brechen sieht, begeht den Fehler, Integration anstelle von Inklusion für vorrangig die Gesellschaft bestimmend zu halten. Im Gegensatz dazu ergeben sich aber erwünschte und nötige individuelle Spielräume im Alltag erst durch formal geregelte Anschlüsse zumindest an die wichtigsten gesellschaftlichen Teilsysteme.

Ähnlich verhält es sich mit der Rede von der multikulturellen Gesellschaft, in deren Zusammenhang kulturelle Differenzen überbetont werden und häufig eine vermeintlich erkannte Andersartigkeit für – als Desintegration wahrgenommene – Entwicklungen in Dienst genommen wird. Hier wird

67 Vgl. Nassehi 2006, 58f

68 Vgl. Kronauer 2002, 150, 212f; ders. 2008, 152f

69 Vgl. Farzin 2006, 111f

ebenfalls die Integration im Alltag als wichtigste Bedingung für die Konstitution von Gesellschaft gesehen. Demnach wäre auch eine mangelhafte Beteiligung der allochthonen Bevölkerung etwa an zivilgesellschaftlichen Prozessen nicht den Rahmenbedingungen geschuldet, die auf politisch machtvollen Entscheidungen bestimmter Interessenlagen beruhen, sondern einem als Tatsache geltenden Umstand von Andersartigkeit.[70] Die unterschiedliche Inklusion verschiedener migrierter Gruppen – gekennzeichnet durch politische Unterrepräsentation – findet sich also in der jeweils gefundenen Partizipationsform wieder.[71] Die folgenden Untersuchungen sollen zeigen, ob und wie sich diese Umstände auf das zivilgesellschaftlich ausgerichtete Engagement von MigrantInnen auswirken.

II 2 Immigration und zivilgesellschaftliche Beteiligung

> „Die heutige Migration findet im Rahmen einer viel größeren Entwicklung statt: Der Destabilisierung zentrierter Hierarchien von Gesetzesmacht und nationalstaatlicher Zugehörigkeit. Diese Entwicklung hat Raum für informelle politische Dynamiken und Akteure geschaffen. Ich würde sagen, dass Migranten eine entscheidende Rolle in diesem Prozess spielen. ... Migranten gehören zusammen mit den 'traditionellen' Bürgern, die zunehmend transnational sein wollen, zu einem neuen Typus politischer Akteure. Sie können die Entwicklung neuer politischer und rechtlicher Instrumente anstoßen, die den Standpunkt aller Individuen gegenüber dem Staat stärken. Genau so hat Einwanderung schon in den letzten zwei Jahrhunderten oft funktioniert." (Sassen 2008, 81)

II 2.1 Das Grundverständnis von Zivilgesellschaft

Bürgerschaftliches Engagement in selbst organisierter Eigenregie wird zunächst als zentrales Moment von Zivilgesellschaft begriffen. Dies bezog sich anfänglich nur auf Männer, denen das Bürgerrecht zukam und welche Eigentum vorweisen konnten. Konzepte der Zivilgesellschaft werden mittlerweile zumeist von einer Orientierung an den Menschenrechten mitbestimmt, die eine Anerkennung von Andersartigkeit sowie eine Freiwilligkeit der Beteiligung möglichst vieler Menschen einschließt und ihnen weitreichende Befugnisse einräumt. Die Vor-

70 Vgl. Nikodem 2002, 22, 63, 70f, 76f, 79f

71 Vgl. Nassehi 2008, 125

stellungen von Zivilgesellschaft beinhalten somit Ideen, welche heute noch nicht verwirklicht sind.[72]

In der Regel wird Zivilgesellschaft als nicht staatlich, öffentlich und nicht der Sphäre der Ökonomie zugehörig verortet. Es handelt sich um eine menschenrechtlich fundierte Form der Politik, die alternativ zum formellen, politischen System besteht und weder institutionalisiert noch national begrenzt ist. Zivilgesellschaft fußt auf grenzenüberschreitendem, sich unabhängig entwickelndem Engagement, wobei das Gewicht zivilgesellschaftlicher Entwicklung sich daraus ergibt, wie breit und mit welcher Qualität auftretende Widersprüche bearbeitet werden. Trotzdem üben beispielsweise auch Ökonomie oder Staat gewisse Einflüsse auf zivilgesellschaftliche Entwicklungen aus. Der Staat bestimmt zum Beispiel, welchen der zivilgesellschaftlichen AkteurInnen er für finanziell unterstützungswürdig hält. Des Weiteren wird die Zivilgesellschaft vom Stand der Entwicklung demokratischer Standards, der Pressefreiheit und des erreichten Wohlstands beeinflusst. Dabei spielen ebenfalls das Stiftungs- oder das Vereinsrecht sowie die Durchsetzung von Menschenrechten eine Rolle.

Als Gesellschaftsbereich gedacht ergibt sich, dass in der Zivilgesellschaft nicht nur Inhalte Platz finden, welche der oben genannten Richtung entsprechen, in welcher Zivilgesellschaft sich an den Menschenrechten und dem Wohl aller orientiert, sondern ebenfalls solche, die diesen entgegenwirken.[73] Im zivilgesellschaftlichen Bereich können solchermaßen missliebige Vorgehensweisen des Staates sowie Gesetze durchgedrückt werden, indem hierfür die nötige Legitimierung unter Ausnutzung staatlicher Vormachtstellung geschaffen wird. Darum kann es zivilgesellschaftlichen ProtagonistInnen widerfahren, dass sie versehentlich Diskurse erhärten, die sie eigentlich zu verhindern gedachten.[74]

Der Staat wiederum legt fest, wem im Rahmen der Gewährung der Staatsangehörigkeit Bürgerrechte zukommen und somit der Zugang zum Funktionssystem offizieller Politik gewährleistet wird. Zivilgesellschaftliches Engagement entwickeln die Menschen von der gesellschaftlichen Basis her allerdings unabhängig davon. Sie nehmen sich nach ihren Möglichkeiten frei heraus, in Auseinandersetzungen Stellung zu Problemen und Widersprüchen zu beziehen, mit denen es die heutige (Welt-)Gesellschaft zu tun hat und welchen die Regierungen zumeist

72 Vgl. Bukow/Yildiz (Hg.) 2002, 44; Nikodem 2002, 84; Hutter 2003, 91; Haug 2005, 212f; Beck 2007, 128; Schmidt 2007, 15, 19

73 Vgl. Simsa 2001, 23, 28, 35, 38; Hutter 2003, 267f; Ottersbach 2003, 35, 85, 89f, 120, 280, 308; Haug 2005, 213; Schmidt 2007, 18f

74 Vgl. Heck 2008, 251

nicht sachgerecht begegnen, wenn sie diese nicht gar selbst erst verursachen. Derart können ebenso Eingewanderte, auch wenn ihnen nicht die Staatsangehörigkeit zugestanden wird, unterhalb der Schwelle der offiziellen Systeme der Politik agieren, ohne staatliche Grenzen und Reglements zu beachten.[75]

Auf das Moment der Auseinandersetzung um die Deutungsmacht im Bereich der Zivilgesellschaft hingewiesen zu haben, ist Antonio Gramsci zu verdanken. Bei ihm bezeichnet Zivilgesellschaft die Ansammlung von Selbstorganisationen in der Gesellschaft, welche Ansichten zur Gesellschaftspolitik und ihrer Umsetzung hervorbringen. Sie wird dementsprechend zum Feld, auf dem die Auseinandersetzungen um die kulturelle Hegemonie jenseits von Staat und Wirtschaftssphäre diskursiv stattfinden, welche schließlich auch das Erringen politischer Macht mitbestimmen.

> „Was 'öffentliche Meinung' genannt wird, ist aufs engste mit der politischen Hegemonie verknüpft, es ist ... der Berührungspunkt zwischen der 'Zivilgesellschaft' und der 'politischen Gesellschaft', zwischen dem Konsens und der Gewalt. Der Staat schafft, wenn er eine wenig populäre Aktion starten will, vorbeugend die angemessene öffentliche Meinung, ... er organisiert und zentralisiert bestimmte Elemente der Zivilgesellschaft.“ (Gramsci 1930/31)[76]

Gramscis Zielvorstellung beinhaltet letztendlich die gesellschaftliche Aufhebung des Staates durch Brechung seines Übergewichtes. Die Bedeutung der Auseinandersetzung um die Macht kultureller Auslegung in der Zivilgesellschaft wird unterstrichen. Während hier also der taktisch strategische Anteil im Clinch um die Macht, zur letztlichen Überwindung der Klassengesellschaft mittels – lediglich zeitweilig nötigem – zivilgesellschaftlichem Einsatz, fokussiert wird, betont Jürgen Habermas später mehr das integrative gesellschaftliche Moment und die institutionelle Organisation von Verfahrensweisen.[77]

Die diskurstheoretische Variante berücksichtigt Zivilgesellschaft als den Bereich, in dem Prozesse des politischen Lernens ablaufen, der aber ebenso eine Demokratisierung politischer Willensbildung und entsprechender Entscheidungsfindung sowie politische Institutionen zur Voraussetzung hat. Daran knüpft gleichsam das auf Habermas zurückgehende Konzept deliberativer Demokratie an, welches zunächst die Findung von Entscheidungen betont, die beratschlagend unter Berücksichtigung und Abwägung der Diskurse von freien

75 Vgl. Beck 1986, 322; ders. 2007, 24, 89f, 126f, 176ff, 276

76 Zit n. Schmidt 2007, 226

77 Vgl. Kneer 1997, 233f; Melber 1997, 567, 569; Simsa 2001, 25, 27f; Schmidt 2003, 5; Haug 2005, 212; Schmidt 2007, 222

und gleichberechtigten BürgerInnen vonstatten gehen soll. Hier wird anstelle einer klaren Trennung von Gesellschaft und Staat eher von einem Zentrum und einem Randgebiet ausgegangen, in welchem auch die Zivilgesellschaft angesiedelt ist. Sie setzt sich aus jenen Zusammenschlüssen zusammen, die nicht staatlich und nicht ökonomisch verfasst sind und welche in der Lebenswelt jene Strukturen der Öffentlichkeit bilden, die der Kommunikation dienen. Hier können gesellschaftliche Probleme Gehör finden und vermittelt an die politische Öffentlichkeit gebracht werden.[78]

> „Die Kommunikationsstrukturen der Öffentlichkeit sind mit den privaten Lebensbereichen in der Weise verknüpft, daß die zivilgesellschaftliche Peripherie gegenüber den Zentren der Politik den Vorzug größerer Sensibilität für die Wahrnehmung und Identifizierung neuer Problemlagen besitzt." (Habermas 1992, 460)

In diesem Prozess melden die einzelnen Teile der Gesellschaft ihre Mitgliedschaft an, damit diese auf dem Wege der Kommunikation verwirklicht wird. Aus der Lebenswelt heraus wird der Wille zur Beteiligung an Kommunikationsprozessen – im Rahmen des Wettstreits um die Anerkennung von Interessen auf verschiedenen Öffentlichkeitsebenen – hervorgebracht und geformt sowie an die Adresse der Gesellschaftssysteme gerichtet. Zivilgesellschaft hat so die Funktion, Kommunikation auf der Basis einer am Allgemeinwohl orientierten Verpflichtung zu ermöglichen, zu strukturieren und zu verknüpfen. Demnach sollte Zivilgesellschaft, deren Machtpotential nicht überschätzt werden sollte, für die Beteiligung aller offen sein, eine gleichberechtigte Teilnahme strukturell gesichert werden, um Einfluss aller zu ermöglichen. Kritisch wird die Situation vor diesem Hintergrund, wenn die Beteiligung unzulänglich ist. Damit deliberative Politik funktionieren kann, sind also eine rationale Lebenswelt, ein rechtsstaatlicher Rahmen und eine politische, unabhängige Öffentlichkeit nötig.[79]

Für die Zivilgesellschaft müssten also Umstände geschaffen werden, die Einzelnen und Gruppen eine freiwillige Teilnahme an öffentlichem Gedanken- und Meinungsaustausch ermöglichen und somit Platz bieten für die eigene Interpretation der AkteurInnen. Nicht zuletzt Prozesse der Globalisierung weisen die Neigung auf, die weltweite zivilgesellschaftliche Entwicklung zu begünstigen.[80] Die Möglichkeiten individueller Lebensgestaltung, welche postmoderne Gesellschaften eröffnen, nötigen zudem dazu, selbst Verantwortung zu übernehmen,

78 Vgl. Kneer 1997, 246; Ottersbach 2003, 60f, 68, 74, 76; Schmidt 2003, 3f

79 Vgl. Kneer 1997, 246; Bukow 1999, 30; Simsa 2001, 31; Nikodem 2002, 82, 268; Ottersbach 2003, 25, 32f, 73; Beck 2007, 276, 352

80 Vgl. Yildiz 2000, 223f

was wiederum zivilgesellschaftliche Beteiligung nahe legt. Dazu muss die Gesellschaft allerdings auch ein Kommunikationsforum bieten. Das heißt, dass in der Postmoderne der zunehmenden zivilgesellschaftlichen Beteiligung die Funktion zukommt, Möglichkeiten, Schwierigkeiten und Gefahren, welche durch die Gesellschaftssysteme verursacht werden, anzusprechen, mit den – in der Lebenswelt gemachten – Erfahrungen abzugleichen und im öffentlichen Diskurs zu korrigieren.[81]

> „Dabei handelt es sich um kommunikative Prozesse, in denen Risiken und Krisen der Modernisierung zum Gegenstand diskursiver Handlungen gemacht werden. 'Subpolitik' (Beck 1993), 'life politics' (Giddens 1997) und 'Politik der Lebensstile' (Neckel 1993) sind neue Politikformen, welche die politische Demokratisierung der Gesellschaft zum Ausdruck bringen. ...
> Das dialektische Verhältnis zwischen demokratischer Gleichheit (formale Inklusion) und kultureller Vielfalt (Differenzen in der Lebenswelt) wird durch metakommunikative Verständigungsprozesse (Zivilgesellschaft) im Fluss gehalten." (Yildiz 2000, 221)

Die Zivilgesellschaft, als ein Bereich der politisch freien, demokratischen Partizipation von BürgerInnen in einem übersichtlichen Rahmen, hat dabei tendenziell den Anspruch alle, also auch die von Exklusion betroffenen Bevölkerungsgruppen, einzubeziehen. Wie es um Zivilgesellschaft bestellt ist, zeigt sich in der Wesensart der politischen Öffentlichkeit. Ihr Charakter und ihr Spielraum verweisen auf die Widerstandskraft der einzelnen Gesellschaftsmitglieder. Bei der Erkennung und Lokalisierung von gesellschaftlichen Problemen stellt sie einen wichtigen Faktor dar.

Zivilgesellschaftliches Engagement kann verstanden werden als freiwilliger, regierungsunabhängiger und (sozial-)politisch motivierter Zusammenschluss von aktiv und direkt teilhabenden Menschen, die gemeinsam handeln, jedoch nicht an ökonomischem Erfolg ausgerichtet sind. Das beinhaltet von kleinen, lose verbundenen, bis hin zu professionell organisierten, eine große Anzahl verschiedener Formen. Jedoch wird zivilgesellschaftliches Engagement hauptsächlich von Angehörigen der Mittelschicht getragen. Auch ein höherer Grad der Bildung macht entsprechenden Einsatz wahrscheinlicher. Wäre Deliberation bereits gänzlich gewährleistet, gäbe es keine Einschränkungen der Teilnahme von Angehörigen bestimmter Klassen oder anderer Staaten. Der sich nach und nach vollziehende Abbau sozialstaatlicher Errungenschaften sorgt allerdings dafür, dass für die ärmeren Teile der Gesellschaft die durch Individualisierung entstandene Wahlfreiheit wieder eingeschränkt wird. Dies hat ebenfalls Auswirkungen auf das

81 Vgl. Beck 1986, 322; Nikodem 2002, 60, 84

zivilgesellschaftliche Engagement.[82] Etwa die Debatte um neuere Armutsphänomene zeigt, dass Beteiligung nicht für alle gleichermaßen ermöglicht wird und bestimmte Exklusionsmomente, die das Zivilgesellschaftskonzept selbst hervorbringt, wirksam werden können. Welche gesellschaftlichen AkteurInnen außer denen des Bürgertums der Sphäre der Zivilgesellschaft zugerechnet werden können, bleibt zumeist offen.[83]

Die Zivilgesellschaftskonzepte weisen große Unterschiede auf. So werden die Möglichkeiten von Gesellschaftsveränderung und der Lösung von gesellschaftlichen Problemen durch zivilgesellschaftliches Handeln ungleich gesehen. Eher keine Wege, den momentanen gesellschaftlichen Zustand zu überwinden, zeigen etwa liberale Positionen auf. Heutzutage findet sich gleichfalls eine politisch ideologische Verwendung des Begriffes, in dessen Bestimmung sowohl eine Aburteilung gewisser Verhaltensweisen als unzivil stattfinden kann als auch eine Zuweisung gewisser Verantwortung an die Bürgerschaft für die Lösung politischer Probleme, wie sie etwa durch den Rückbau sozialer Sicherungssysteme entstehen. Dies geschieht nicht zuletzt angesichts vorgeblich schwindender Lösungsmöglichkeiten nationalstaatlich verfasster Politik. Die republikanisch geprägte Auffassung von Zivilgesellschaft stellt diese in den Mittelpunkt politischer Abläufe, womit gleichzeitig weitgehende Ansprüche an die BürgerInnen verbunden werden. Außerdem gibt es Ansichten, welche Zivilgesellschaft nicht als Gesellschaftssphäre sehen, sondern Gesellschaften insgesamt mit diesem Begriff belegen oder eben nicht. Gleichermaßen fällt die Antwort auf die Frage, inwiefern politische Motivation zivilgesellschaftlichem Handeln zugrunde liegen muss, unterschiedlich aus. Ob und wie Zivilgesellschaft die Macht des Staates begrenzt, wird ebenfalls verschieden bewertet.[84]

Die differenten Auffassungen von Zivilgesellschaft haben jedoch – wenn auch in unterschiedlicher Gewichtung und Lesart – genauso einige Idealvorstellungen gemeinsam:

- Gemeint sind sämtliche Zusammenschlüsse freiwilliger Versammlung, wobei als Richtschnur eine vom Prinzip her allen zugängliche Öffentlichkeit gilt.
- Kein Maßstab wird gesetzt durch ein Zentrum der Macht – etwa den Staat –, sondern allein die öffentliche Auseinandersetzung privater, nicht ökonomisch Agierender wirkt regulierend.

---

82 Vgl. Beck 1986, 322; Simsa 2001, 26, 34; Ottersbach 2003, 26ff, 39, 73ff, 111, 122, 300f

83 Vgl. Simsa 2001, 26; Schmidt 2007, 17

84 Vgl. Simsa 2001, 24f, 28ff; Schmidt 2003, 3ff; Schmidt 2007, 19

- Dabei soll eine Vielfalt von AkteurInnen einen lebendigen Diskurs garantieren.
- Die Beteiligten dürfen nicht illegalisiert werden, sondern ihre Meinungsbildung muss unter Garantie rechtsstaatlicher Regeln frei ablaufen können.
- Sie sind allerdings ebenso auf ein gewisses Maß zivilisierter Verhaltensweisen verpflichtet.

Zudem weist die Praxis zivilgesellschaftlicher AkteurInnen durch die permanente, kritische Diskussion vorhergegangener Übereinkünfte zumeist demokratisierend über den gegenwärtigen Zustand in Richtung seiner Überwindung hinaus.[85] Als ein solches Vorhaben stellt sie

> „so die Forderung nach Aufhebung der fraglichen Koexistenz von ziviler Gesellschaft und nationaler Identität und reißt die Raumschranke als Bedingung von Politik und Souveränität erklärtermaßen auch da nieder, wo sie vom multi- beziehungsweise transnationalen Kapital ..., supranationaler Zusammenarbeit und weltweiter Migration ohnehin bereits realiter überwunden worden ist." (Melber 1997, 569)

II 2.2 Zivilgesellschaftliche Beteiligung von MigrantInnen in der BRD

> „Migrant(inn)en selbst als Akteure der Zivilgesellschaft zu begreifen und ihr Engagement, das zum Teil andere als die für die deutsche Mehrheitsbevölkerung gewohnten Formen annimmt, anzuerkennen, ist eine relativ junge und nicht unumstrittene Sichtweise." (Huth 2007, 24)

Wie Zivilgesellschaft, gedacht vor dem Hintergrund deliberativer Entwürfe von Öffentlichkeit,[86] eine Beteiligung aller sicherstellen kann, ist hier nicht zuletzt von Belang. Im öffentlichen Disput über das Thema Zuwanderung stehen MigrantInnen vielfach als Sicherheitsrisiko da oder als integrationsbedürftig, woran häufig Assimilationsvorstellungen geknüpft werden. Ob die damalige reißerische Asyldebatte, Unterstellungen zu parallelgesellschaftlicher Betätigung und nicht zuletzt rassistisch motivierte Gewalttaten, dies sind nur einige schlagwortartige Beispiele für die verschiedentlich gegen MigrantInnen gerichtete öffentliche Stimmung.[87] Platzieren können sich im urbanen Alltag jedoch genauso eher weniger exponierte Selbstverständlichkeiten. In dieser Untersuchung soll es vornehmlich um Setzungen von MigrantInnen selbst gehen, die in diesem Spannungsfeld eigene Artikulationsformen suchen, entwickeln und finden. Doch ebenso geht

---

85 Vgl. Schmidt 1995, 1096; Kneer 1997, 234ff; Simsa 2001, 25, 28, 37

86 Vgl. Ottersbach 2003, 16, 70ff, 279f

87 Vgl. Aleman 1998, 34ff; Terkessidis 2000, 30ff

es um Muster des Auftretens und der Positionsbestimmung angesichts der vorgefundenen, verregelten Zuteilung von Plätzen. Aufgrund der Prägung durch das Konstrukt des deutschen Volkes ist die Möglichkeit, sich in der politischen Öffentlichkeit auszudrücken, stark eingeschränkt, da die Angehörigkeit zum völkisch begründet installierten Staat an den Bereich der formalen Politik gekoppelt ist. Dies gilt zunächst für die eingewanderte Bevölkerung, sofern ihr keine deutsche Abstammung attestiert wird.[88]

Ob Gesellschaftsprobleme öffentlich bearbeitet werden können, liegt an der Möglichkeit der Teilhabe von BürgerInnen aus lebensweltlicher Sicht. Aus dieser werden Bestrebungen und Postulate hervorgebracht. Die Option, teilnehmen zu können, ist hierbei entscheidend. Grundlage zivilgesellschaftlichen Einsatzes muss daher eine juristische Gleichbehandlung sein. Da die Rechte der Mitwirkung von MigrantInnen in der BRD stark eingeschränkt sind, ist ein – im Sinne deliberativer Demokratievorstellungen öffentlich ausgetragener – Diskurs unter gleichberechtigten TeilnehmerInnen nicht gewährleistet. Aufgrund des mit völkischer Begründung vorenthaltenen Wahlrechts wird zudem eine den Interessenverbänden ähnliche Arbeit behindert. In der Debatte um die Änderung des Staatsbürgerschaftsrechts Ende der 1990er Jahre wurde beispielsweise von einer damals mit dem Thema beschäftigten Kommission kein einziger Vertreter migrantischer Vereinigungen angehört, vom Innenausschuss des Bundestages lediglich einer. Dies zeigt, dass MigrantInnen weitgehend passiv in der Politik vorkommen. Dazu passt die Einrichtung der Ausländer- beziehungsweise Integrationsbeiräte, die nicht mehr als beratende Funktionen gegenüber kommunalen Parlamenten wahrnehmen und Vorschläge machen können.

Auch bezüglich des Schutzes vor Ausweisungen in andere Staaten, der Bewegungs-, Versammlungs- und der Vereinigungsfreiheit, der freien Wohnort- und Arbeitsplatzwahl, zudem für das Vereinsrecht bestehen für Menschen ohne deutschen Pass Sonderrechte. Offenbar werden die betreffenden Vereine eher als bedrohlich empfunden. Ebenso wird eine ablehnende Einstellung gegenüber der zivilgesellschaftlichen Teilnahme von MigrantInnen in die Öffentlichkeit transportiert. Des Weiteren gibt es Einschränkungen für MigrantInnen in Bezug auf die politische Betätigung, die durch das Ausländerrecht bestimmt werden. Erleichterte Verbotsmöglichkeiten und Ausweisung bei Verstößen erschweren die politische Partizipation. Nichtdeutsche stellen die besterfasste Bevölkerungsgruppe. Ihre Daten werden seit 1953 im Ausländerzentralregister gespeichert, das beim Bundesverwaltungsamt in Köln angesiedelt ist. 1983 bestätigte das

88 Vgl. Yildiz 1999, 90f

Bundesverfassungsgericht die Verfassungswidrigkeit seines Betriebs. Dennoch brauchte es noch über zehn Jahre, bis eine gesetzliche Grundlage für die diskriminierende Überwachungseinrichtung nachgereicht wurde. Trotzdem findet unter diesen benachteiligenden Bedingungen eine Einmischung von MigrantInnen in die Öffentlichkeit der Bundesrepublik statt, wenn auch weit entfernt von der Verwirklichung des – Pluralität gleichberechtigt einbeziehenden – Ideals zivilgesellschaftlicher Vorstellungen. MigrantInnen bleibt nämlich der volle Bürgerstatus verwehrt. Wer keinen deutschen Pass hat, ist für die hiesige Entscheidungsfindung ausdrücklich nicht von Bedeutung.[89]

Zivilgesellschaftliches Engagement jenseits staatlicher Vorgaben stellt also besonders für die allochthone Bevölkerung eine Alternative zu offiziellen Verfahren der Politik dar. Partizipation ist jedoch erst dann erreicht, wenn die Möglichkeit gegeben ist, sich direkt an Prozessen der Entwicklung von Entscheidungen sowie ihres Vollzuges zu beteiligen. Dabei könnte die Etablierung direkter Verfahren der Mitsprache helfen, allochthonen Bevölkerungsteilen mehr Mitbestimmung zu ermöglichen, solange sie von der formal organisierten Politik weiterhin ausgeschlossen werden.[90] Besonders Kinder und Jugendliche aus immigrierten Familien werden durch die eingeschränkte Situation bezüglich der Artikulation von Interessen und der Organisationsmöglichkeiten in ihrer psycho-sozialen Verfassung beeinflusst. Ausgerechnet denjenigen wird am wenigsten Beteiligung eingeräumt, die ohnehin Schwierigkeiten haben, etwa durch die Benachteiligung auf dem Wohnungsmarkt. Obendrein gerät die Entstehung von Problemen sogar noch zur eigenen Schuld Betroffener.[91] Desgleichen wird dergestalt etwa selbst organisierte, unabhängige Hilfe abgewertet und als randständig oder spaltend angesehen sowie revoltierendem Verhalten der politische Gehalt abgesprochen; oder ihren AkteurInnen wird Demokratieunfähigkeit unterstellt, wie beispielsweise bei den Aufständen von Jugendlichen in Frankreich im Jahr 2005.

Aufgrund des institutionell festgelegten Ausschlusses ist nur eine indirekte Einwirkung auf die gesellschaftliche Öffentlichkeit und ihre Meinungsbildung für die Selbstorganisationen von MigrantInnen gegeben. Lange Zeit wurden sie vom Mainstream der öffentlichen Debatte weitestgehend absichtlich über-

---

89 Vgl. Cohen 1992, 71; Menke 1993, 236f, 251ff; Simsa 2001, 23; Nikodem 2002, 42, 55; Hutter 2003, 233; Ottersbach 2003, 36f, 277; Schmidt 2003, 12ff; Gaitanides 2005, 57; Papamichou 2005, 29, 33, 64f; FoeBuD e.V. 2006; Bundesverwaltungsamt (Hg.) 2009

90 Vgl. Ottersbach 2003, 272f, 276f

91 Vgl. Papamichou 2005, 66f

sehen, galten MigrantInnen doch weniger als Subjekt, denn als Spielball von Politik.[92] Dem eingewanderten Teil der Bevölkerung blieben Möglichkeiten einer öffentlichen Diskussion und Darstellung eigener Erfahrungen weitestgehend verwehrt. Dies wird hingegen von der Aufnahmegesellschaft übernommen, welche bestimmt, wer als Stellvertretung angesehen werden kann und wer nicht. Die Klientelisierung von MigrantInnen entfaltet eine entmündigende Wirkung. Von Beginn an war für Arbeitskräfte, die seitens der BRD angeworben wurden, keine Form der Interessenvertretung vorgesehen, sondern eine solche war sogar ausdrücklich verboten. Überdies wurde den Eingewanderten gleichfalls nicht das Recht eingeräumt, eigene politische Parteien oder Verbände zu gründen.[93]

Stellungnahmen seitens migrantischer Organisationen zur zivilisierten Austragung von Auseinandersetzungen in der BRD blieben medial eher unbeachtet. Dennoch entwickelten diese, öffentlich eher unbemerkt, seit den 1980er Jahren multiple emanzipatorische Intentionen. MigrantInnen und ihre Nachkommen haben mannigfaltige Weisen der Auseinandersetzung mit der Gesellschaft in der BRD aufleben lassen, wie etwa die Mitarbeit in Vereinen, Zeitungs- und Kulturprojekten sowie Selbsthilfe- und Dialoggruppen.[94] Das verstärkt seit den 1980ern kursierende Thema der Einschränkung von Asylrechten, zunehmender Rassismus und zunehmende Migration zogen dabei neue Forderungen nach sich. Gegen Rassismus gerichtete Projekte reichen von häufig hochgradig institutionalisierten – etwa im Bereich der sozialen Arbeit – bis hin zu basisnahen Initiativen[95] und handfesten Abwehrmaßnahmen. Anfang der 1990er Jahre wuchs

> „mit den fremdenfeindlichen Ausschreitungen abrupt ... Skepsis ... gegenüber dem widerspenstigen Nicht-Einwanderungsland. Hierher gehört auch die stark wachsende, teils friedlich-zivile (Immigrantenvereine), teils aggressive (Streetgangs) Selbstorganisation von durch als ungerecht empfundene Unklarheiten in der Lebensperspektive, durch Mangel an politischer Partizipation und die verschiedensten Formen persönlicher und institutioneller Diskriminierung enttäuschten und gereizten De-facto-Einheimischen“ (Bade 1994, 184f).

Anlässlich der genannten, rassistischen Pogrome fand zudem seitens staatlicher Politik eine ideologische Indienstnahme von Zivilgesellschaft statt, die staatliche Pflichten auf diese abwälzte und sie zur Legitimierung zuwanderungsverhin-

92 Vgl. Yildiz 1994, 49f; Bojadžijev 2006, 150

93 Vgl. Huth-Hildebrandt 2002, 127f, 143

94 Vgl. Seidel-Pielen 1993, 39, 42, 47

95 Vgl. Ottersbach 2003, 121f, 127

dernder Politik heranzog. Hiermit sollte das Rassismusproblem vorgeblich gelöst werden.[96]

Einer Erwerbsarbeit nachkommende MigrantInnen versuchten in der BRD zunächst ihre Interessen als Arbeitende verstärkt auf gewerkschaftlicher Ebene zu vertreten. Die deutschen Gewerkschaften fokussierten sich jedoch noch bis in die zweite Hälfte der 1960er auf die autochthone Arbeiterschaft, zum Teil ausdrücklich gegen die Bemühungen von MigrantInnen gerichtet. Im Folgenden wurden zahlreiche Mietboykotts, Streiks und Kämpfe in Betrieben maßgeblich von MigrantInnen mitgetragen. Erst ab Ende der 1980er geriet selbstbestimmtes, politisch ausgerichtetes Engagement von MigrantInnen in den Fokus von Forschung. Die herrschende Politik eines Verbots aktiven politischen Engagements hatte zur Folge, dass die eigene Interessenvertretung, die sich trotz der Umstände entwickelt hatte, öffentlich keine Präsenz erfuhr. Dies zeigt sich etwa auch in der Konstituierung von Parteien aus Herkunftsländern, die umständehalber mitunter als Kulturverein fungieren müssen.[97]

Vom Erreichen von Rechten für so genannte GastarbeiterInnen hat sich mittlerweile der Schwerpunkt des Diskurses hin zu bürgerrechtlichen Forderungen verschoben und der Einsatz von MigrantInnen richtet sich, anstelle des Engagements in gewerkschaftlichen Zusammenhängen, zunehmend auf andere zivilgesellschaftliche Zusammenschlüsse, besonders solche, die sich für Minderheiten einsetzen.[98] Dergestalt richtet sich migrantisches Engagement beispielsweise genauso gegen die herrschende Migrationspolitik, die alleinige Sichtweise von MigrantInnen als Objekte von Politik oder als Rassismusopfer wie gegen kulturalistische Zuschreibungen und die Vorenthaltung von Bürgerrechten.[99]

Die Diskriminierung allochthoner Bevölkerungsteile hat neue Varianten und Vorgehensweisen hervorgebracht, sich an die politische Öffentlichkeit zu richten. Dabei spielen die Einteilung von MigrantInnen unter verschiedene Begriffe und die entsprechende Gewährung unterschiedlicher Rechte eine Rolle.[100] Zivilgesellschaftliche Beteiligung und ihre Bedeutung haben sich in der BRD seit Jahrzehnten insgesamt zwar eher ausgeweitet, tendenziell jedoch weg von langfristigen, hin zu punktuellen, situationsbezogenen Formen des Engagements entwickelt. Dies entspricht wohl der Situation in einer von Pluralisierung, Glo-

96 Vgl. Bojadžijev 2006, 151f

97 Vgl. Huth-Hildebrandt 2002, 128ff; Bojadžijev 2006, 153

98 Vgl. Yurdakul 2005, 120

99 Vgl. Bojadžijev 2006, 154, 159

100 Vgl. Ottersbach 2003, 112; Bojadžijev 2006, 158

balisierung sowie Individualisierung und damit einhergehendem Schwinden von Bindungen an Milieus geprägten Entwicklung. Dementsprechend hat sich die Entwicklung in der Vereinslandschaft hierzulande vollzogen. Während die Anzahl der Mitglieder weitestgehend solide geblieben ist, hat sich der Fokus der Vereine von politischen zu freizeitbezogenen Inhalten verschoben. Politischer Widerspruch und Einsatz sind jedoch nicht verloren gegangen, sondern finden zunehmend auf informeller Ebene statt.[101]

Vor Ort „entscheidet sich, ob die Kosmopolitisierung lokaler Lebenswelten in neue Formen eines ... nationale Grenzen und globale Ungleichheiten überschreitenden, bürgerschaftlichen Engagements übersetzt werden kann" (Römhild 2009, 6).

Häufig sind internationale, migrantische Kommunikationszusammenhänge auf den Alltag bezogen und kreisen thematisch um Wohnverhältnisse, Arbeits-, Gesundheits- und Bildungsfragen. Weltweite Netzwerke zivilgesellschaftlichen Engagements wachsen stetig. Wechselseitige Einflüsse aus verschiedenen Ländern schlagen sich in der Entwicklung internationaler Zivilgesellschaft nieder, deren ProtagonistInnen vielfach MigrantInnen sind. So wird Migration zum Gegenstand internationaler Auseinandersetzung. Grenzüberschreitende selbstorganisierte Initiativen setzen der Einteilung in ethnische Gruppen kreativ etwas entgegen. Dies zeigt sich beispielsweise in der Zusammenarbeit der Initiativen „Kein Mensch ist illegal" aus der Bundesrepublik und der „Sans Papiers" aus Frankreich.[102]

II 2.3 Migrantische Selbstorganisation allgemein

Unter Selbstorganisation möge hier die Vernetzung und Gruppenbildung durch Personen verstanden werden, die sich zusammenschließen, um gemeinsam geteilte Ziele anzustreben. Dadurch entwickeln sich Solidaritätsformen, welche Probleme gesellschaftlicher und sozialer Art bearbeiten. Als Basis gilt es für Selbstorganisationen von MigrantInnen, die Umstände des eigenen Lebens sozusagen selbst in die Hand zu nehmen. Diskriminierung, die gesellschaftliche Abseitsstellung und die juristischen Umstände wirken darauf ein. Der Begriff Selbstorganisation bezieht sich auf unterschiedlichste, mehr oder weniger stark strukturierte Formen,

101 Vgl. Simsa 2001, 31; Ottersbach 2003, 34; Schmidt 2003, 7, 10f; Schulze 2003, 69

102 Vgl. Melber 1997, 569; Ottersbach 2003, 58f, 111, 124f, 132; Bojadžijev 2006, 160; Römhild 2008b, 68; Sezgin 2010, 201, In: Pries/Sezgin (Hg.) 2010

formale Organisationen bis hin zu mehr oder weniger lockeren Projekten oder Netzwerk- und Gruppenbildungen.[103]

> „In der Migrationsforschung werden MigrantInnenselbstorganisationen als ein Strukturelement von ethnischen beziehungsweise Migranten-Communities bezeichnet, wobei Migranten-Communities definiert werden als 'verschiedene Beziehungsstrukturen unter Einwanderern innerhalb einer bestimmten räumlich-territorialen Einheit, die auf der Basis von Selbstorganisation entstanden sind' (Heckmann 1992, 97)." (Latorre Pallares et al. 2006, 3)

Vorliegenden Ausführungen liegt die Annahme zugrunde, dass die Art der Organisierung von Zugewanderten besonders vom Zugang zu den gesellschaftlichen Funktionssystemen abhängt und von ihm beeinflusst ist, also vor allem den juristischen sowie den, durch Politik und Institutionen bestimmten, Bedingungen geschuldet ist und nicht vornehmlich auf Kulturspezifika oder solchen des Herkunftslandes beziehungsweise einer wie auch immer definierten Ethnie basieren.[104]

Die Bedingungen, mit denen MigrantInnen fertig werden müssen, etwa der spezielle Aufenthaltsstatus, Bedrohung durch Abschiebungen und die benachteiligte Stellung auf dem Arbeitsmarkt, prägen die Art ihrer Lebensbewältigung. Dabei handeln sie durchaus aktiv und sollten nicht als bloß Reagierende verstanden, sondern die vielfältigen, gefundenen Wege, taktischen Vorgehensweisen und teilweise öffentlichen Proteste, aber ebenso die privaten Initiativen, welche die Betroffenen zur Verbesserung ihrer Lebenssituation suchen und finden, sollten anerkannt werden. Dieses Streben und die Notwendigkeit, sich gegen Rassismus, Diskriminierung und die allgemeine gesellschaftliche Schlechterstellung zu wehren, ziehen entsprechend darauf ausgerichtete Formen von Selbstorganisation nach sich.[105]

So hat sich beispielsweise die Konzentration auf den Fußball durch Vereinigungen jugoslawischer MigrantInnen in Österreich unter anderem entwickelt, um „den strukturellen Ausschluss aus originär österreichischen Organisationen und Institutionen aufgrund des Ausländerstatus ... zu kompensieren. In diesem Sinne dienten sie auch als Medium, um die eigene soziale Position sowie das Prestige und Ansehen ... in der österreichischen Gesellschaft zu verbessern." (Waldrauch/Sohler 2004, 219)

---

103 Vgl. MASSKS (Hg.) 1999a, 19, 77; Latorre Pallares et al. 2006, 4; Huth 2007, 29

104 Vgl. Waldrauch/Sohler 2004, 31f; Gaitanides 2005, 52; Huth 2007, 35; Bojadžijev 2008, 46

105 Vgl. ebd., 119f, 147

In Österreich sind organisierte MigrantInnen wohl deshalb besonders vorsichtig, politische Betätigung als Beschäftigungsfeld ihrer Zusammenschlüsse anzugeben, weil sie dort ebenfalls lange Zeit behördlicherseits überwacht wurden.[106]

Hiesige Selbstorganisationen von Menschen mit AussiedlerInnenstatus sind nur schwer zu erfassen und folglich bislang kaum erforscht.[107] So engagiert sich diese Gruppe offenbar gleichfalls eher zurückhaltend in Vereinen, wobei ein nicht unerheblicher Anteil unter den Mitgliedschaften auf „landsmannschaftliche Gemeinschaften" (Mammey 1999, 121) entfällt, wie beispielsweise die „Vereinigung der Rußlanddeutschen" oder vergleichbare Zusammenschlüsse.

Der persönliche Einsatz in Vereinigungen durch Menschen mit AussiedlerInnenstatus wird seitens des Bundesinnenministeriums zwar gefördert, das Interesse seitens der offiziellen Politik erscheint jedoch gering. Als eine Bundesorganisation von Menschen mit AussiedlerInnenstatus eine Einladung an etablierte PolitikerInnen richtete, wurde dieser lediglich von einer rechtsextremen Partei Folge geleistet. Aus Sicht der Einladenden stellte sich in Folge dessen – sowie ob der geringen Möglichkeiten von Partizipation – Frust ein und die Mitarbeit in der Organisation wurde zum Teil aufgekündigt.[108] Es gibt Hinweise darauf, dass sich insbesondere Jugendliche mit dem Status von AussiedlerInnen vornehmlich an familiären Zusammenhängen orientieren. Des Weiteren ist wohl die Beteiligung von Jugendlichen aus dieser Gruppe an Angeboten von Vereinen und Verbänden, die im Ankunftsland vorgefunden werden, geringer als für diese Altersgruppe ansonsten üblich. Dies liegt mitunter an persönlich erlebten Erfahrungen mit Diskriminierungen, welche die Betroffenen zum Beispiel während kurzer Mitgliedschaften, etwa in Sportvereinen oder mit einseitiger Berichterstattung in der Presse machten.[109]

Trotz schwieriger Bedingungen beeinflussen Taktiken der Aneignung oder lockeren Auslegung von Rechten sowie die durch MigrantInnen angestoßenen politischen Auseinandersetzungen, Veränderungen des juristischen Rahmens. Der Beharrlichkeit, mit der das Bestehen von Grenzen aufrechterhalten wird, steht die Erfahrung vielfacher, transnationaler Lebensweisen entgegen.[110] Im

106 Vgl. Waldrauch/Sohler 2004, 604f

107 Vgl. Huth 2002, 8

108 Vgl. Hoppe/Huth 2002, 31, 56

109 Vgl. Bade/Oltmer 1999, 47f; Wehmann 1999, 219, 225

110 Vgl. Römhild 2005, 97; Bojadžijev 2008, 234

Prinzip lassen sich so bei sämtlichen Organisationen, die hauptsächlich von MigrantInnen getragen werden, Grenzen übergreifende Aspekte finden.[111]

Strukturelle Benachteiligungen betreffen MigrantInnen seit langem. Bezogen auf zentrale, gesellschaftliche Funktionssysteme, wie zum Beispiel den Arbeitsmarkt, die Gesundheitsversorgung und den Bildungsbereich, wirken so Mechanismen der Exklusion. Zu Nachteilen dieser Art kommen zum Beispiel für weibliche Eingewanderte noch solche hinzu, wie sie patriarchale Gefüge bedingen, was die strukturelle Benachteiligung steigert. Die Selbstorganisationen helfen, die Möglichkeiten der Teilhabe in der Einwanderungsgesellschaft auszubauen. Diese Bemühungen werden aufgebracht, um eigene Möglichkeiten auszuschöpfen und damit der Exklusion aus gesellschaftlichen Funktionssystemen entgegenzuwirken. Derartige Hindernisse des Zugangs zu überwinden, hilft zudem beim Aufbau von Selbstbewusstsein.[112]

Die Möglichkeiten zivilgesellschaftlichen Engagements im Einwanderungsland BRD sind für Menschen ohne deutsche Staatsangehörigkeit stark eingeschränkt. Dementsprechend gestaltet sich die Situation für Selbstorganisationen von MigrantInnen. Diese werden eben nicht voll als BürgerInnen mit allen Rechten, sondern allenfalls als unmündige MitbürgerInnen verstanden, was eine gesonderte Behandlungsweise nach sich zieht, die oftmals aufgrund der Sichtweise zustande kommt, MigrantInnen seien vormodern geprägt oder hätten kulturelle Mängel.[113] Solange MigrantInnen das volle Bürgerrecht verwehrt bleibt und auf diese Weise Partizipationsmöglichkeiten eingeschränkt werden, kommt für viele kein öffentlich ausgerichtetes Engagement in Frage.[114]

Die Grundlage der Zivilgesellschaft von anerkanntem, persönlichem Einsatz ist für MigrantInnen in der Bundesrepublik nicht gegeben. Doch auch ohne diese Anerkennung findet Engagement statt. Je nach rechtlichem Status bleiben Zugewanderte von gesellschaftlichen Funktionssystemen ausgeschlossen. Die Gesetze bergen komplexe Exklusionsmodi. Dergestalt bleibt etwa aus dem formalen gesellschaftlichen System der Politik ausgeschlossen, wem das Wahlrecht verwehrt bleibt. Dennoch existiert – eigentlich nicht vorgesehener und daher besonders auf das Zusammenwirken mit anderen angewiesener – zivilgesellschaftlicher Einsatz. Er wird allerdings oft übersehen oder, ohne die Hintergründe zu berücksichtigen, als Abgrenzung wahrgenommen, etwa bezüglich

---

111 Vgl. Pries 2010, 42, In: Pries/Sezgin (Hg.) 2010

112 Vgl. Latorre Pallares et al. 2006, 3, 32f, 43ff, 50

113 Vgl. Yildiz 1994, 49; Papamichou 2005, 76, 78

114 Vgl. Hoppe/Huth 2002, 57, 68

der Beschäftigung mit politischen Themen aus dem Herkunftsland. Anstatt sich mit fortschrittlichen Möglichkeiten zivilgesellschaftlich ausgerichteten Engagements zu befassen, gibt es weiterhin negative Zuschreibungen und die Debatte kreist unter den Vorzeichen von Assimilation meistenteils um die Frage von Integration(-swilligkeit) und Segregation. Die Rahmenbedingungen ändern sich jedoch schleichend. Zum Beispiel ist der Paternalismus – nicht zuletzt aufgrund der Kritik durch Betroffene – leicht rückläufig, wie zum Beispiel anhand des neuen Staatsbürgerschaftsgesetzes deutlich wird.[115]

Der Bereich der formalen Politik ist für migrantische Selbstorganisationen also verschlossen.[116] Dennoch gibt es Handlungsweisen von MigrantInnen, die der passiven Stellung als politische Objekte entgegen stehen und mittels derer die Betreffenden sich zusammenschließen, um sich selbst einzumischen.[117]

„Der Ausschluss von politischen Entscheidungen betraf historisch nicht nur immer bestimmte soziale Gruppen und betrifft sie weiterhin – ihre Ausgrenzung trug darüber hinaus maßgeblich zu ihrer Stigmatisierung, etwa als 'Frauen', 'Ausländer' oder 'Schwarze' bei." (Bojadžijev 2008, 45)

Durch die Rahmenbedingungen sind die zur gesellschaftlichen Minderheit Gemachten darauf angewiesen, indirekte – letztlich aufgrund mangelnder demokratischer Beteiligung unzureichende – Möglichkeiten zu finden, sich politisch zu betätigen, woraus eine Vielzahl verschiedener Arten des Mit- und Selbermachens resultiert. Diese Betätigung ist allerdings juristisch derart eingeschränkt, dass – zumindest für nicht gänzlich Illegalisierte – neben Vereinen vor allem Bürgerinitiativen und ähnliche Zusammenschlüsse als Feld des Engagements übrig bleiben, weil zwar die Mitgliedschaft für Menschen ohne deutsche Staatsangehörigkeit in einer der hiesigen Parteien erlaubt ist, nicht aber die Kandidatur für ein Parlament oder gar die eigene Gründung einer Partei.[118]

Die Art und Weise, die erlaubten Möglichkeiten der Einreise zu nutzen und die Umsetzung der Einwanderung unter den gegebenen Möglichkeiten, üben gleichfalls Einfluss auf die Ausgestaltung der Bürgerrechte aus und werfen Fragen der Einwanderungspolitik sowie der Staatsbürgerschaft auf. Dabei ergeben sich zum einen staatliche Reaktionen, die auf Praktiken von MigrantInnen reagieren. Zum anderen sind diese ihrerseits immer wieder gezwungen, mit veränderten

---

115 Vgl. Yildiz 1994, 50; MASSKS (Hg.) 1999a, 1; Hoppe/Huth 2002, 28; Gaitanides 2005, 52; Papamichou 2005, 111; Huth 2007, 33

116 Vgl. dies. 2002, 6

117 Vgl. Bojadžijev 2008, 96

118 Vgl. Papamichou 2005, 110, 114

Rahmenbedingungen umgehen zu können.[119] Die Entscheidung für eine Organisierung ist nicht als segregativ anzusehen. Stattdessen muss Teilhabeorientierung zur Kenntnis genommen werden. Dabei wirken sich der Einsatz und das Engagement auch auf die gesellschaftliche Situation insgesamt aus und zum Teil können Zugangsbarrieren zu gesellschaftlichen Funktionssystemen überwunden werden.[120]

So begegnen die an den Rand Gedrängten den Ausschlüssen vornehmlich mit partizipativ ausgerichteter Selbstorganisation und nicht mit Resignation, obwohl sie zumeist mit paternalistischen Symbolen wie den Integrationsbeiräten abgespeist zu werden drohen. Symbolische Teilhabeangebote, exemplarisch die Ausrichtung einer sogenannten interkulturellen Woche in Reutlingen, haben schwindendes Interesse seitens migrantischer Selbstorganisationen zu verzeichnen. Ebenso andernorts, wo viele MigrantInnen die lediglich beratenden Beiräte als unzureichend ablehnen. Zudem genießen Gewerkschaften unter MigrantInnen nicht so viel Vertrauen wie migrantische Selbstorganisationen, welche mitunter zwanzig bis dreißig Prozent ihrer Klientel erreichen können.[121]

Wie insgesamt engagierte MigrantInnen, vor allem solche mit höherem Bildungsgrad und in vergleichsweise sicheren Lebensverhältnissen, wurden auch Organisationen, welche sich besonders mit der benachteiligten Position allochthoner Frauen beschäftigen, vornehmlich durch Protagonistinnen mit guten Voraussetzungen in den Bereichen der Bildung, der ökonomischen sowie beruflichen Situation aus der Taufe gehoben – darunter sowohl politische Flüchtlinge als auch Arbeitsmigrantinnen aus früheren Anwerbeländern.[122]

II 2.4 Historische Entwicklungslinien migrantischer Selbstorganisationen in der BRD

Arbeitskämpfe

Selbstorganisationen von MigrantInnen, die sich in der Öffentlichkeit äußern, bildeten sich vornehmlich als Reaktion auf Forderungen zur Rückkehr und

---

119 Vgl. Bojadžijev 2008, 16, 118, 276f; Pries 2010, 49, In: Pries/Sezgin (Hg.) 2010

120 Vgl. MASSKS (Hg.) 1999a, 75; Schmidt 2003, 32; Waldrauch/Sohler 2004, 26; Latorre Pallares et al. 2006, 44ff

121 Vgl. Hoppe/Huth 2002, 55; Müller 2002, 4; Gaitanides 2005, 58; Papamichou 2005, 74

122 Vgl. Waldrauch/Sohler 2004, 459; Latorre Pallares et al. 2006, 8; Huth 2007, 28

zur Begrenzung des Zuzugs heraus, in der Bundesrepublik – wo die Politik mit dem Nachkommen derartiger Forderungen vorgab, soziales Problempotential zu bändigen, welches sich in rassistischen Übergriffen äußerte – jedoch weniger stark als etwa in Ländern wie Großbritannien oder Frankreich. Das liegt insbesondere in der hiesigen Situation begründet, die bis heute von einer mythischen Abstammungslehre geprägt ist und den Zugang zu politischen Rechten verwehrt, sie allenfalls mit der sonderrechtlich eingeräumten Gewährung der Staatsbürgerschaft erteilt. Die politische Rechtlosigkeit bereitet vielen MigrantInnen und auch noch ihren hier geborenen Nachfahren große Probleme, während als deutsch angesehene Einwandernde aus Staaten Osteuropas – im Gegensatz etwa zu solchen aus Südamerika – als sogenannte Aussiedler diesbezüglich gleichgestellt werden können.[123]

Bereits ab Mitte der 1950er Jahre kam es zu ersten Protesten von MigrantInnen, die sich unter anderem Streiks anschlossen oder gar den Anstoß dazu gaben. Diese wurden teilweise ohne Gewerkschaftsbeteiligung durchgeführt.[124] In den 1960ern entstanden erste Arbeitervereine von MigrantInnen aus der Türkei und aus anderen Ländern. Seit Beginn des Jahrzehnts kam es zu öffentlichen Protesten, welche, hauptsächlich von MigrantInnen angestoßen und durchgeführt, etwa als Bummelstreiks, Verweigerung von Mietzahlungen und Auseinandersetzungen am Arbeitsplatz, gar als Akte von Sabotage, auftraten. Mitunter reisten ganze Gruppen geschlossen ab, bevor Arbeitsverträge endeten. Oder MigrantInnen kündigten gemeinsam, um sich gegen die schlechte Bezahlung zu wehren. Mittels der Proteste wendeten sich die Agierenden gegen die betriebliche Situation und den geringen Lohn genauso wie gegen schlechte Unterkünfte und Lebensbedingungen sowie Diskriminierungen. Es kam bereits zur Gründung von Zentren und ähnlichen Einrichtungen.[125] Oftmals ausgehend von Alltagserfahrungen begannen MigrantInnen sich zusammenzuschließen, um etwa für bessere Unterkünfte, Bildungszugänge und Gesundheitsversorgung einzutreten. Dazu gehörte zunehmend die Schaffung von Zentren, Treffpunkten zur Lebenshilfe, -qualitätsverbesserung und eigenen Organisierung. Im Ringen um das Erreichen dieser Ziele finden MigrantInnen immer wieder neue taktische

123 Vgl. Cohen 1992, 57; Yildiz 1999, 90f

124 Vgl. Bojadžijev 2002, 272, 286; dies. 2008, 87f, 99, 105, 151f

125 Vgl. Hoppe/Huth 2002, 26, 40; Huth 2007, 29; Bojadžijev 2008, 12, 154, 198ff, 213

Vorgehensweisen, um mit den jeweiligen Ausprägungen der repressiven Umstände umgehen zu können.[126]

Die in zwei Jahrzehnten gesammelten Erfahrungen mit der Durchführung sogenannter wilder Streiks und anderer Auseinandersetzungen am Arbeitsplatz flossen in weitere Mobilisierungen ein und stießen eine Entwicklung an, die sich gleichsam in den Inhalten niederschlug. Ihren Höhepunkt erreichte sie in den ersten Jahren der 1970er. Ein bekanntes Beispiel ist der Streik bei den Autowerken der Firma „Ford" in Köln anlässlich der Entlassung von hunderten, aus der Türkei stammenden, ArbeiterInnen. Hier wurde nicht nur die Wiedereinstellung der Entlassenen gefordert, sondern auch eine bessere Bezahlung sowie bessere Arbeitsbedingungen. Die anfängliche Solidarität seitens der autochthonen KollegInnen mit den Forderungen der Streikenden konnte mit Hilfe spaltender Darstellungen in lokalen Medien zerschlagen werden.

Zunehmend wurden die alltäglichen Lebensbedingungen von MigrantInnen in öffentlichen Auseinandersetzungen thematisiert. Die Gründung von eigenen Zentren und ähnlichen Einrichtungen erlebte in diesen Jahren einen Aufschwung.[127] Rechtliche Verschlechterungen, beispielsweise in Bezug auf den Aufenthaltsstatus, auf Regelungen zum Kindergeld oder zur Besteuerung zogen während der 1970er Jahre Widerspruch von MigrantInnen nach sich. Sie erkannten mitunter darin die Installation neuer Rangfolgen zwischen Menschen verschiedener Herkunft, welche auch in der zunehmenden Kategorisierung unter anderem nach Begriffen wie „Ausländer", „Flüchtlinge" und „Illegale" – jeweils mit entsprechendem Rechtsstatus verknüpft – ihren Ausdruck fand. Migrantische Selbstorganisationen stellten daher unter anderem Forderungen gegen Abschiebungen sowie nach einem Bleiberecht und waren dabei zuweilen erfolgreich sowie in der Lage, ihr Engagement über Jahre hinweg dauerhaft aufrechtzuerhalten.

Die jeweilige rechtliche Stellung von MigrantInnen determinierte damals wie heute die Möglichkeiten, die Arten sowie die Bereitschaft zu politischer Betätigung erheblich. So konnte die Beteiligung an einem erfolglosen Streik für Menschen ohne deutschen Pass eine Abschiebung nach sich ziehen, während mit solchen Papieren ausgestattete KollegInnen keine derartig drastischen Folgen zu fürchten hatten. Aber zwischen Menschen aus der Europäischen Wirtschaftsgemeinschaft und aus anderen Weltgegenden bestand ebenfalls eine Differenz der rechtlich gebotenen Möglichkeiten. Neben der unsicheren Rechtslage be-

---

126 Vgl. Hoppe/Huth 2002, 40; Bojadžijev 2008, 17, 284

127 Vgl. Seidel-Pielen 1995, 116f; Bojadžijev 2002, 273ff; dies. 2008, 152, 156f, 188, 196, 214, 225

gründeten die Lohnunterschiede eine Rangfolge unter den Arbeitenden in den Betrieben. Dem traten MigrantInnen in den Auseinandersetzungen am Arbeitsplatz zuzeiten entgegen, indem sie das, von der Herkunft der ProtagonistInnen unabhängige, Ergreifen gemeinsamer Initiativen zu forcieren suchten.[128]

Seit den 1970er Jahren wurde die Beschäftigung von Arbeitskräften aus dem Ausland vermehrt in Frage gestellt, MigrantInnen rangen um Bleiberechte und legalen Aufenthalt. Explizit gegen Rassismus, Diskriminierung und vorenthaltene Rechte wendeten sich damals allerdings zunächst wenige Initiativen. Rassismus in Zusammenhang mit Migration wurde erst, als die Auseinandersetzungen im Bereich der Arbeit abgeflaut waren, im folgenden Jahrzehnt zunehmend thematisiert. Implizit tauchten antirassistische Bezüge in gesellschaftlichen Auseinandersetzungen bisweilen jedoch schon vorher auf, ebenso in Handlungsweisen von MigrantInnen im Alltag. Aus diesem ergaben sich zudem immer wieder Anlässe für Interventionen. Die Art und Weise widerständiger Praxis wurde durch die erlebten Momente rassistischer Benachteiligung geprägt. Schlechte Stellung auf Wohn- und Arbeitsmarkt, im Bildungssektor und Sondergesetzgebungen sind Beispiele für Umstände, die hier ihre Wirkung zeigten.[129]

Selbstverständlich besteht häufig bereits vor Start eines Migrationsprojektes eine politische Orientierung, die auch später im Ankunftsland eine Rolle bei der Ausübung entsprechenden Engagements spielt.[130] Selbstorganisationen Eingewanderter politisierten sich – aufgrund von Veränderungen in den Herkunftsländern, wie auch aufgrund solcher im Land der Ankunft – seit den 1970er Jahren zunehmend. Damals hatten bereits sämtliche größere Einwanderungsgruppen in der BRD Zusammenschlüsse vorzuweisen. Gruppierungen von aus der Türkei Eingewanderten beispielsweise fächerten sich während dieses Jahrzehnts ideologisch und entsprechend der sich verändernden sozialen Struktur der Klientel immer mehr auf.

---

128 Vgl. ebd., 140ff, 161, 175, 218ff, 233

129 Vgl. dies. 2002, 273, 277; dies. 2008, 12, 16f, 94f, 155

130 Vgl. Cappai 2005, 136ff; Dies lässt sich auch am Beispiel einer der hier behandelten Zusammenschlüsse erkennen: „Die DIDF wurde durch Mitglieder der TDKP (Türkiye Devrimci Komünist Partisi – Türkische Revolutionäre Kommunistische Partei) gegründet, die nach dem Militärputsch von 1980 aus der Türkei nach Deutschland geflohen waren." (Yurdakul 2005, 121)

Institutionen und Medien der Aufnahmegesellschaft nahmen die Selbstorganisationen vornehmlich wahr, wenn es galt, sie als extremistisch auszuweisen. Allgemein wurden sie übergangen und die offizielle Politik bevorzugte spaltende Vorgehensweisen und unterstrich ethnische Einordnungen, wodurch die gesonderte Stellung von MigrantInnen in der Gesellschaft gefestigt wurde. Infolgedessen arbeitete zunächst ausschließlich der „Deutsche Paritätische Wohlfahrtsverband" mit ihnen zusammen, obwohl mit weiteren Verbänden ebenfalls Überschneidungen in den Zielen gegeben waren. Untereinander begann damals allerdings eine Zusammenarbeit. So erfolgte 1976 zum Beispiel die Gründung des „Internationalen Forums ausländischer Arbeitnehmervereinigungen", um die Tätigkeiten migrantischer Zusammenschlüsse zu fördern, Kontaktaufnahme zu Organisationen der sogenannten Mehrheitsgesellschaft, wie etwa den Gewerkschaften, zu unterstützen, öffentlich Stellung zu beziehen und politisch verfolgten Werktätigen ohne deutschen Pass solidarisch beizustehen.[131] Der „Deutsche Gewerkschaftsbund" vertrat allerdings in den 1970er Jahren weitgehend eine Haltung, die eine Legalisierung von MigrantInnen ohne Papiere nicht in Betracht zog. Daher arbeiteten Gewerkschaften nicht mit migrantischen Selbstorganisationen zusammen, welche sich für eine solche aussprachen.[132] Dennoch waren es die Gewerkschaften, in denen sich MigrantInnen ab den 1970ern als eine der ersten Institutionen des Einwanderungslandes engagierten. Die Geschichte des Verhältnisses zu den Gewerkschaften verlief wechselhaft. Obwohl noch im Jahre 2002 nahezu 300.000 MigrantInnen aus der Türkei Mitglied in einer Gewerkschaft des „Deutschen Gewerkschaftsbundes" waren, hat das Zusammenspiel mit den Gewerkschaften bereits seit der zweiten Hälfte der 1980er Jahre – nicht zuletzt aufgrund der Erfahrung mangelnder Teilhabemöglichkeiten – zugunsten einer zivilgesellschaftlichen Ausrichtung des Engagements an Bedeutung verloren.[133]

Unbeständig auch die Geschichte des Verhältnisses zu hiesigen sozialstaatlichen Einrichtungen: Zu migrantischen Selbstorganisationen hatten zunächst vornehmlich die Sozialverbände einen Bezug, die unter Vorgabe von Hilfen Stellvertreterpolitik sicherten. Die bestehenden Selbstorganisationen von MigrantInnen wurden nicht in politische Fragen involviert. Nach den Prinzipien der

---

131 Vgl. Yildiz 1994, 50f; Ha 1999, 34; MASSKS (Hg.) 1999a, 15, 85; Hoppe/Huth 2002, 26; Papamichou 2005, 116, 124f; Sezgin 2010, 203, In: Pries/Sezgin (Hg.) 2010

132 Vgl. Bojadžijev 2008, 137f

133 Vgl. Yurdakul 2005, 126f, 131

Sozialarbeit und jenen der entsprechenden Beratung von MigrantInnen sowie laut der Bundesanstalt für Arbeit kam eine Zusammenarbeit nicht in Betracht.

Der Staat verfügt über nominell ausschließlich der Hilfe gewidmete Institutionen, die gleichsam zur Kontrolle geeignet sind. Er versucht, Widersprüche der Gesellschaft, die durch den Kapitalismus bedingt sind, unter anderem mittels einer umfangreichen Einrichtung sozialer Dienstleistungen zu steuern. So werden sozioökonomisch verursachte Mängel den Bereichen der Sozialarbeit, Medizin und Psychologie überantwortet. Professionelle Sozialarbeit mit der Zielgruppe MigrantInnen beinhaltet dabei verschiedene Aspekte. Die Verarbeitung der gesellschaftlichen Unterschiede im Aufnahmeland soll begleitet werden und die zweifache Aufgabe von Sozialarbeit, helfend und kontrollierend zu wirken, muss in nachvollziehbarer Weise, dem System entsprechend, bewältigt werden. Hier tritt die Entwicklung von Ausgrenzung ebenfalls zu Tage, da die Konstruktion kultureller Identität im professionellen Hilfebereich oftmals die Basis von Definitionen bildet. Auf diese Weise kommt es auch hier zu Klientelisierung, einer Verdrängung struktureller Diskriminierung, Entmündigung und einer Zementierung der Sonderstellung allochthoner Bevölkerungsteile.

Bisweilen bewirken Ansätze entmündigender und paternalistischer Art in der Sozialarbeit und -pädagogik eine Verhinderung teilhabeorientierter, sozialer Beratung. Damit wird durch die Vorgehensweise der Wohlfahrtsverbände nahe gelegt, dass es möglich sei, durch die Migrationspolitik entstehende Probleme mit Hilfe von Interventionen der Sozialpädagogik zu bewältigen.[134]

Seit dem Ende der 1960er Jahre begannen die Wohlfahrtsverbände langsam, sich von den autoritären, bevormundenden Programmen abzuwenden. Dieser Prozess ist jedoch noch nicht abgeschlossen und MigrantInnen erscheinen oftmals weiterhin eher als Objekte sozialer Arbeit denn als selbst Handelnde.[135] Unter anderem angestoßen durch die Gründungsbewegung von Bürgerinitiativen bildeten sich auch im Bereich der Sozialarbeit Initiativen von MigrantInnen heraus, um die Betreuung der Betroffenen adäquater zu gestalten. Sie entwickelten angesichts der Diskriminierung im sozialen, juristischen und politischen Bereich mehrheitlich eine Ablehnung migrationsbezogener Regierungspolitik sowie Ziele der Emanzipation.[136] Aufgaben, etwa im sozialen Bereich und der

134 Vgl. Leggewie 1980, 131; Yildiz 1994, 42f, 46ff; MASSKS (Hg.) 1999a, 14, 66

135 Vgl. Zabel 2001, 93; Hoppe/Huth 2002, 6; Beisbart 2003, 78; Papamichou 2005, 128; Huth 2007, 24

136 Vgl. Yildiz 1994, 51f; Papamichou 2005, 118

Gesundheitsversorgung, die vorher den Wohlfahrtsverbänden zugefallen waren, erledigen zunehmend migrantische Selbstorganisationen.[137]

Aufgrund der Einschätzung, dass eine imaginierte soziale Balance sowohl durch örtlich zum Teil gehäuft ansässige Allochthone als auch von ihnen angestoßene soziale Auseinandersetzungen gefährdet sei, begann sich die etablierte Politik in den 1970ern des Schlagworts der Integration zu bedienen. Doch die damit verbundenen Forderungen blieben einseitig an jene Teile der Bevölkerung gerichtet, die als wenig anpassungsfähig galten, während ihre soziale Stellung, welche an die jeweilige Gewährung beziehungsweise das Vorenthalten von sozialen, wie politischen Rechten gekoppelt ist, unangetastet blieb.[138] So gelten etwa heute Selbstorganisationen von MigrantInnen aus Spanien und Griechenland mitunter als erfolgreicher, da ihr Handeln bezüglich der Integrationsanforderungen der Mehrheitsgesellschaft als effektiver angesehen wird, während zum Beispiel Organisationen von Zugewanderten aus der Türkei diesbezüglich Defizite zugeschrieben werden. Dabei bleibt vor allem weiterhin unterbelichtet, dass den Erstgenannten als EU-BürgerInnen rechtlich ein größerer Rahmen zur Verfügung steht als Letztgenannten.[139]

Von MigrantInnen angestoßene Auseinandersetzungen, etwa gegen Rassismus, waren über lange Zeit nur selten ein Thema in der Öffentlichkeit. Wenn überhaupt, dann waren sie nur am Rande von Interesse.[140] Daneben kamen hiesige migrantische Selbstorganisationen in der Forschung zu freiwilligem Engagement lange kaum vor, nicht zuletzt bedingt durch die Klientelisierung seitens der Wohlfahrtsverbände, aber ebenso durch die, von einigen SozialwissenschaftlerInnen und von Einrichtungen des Ankunftslandes geteilte, Ansicht, Selbstorganisation sei als segregativ einzuschätzen. Wurden sie dennoch erwähnt, erschienen MigrantInnen vornehmlich als Objekte, nicht als Subjekte freiwilligen Engagements. Ihre jeweils gefundene Art des Engagements unterscheidet sich durch die rechtlichen und sozialen Umstände deutlich von der anderer Engagierter und wird durch diese Faktoren mitbestimmt. Dies schlägt sich auch in den Inhalten nieder und wird etwa anhand der Reaktionen auf die ihnen zugewiesene Randstellung deutlich.[141]

---

137 Vgl. Hoppe/Huth 2002, 28; Huth 2002, 7; Papamichou 2005, 129

138 Vgl. Bojadžijev 2002, 269, 280; dies. 2008, 238, 244, 276, 280f

139 Vgl. Huth 2007, 32

140 Vgl. Bojadžijev 2008, 78

141 Vgl. Ha 1999, 11; MASSKS (Hg.) 1999a, 76; Müller 2002, 3; Cappai 2005, 7f; Papamichou 2005, 111; Latorre Pallares et al. 2006, 4

Seit den 1980er Jahren begann die Wissenschaft, sich für das Thema zu interessieren, war aber zunächst ebenso von Vorstellungen geprägt, welche migrantische Selbstorganisation als Anhaltspunkt für Segregation deuteten und unter dem Zeichen von Anpassungsforderungen sahen. Erst um die Jahrtausendwende fanden die Selbstorganisationen von MigrantInnen in Studien zunehmend Erwähnung und wurde ihnen auch gesellschaftlich positiver Einfluss zugestanden.[142] Die Wege, welche MigrantInnen finden, ihre Existenz zu meistern, die Praktiken der Einwanderung, jene im Alltag sowie sozial und politisch organisierte Formen, sich etwa gegen Rassismus zu wenden, bleiben weiterhin wissenschaftlich nicht systematisch erfasst. Vor allem beschäftigen sich Untersuchungen eher mit formal organisierten Gruppierungen als beispielsweise mit lockeren Netzwerkstrukturen, da letztere schwieriger zu erfassen sind.[143]

Öffentlich wurden Selbstorganisationen der allochthonen Teile der Bevölkerung zunächst jedenfalls nur zögerlich wahrgenommen und Anerkennung fand höchstens bezogen auf kulturelle und freizeitorientierte Leistungen hin statt. Die sozialen Eigenleistungen, etwa die Beratungsangebote, wurden jedoch weiterhin ignoriert. Politische Teilhaberechte blieben verwehrt und die Vertretung der Interessen von MigrantInnen oblag weiterhin VertreterInnen der Betreuungsverbände. Erst gegen Ende der 1990er Jahre wurde auf Länderebene in NRW wenigstens eine offizielle finanzielle Unterstützung für migrantische Selbstorganisationen gewährt[144] und erst in den letzten Jahren wurde derartige Betätigung offiziell bundesweit als zivilgesellschaftliches Engagement anerkannt, obzwar gleichwohl festgelegt auf eine integrationsfördernde Funktion.[145]

Der Rahmen für migrantische Politik in den beiden letzten Jahrzehnten des zwanzigsten Jahrhunderts war bei der Regelung von Aufenthaltsrechten durch formalrechtlichen Ausschluss von politischen Teilhaberechten und eine Orientierung an der Rückkehr der migrantischen Arbeitskräfte geprägt. Die bestehenden migrantischen Selbstorganisationen bauten zum einen – orientiert an der im Einwanderungsland vorgefundenen Vereinslandschaft – ihre Strukturen aus, zum anderen suchten einige nach etablierten BündnispartnerInnen im zivilgesellschaftlichen Bereich. Hier kam es allerdings oft zu Problemen im

142 Vgl. Hoppe/Huth 2002, 3, 14, 25; Huth 2002, 2; Waldrauch/Sohler 2004, 33f; Latorre Pallares et al. 2006, 4; Bojadžijev 2008, 259; Schimany/Schock 2010, 343, 356, In: Pries/Sezgin (Hg.) 2010

143 Vgl. Hoppe/Huth 2002, 22; Huth 2002, 2; Bojadžijev 2008, 94

144 Vgl. MASSKS (Hg.) 1999a, 18; Rütten 2000, 185; Hoppe/Huth 2002, 27

145 Vgl. Schimany/Schock 2010, 331, In: Pries/Sezgin (Hg.) 2010

gleichberechtigten Umgang und zu paternalistischer Stellvertreterpolitik. In den 1990er Jahren wendeten sich Zusammenschlüsse von MigrantInnen gegen diese Vereinnahmung durch etablierte AkteurInnen und setzten ihre eigenen Widerstandsformen dagegen, die sie sich nicht diktieren lassen wollten.[146]

Segmentierung

> „Veränderungen innerhalb der EG sorgten dafür, daß die Immigranten ihre Forderungen nicht nur innerhalb der Nationalstaaten, sondern auch im europäischen Rahmen äußern konnten; schließlich wurden die Einwanderer selbst zu politischen Akteuren und zu Politikern." (Sassen 1997, 162)

Selbstorganisationen allochthoner Bevölkerungsteile entwickelten sich seit den 1980ern trotz großer Unterschiede bis heute zunehmend zu Vertretungen eigener Interessen, obwohl ihnen eine umfängliche Teilhabe weiterhin verwehrt bleibt. Obwohl sie trotz erfolgreicher Leistungen immer noch selten zur Kenntnis genommen werden und wirkliche politische Partizipation für Menschen ohne deutschen Pass nicht gegeben ist, bringen sie diesbezüglich relevante Themen an die Öffentlichkeit, bieten Ansprech- und Dialogmöglichkeiten und mischen sich in die Gesellschaftspolitik ein. Der Vorrang sozialer Kontakt- und Kulturpflege nimmt dabei tendenziell ab, ebenso die Orientierung am Herkunftsland. Das Ankunftsland wird zunehmend zum Bezugspunkt, meist sind beide von Interesse.[147] Vereinigungen von MigrantInnen aus der Türkei beispielsweise differenzieren sich weiterhin zunehmend aus. So kam es etwa zur Gründung von UnternehmerInnen-Zusammenschlüssen. Zahlreiche, zum Teil bereits kurz nach der Anwerbung von Arbeitskräften aus der Türkei, zunächst oftmals lediglich als lose Zusammenschlüsse, ins Leben gerufene Vereinigungen entwickelten einen hohen Grad an Professionalität. Heutzutage werden häufig seitens derartiger Gruppierungen politische wie soziale Themen des Einwanderungslandes betont, aber auch ein nicht unerheblicher Anteil der Organisationstätigkeit gilt der Türkei. Das Interesse ist hier selten einseitig auf ein Land bezogen.[148] Die Politik zum Thema Migration und Bevölkerung sowie die Diskriminierung im Alltag konnten in den 1990er Jahren durch migrantische Gruppen öffentlich zur

---

146 Vgl. Bojadžijev 2008, 252f

147 Vgl. MASSKS (Hg.) 1999a, 70, 76, 85, 123f; Huth 2002, 6; Hoppe/Huth 2002, 26; Papamichou 2005, 110f

148 Vgl. Hoppe/Huth 2002, 26; Sezgin 2010, 203, 209, 224, In: Pries/Sezgin (Hg.) 2010

Debatte gestellt werden. Zudem mischen sie sich stetig in die laufenden Diskurse in den Bereichen Arbeit und Soziales ein.[149]

Die Häufigkeit von Vereinsgründungen durch MigrantInnen ist lange Zeit gleich geblieben, in den 1990er Jahren hat sie jedoch zugenommen. Siebzehn Prozent der MigrantInnen in Nordrhein-Westfalen gehörten am Ende des Jahrzehnts einer Selbstorganisation an.[150] Wie das Beispiel Darmstadt zeigt, haben solche Zusammenschlüsse eine konstante oder sogar steigende Nachfrage nach ihren Angeboten seitens ihrer Mitglieder zu verzeichnen. Auch andernorts erfreuen sich Angebote migrantischer Selbstorganisationen einer großen Nachfrage, wie beispielsweise Seminare und Infoveranstaltungen im Bildungs-, Gesundheits- und im pädagogischen Bereich. Der Trend einer Zunahme von Gründungen ist hier gleichfalls zu erkennen.[151] Die Beteiligung in Vereinen und sonstigen Zusammenschlüssen, etwa seitens hier lebender MigrantInnen aus der Türkei, ist nahezu so hoch wie der Anteil derart Engagierter unter der autochthonen Bevölkerung. Zudem gab bei einer Umfrage etwa die Hälfte der Befragten an, ein Engagement beginnen oder ein vorhandenes ausweiten zu wollen.[152]

Eine 1994 veröffentlichte Liste mit Vereinen und Selbstorganisationen von MigrantInnen weist für die Bundesrepublik 116 Vereinigungen auf, bei dreizehn davon werden Adressen in Köln angegeben.[153] Nach aktuelleren Angaben waren 2005 etwa 16.000 Vereine von MigrantInnen bundesweit erfasst.[154] Das „Adressenverzeichnis" der „Selbstorganisationen von Migrantinnen und Migranten in NRW" aus dem Jahr 1999 listet für das hier gewählte Beispiel der Stadt Köln allein 169 Einträge auf. Davon finden sich bei 54 Selbstorganisationen zum Teil vage Angaben zur Zahl der Mitglieder. Diese ergeben zusammengerechnet 27.574, wovon allerdings 20.000 allein auf die „Äthiopisch Orthodoxe Kirche in Deutschland" entfallen.[155]

149 Vgl. Cohen 1992, 58; Bojadžijev 2008, 15

150 Vgl. MASSKS (Hg.) 1999a, 66, 75

151 Vgl. Gaitanides 2005, 54f; Latorre Pallares et al. 2006, 3, 21

152 Vgl. Huth 2007, 27f

153 Vgl. Zentrum für Türkeistudien (Hg.), 1994, 331ff

154 Vgl. Schimany/Schock 2010, 329, In: Pries/Sezgin (Hg.) 2010

155 Vgl. MASSKS (Hg.) 1999b, 152ff

Die geschichtliche Entwicklung der eigenen Organisation illegalisierter MigrantInnen, ihre gefundenen Wege der Einreise, von Arbeitsmöglichkeiten, aber auch, wie sie sich Rechte aneignen und widerständiges Verhalten im Alltag unter diesen besonderen Lebensumständen entwickeln, ist weitgehend unbekannt. Ihre Stellung innerhalb der rechtlichen Hierarchie verweist sie auf die entsprechend schlechtesten gesellschaftlichen Plätze. Angesichts der Regelungen bezüglich Einreise, Aufenthalt und Entfaltungsmöglichkeiten sind ihre Lebensbedingungen von äußerster Unsicherheit geprägt. In Zusammenhang mit öffentlichen Debatten über Legalisierung, die schon während der 1960er Jahre begannen, protestierten bereits Anfang der 1970er Jahre MigrantInnen gegen Illegalisierung und für eine umfassende Gewährung von Rechten.[156]

Die Registrierungsverfahren in Ländern Südeuropas, in Großbritannien, den Niederlanden und in Frankreich waren zunächst nicht derart rigide, dass ein Leben in der Illegalität die komplette Rechtlosigkeit bedeutet hätte. Die Politik der BRD wirkt jedoch europaweit in Richtung Restriktion. Auf ihrem Hoheitsgebiet ist es für Illegalisierte nötig, sich umfassender Kontakte in heimlichen Netzwerken zu bedienen, um unter diesen Bedingungen zu überleben. Trotzdem nehmen hier Proteste und Ansätze von Widerstand, etwa gegen Abschiebungen, ebenfalls leicht zu. In Berlin und Gelsenkirchen fanden 1983 die ersten Kirchenasyle statt. 1989 besetzten Asylsuchende, denen die Zuflucht verweigert wurde, den Kölner Dom. Seit Mitte der 1980er Jahre entstanden Unterstützungsgruppen, welche unter anderem halfen, von Abschiebung Bedrohte zu verstecken oder ihnen eine Gesundheitsversorgung zu ermöglichen. Außerdem stellten sie Freizügigkeits- und Bleiberechtsforderungen. Derartige Organisationen drohen allerdings, auch wenn sie eigentlich lediglich direkte Hilfe leisten wollen, staatlich instrumentalisiert zu werden. Außerdem besteht hier gleichfalls die Gefahr, die Klientel vorwiegend als Opfer wahrzunehmen, weniger als aktiv Handelnde, weshalb ihre Selbstorganisation mitunter sogar seitens unterstützender Organisationen übergangen wird.

Ab Ende der 1980er Jahre protestierten Roma in der BRD mit zahlreichen Aktionen wie Märschen, Besetzungen und Kirchenasylen jahrelang für ein Bleiberecht. An diesen Aktionen beteiligten sich über hundert Menschen, die zu diesem Zeitpunkt zum Teil bereits illegalisiert waren. Im Jahr 1990 hatten in zwanzig Städten etwa fünfzig Kirchengemeinden und Gruppen abschiebungsge-

---

156 Vgl. Bojadžijev 2008, 119f, 130ff

fährdete MigrantInnen aufgenommen. Formen, diesbezüglich öffentlich Protest auszudrücken, nehmen seit den 1990er Jahren weltweit zu. Hiesige Beispiele sind die vielfachen Kirchenasyle, das „Karawane" genannte – unter anderem von Flüchtlingen getragene – Projekt gegen Abschiebung und Rassismus oder Proteste Staatenloser in Bremen. Im Jahr 1991 bildete sich die bereits erwähnte Selbstorganisation „The Voice", welche als afrikanische Menschenrechtsgruppe initiiert wurde. Seither ist eine zaghafte Ausweitung des Angebots von Unterstützungen für Illegalisierte festzustellen, welche sich aus Aktiven zivilgesellschaftlicher Einrichtungen wie Wohlfahrtsverbänden, Kirchen, der Kunstszene, von migrantischen und migrationspolitischen Gruppierungen zusammensetzt. Nicht zuletzt aufgrund von rassistischem und paternalistischem Verhalten, zum Teil auch innerhalb dieser Protestbewegung, wächst der Anteil migrantischer Selbstorganisation.

Durch Vernetzungen über Grenzen hinweg können diese Zusammenhänge, welche auf fehlende Rechte hingewiesen und eine Diskussion um Legalisierung angestoßen haben, eine größere Öffentlichkeit erreichen und potentiell auf jene Diskurse einwirken, welche das Bild der illegalen Einwanderung prägen und auf mehreren Ebenen ablaufen, an den Grenzen, in zwischenstaatlichen Verhältnissen, innerhalb sozialer Bewegungen und nicht zuletzt im alltäglichen Umgang mit Migration. In der globalen Zivilgesellschaft wächst der Anteil migrantischer und migrationspolitischer Organisationen an.

Durch die 1996 in Frankreich erfolgte Besetzung einer Kirche, dem Auftakt der Bewegung der „Sans Papiers", der Papierlosen, deren Forderung „Papiere für alle" war, suchten Illegalisierte vermehrt Zuflucht in Kirchen.[157] Diese Gruppierung konnte dort sogar Legalisierungsprogramme erstreiten, was allerdings nur dank erfolgreicher zivilgesellschaftlicher Mobilisierung und zeitweiliger Unterstützung seitens entsprechender Organisationen gelingen konnte. Teilweise wurden diese Erfolge aber konterkariert, da die Maßnahmen zur Legalisierung im Weiteren durch solche flankiert wurden, die Migration weiter einschränkten. Dies geschah nicht zuletzt als Reaktion auf die Selbstorganisation und die unterstützenden Gruppierungen. So müssen immer neue Generationen Illegalisierter für ihre Rechte kämpfen, wozu sie zum Teil zu spektakulären Mitteln greifen, wie dem mitunter viele Monate langen Besetzen ihrer Arbeitsplätze.[158]

---

157 Vgl. AutorInnenkollektiv 2000, 7ff, 12, 106f, 116ff; Kieser 2001, 67f; Düvell 2002, 71ff; Alt 2003, 289ff; Beisbart 2003, 74; Heck 2008, 121, 245, 247ff

158 Vgl. Cissé 1998, 68ff; Beisbart 2003, 56f; Klingsieck 2008; Wiedemann 2009, 12f

In diversen europäischen Staaten kommt es zu Protesten Papierloser, im Gegensatz zur Bundesrepublik ebenso zu Legalisierungsverfahren, jedoch oftmals flankiert durch rigide Maßgaben. Mitunter wird sogar angenommen, dass derartige Aktionen die Menge der Papierlosen in der Bevölkerung nicht verminderten, weil sie weitere MigrantInnen anlockten. Auch auf diese Weise wird der Ausbau von Grenzüberwachung gerechtfertigt.[159] Dabei wird nicht beachtet, dass gerade systematische Kontrollen an Grenzen den Prozess der Niederlassung eher befördern. So kehren Menschen nach einer Legalisierung häufig zurück ins Herkunftsland, um vorwiegend dort zu leben und nur noch zeitweise im Einwanderungsland zu arbeiten.[160]

1998 startete in Nordrhein-Westfalen eine „Wanderkirchenasyl" genannte Kampagne. Hier organisierten sich Flüchtlinge, die einen Abschiebestopp und ein Bleiberecht erreichen wollten. Von Köln aus startete der Protest, an dem sich letztlich mehr als 450 Illegalisierte sowie über siebzig solidarische Gruppen und Kirchengemeinden beteiligten. Die Leitung der Kirchen und die etablierte Politik wirkten dem Protest entgegen. Neben den Illegalisierten selbst, so zeigte sich bei dieser Gelegenheit, werden zudem UnterstützerInnen kriminalisiert. Durch das Projekt, durch welches die Betroffenen selbst als politische Subjekte zur Geltung gebracht werden sollten, konnten zwar einzelne Teilerfolge errungen werden, aber es gab ebenso Rückschläge. Im Laufe der Aktion büßten migrantische AktivistInnen zunehmend ihren Subjektstatus ein. Hungerstreikende mussten dieser Protestform entsagen, weil die Kirchengemeinde mit Solidaritätsentzug drohte. Paternalistisches Vorgehen wurde ebenso offenbar, als die evangelische Kirchenleitung, über die Köpfe der Betroffenen hinweg, mit der nordrhein-westfälischen Regierung Einzelfallprüfungen aushandelte. Hier treten Machtverhältnisse in der Zivilgesellschaft zutage.

Ebenfalls im Jahr 1998 veröffentlichte eine Selbstorganisation Illegalisierter mit dem Namen „Solatina" ein Manifest, das eindringlich auf das Thema hinwies. Im Jahr darauf beteiligten sich Betroffene unter anderem per Hungerstreik an den Protesten gegen die Gipfeltreffen der EU und der G8 in Köln.[161] Es gibt Schätzungen, dass in der Bundesrepublik im Frühjahr 2002 circa 151 MigrantInnen in dreißig Kirchenasylen untergebracht waren.[162] Im Folgejahr kam es zur

159 Vgl. Gesellschaft für Legalisierung 2004, 106; Burczyk 2008, 58

160 Vgl. Sassen 1997, 160f

161 Vgl. AutorInnenkollektiv 2000, 97, 99; Bukow/Nikodem/Schulze/Yildiz 2001, 417f; Beisbart 2003, 75; Heck 2008, 127, 134, 251; Holert 2008, 23

162 Vgl. Beisbart 2003, 74

Gründung der „Gesellschaft für Legalisierung", einem Bündnis, das von einem weiten Spektrum – von VertreterInnen migrantischer Selbstorganisationen bis hin zu GewerkschafterInnen – getragen wird. Die öffentlichen Proteste seitens Illegalisierter ab dem Beginn der 1990er Jahre haben das Problem von MigrantInnen ohne Papiere öffentlich wahrnehmbarer gemacht. Zuvor wurde das nicht neue Phänomen so gut wie gar nicht beachtet.[163]

II 2.5 Funktion von Selbstorganisationen heute

Migrantische Organisationen sind, entgegen weit verbreiteter Auffassungen, thematisch durchaus auf gesellschaftliche und politische Vorgänge in der Bundesrepublik gerichtet und haben diverse Arten der eingehenden Beschäftigung mit jenen gefunden.[164]

Die Lebenswelt Allochthoner zeichnet sich auf vielfältige Weise durch Rassismus und gesellschaftliche Schlechterstellung aus. Selbstorganisationen bieten Rat und Orientierung, unterstützen mit Informationen und Aufklärung, arbeiten als Beratungsstellen bei Diskriminierungs- und Ausgrenzungserfahrungen, und sie bieten außerdem Austauschmöglichkeiten mit der autochthonen Bevölkerung. In Darmstadt gaben beispielsweise siebzig Prozent der MigrantInnenselbstorganisationen an, mit Institutionen der sogenannten Mehrheitsgesellschaft zusammenzuarbeiten. Knapp über die Hälfte pflegt mit gleichen Selbstorganisationen in anderen Städten zu kooperieren, fünfunddreißig Prozent mit anderen migrantischen Selbstorganisationen. Während immerhin noch siebzehn Prozent mit Wohlfahrtsverbänden und dreizehn Prozent mit PolitikerInnen eine Zusammenarbeit vermelden, gibt es eine solche mit Religionsgemeinschaften nicht einmal bei zehn von hundert. Außerdem leisten Selbstorganisationen Unterstützung für Herkunftsländer, machen Angebote für Jugendliche und sind in der Sprachvermittlung aktiv.[165] Sie sind dazu da, Hilfe zu organisieren, zum Beispiel in rechtlichen oder sozialen Belangen, Raum für kulturelles und Kulturen übergreifendes Leben zu schaffen, gemeinsam die politische Entwicklung im Ankunfts- wie im Herkunftsland verfolgen, entsprechende Interessen herausbilden sowie diese artikulieren zu können. Die meisten Organisationen widmen sich mehreren Aspekten. Politische Interessenbildung und -artikulation sind besonders wichtig, solange im Einwanderungsland Strukturen bestehen,

163 Vgl. Bojadžijev 2008, 118f; Heck 2008, 121f

164 Vgl. Seidel-Pielen 1993, 39ff

165 Vgl. Ha 1999, 10; Latorre Pallares et al. 2006, 3, 12, 23

welche MigrantInnen Nachteile bringen und sonstige zivilgesellschaftliche und politische Möglichkeiten, welche sie effektiv nutzen könnten, fehlen.[166] Migrantisch geprägte Zusammenschlüsse und Beziehungsstrukturen bieten zudem ein Rückzugsgebiet vor dem ständigen Appell, sich zu integrieren.[167]

Die Zusammenschlüsse von MigrantInnen haben die Funktion, soziale Situationen übersetzen zu helfen sowie diesbezügliche Transferleistungen zu ermöglichen, damit Situationen transparent für alle Involvierten werden können und ein Aufbau von Beziehungen ermöglicht wird. So können, eigenen Wünschen und Bedürfnissen entsprechend, die Möglichkeiten sondiert und genutzt werden. Des Weiteren ermöglichen sie die Ausarbeitung von Strategien zur Erlangung von Zielen und zur Entwicklung von Interessen.[168]

Migrantische Selbstorganisationen sind äußerst vielfältig und umfassen sowohl formell organisierte Vereine wie auch rein informelle Kreise. Dabei reicht der Kontakt zu Organisationen der Einwanderungsgesellschaft von formeller Mitgliedschaft bis hin zum alleinigen Zusammenschluss von Menschen gleicher Herkunft. Die Zusammenschlüsse bilden sich aufgrund kultureller Eigenarten, Sprache, aber ebenso durch die jeweilige Form der Exklusion bedingt, heraus. Daneben sind herkunftsheterogen gestaltete Organisationen zu finden. Der Zweck der Gruppenbildung kann von Sport, über andere Freizeitaktivitäten, Bildung, Politik, Beratung, Informationsaustausch bis hin zu Religionsausübung reichen. Daneben gibt es andere Organisationsprinzipien, wie etwa Geschlecht oder Alter. Die Art des Zusammenschlusses, geprägt durch seine Inhalte, Handlungsweisen und Möglichkeiten, ist daneben unter anderem bedingt durch strukturelle und politische Bedingungen des Einwanderungslandes, soziale und ökonomische Unterschiede, den Migrationsgrund und dessen Umstände, die Entwicklung im Herkunftsland, internationale Verbindungen, durch den unterschiedlichen Rechtsstatus der ProtagonistInnen sowie ihre jeweilige Vorerfahrung. So bilden etwa saisonal einreisende LohnarbeiterInnen andere Zusammenschlüsse als unerlaubt hier lebende, im privaten Dienstleistungsbereich arbeitende Frauen. Mitunter bilden die Zusammenschlüsse Strukturen nach, die ebenfalls im Herkunftsland existieren. Als Merkmal migrantischer Selbstorganisationen ist die Staatsangehörigkeit nicht zuletzt daher eine ungenaue Angabe, da sich besonders politisch interessierte MigrantInnen unter Umständen eher einbürgern

166 Vgl. Waldrauch/Sohler 2004, 37f; Papamichou 2005, 111, 116f; Goeke 2010, 124ff, In: Pries/Sezgin (Hg.) 2010

167 Vgl. Römhild 2008b, 65

168 Vgl. MASSKS (Hg.) 1999a, 3; Latorre Pallares et al. 2006, 3

lassen.[169] Die gedanklichen Konstruktionen, nach denen MigrantInnen ihre Zusammenschlüsse formen, verlaufen zumeist nicht stur entlang der Vorstellung gegebener nationaler und kultureller Grenzziehungen. Sie folgen nicht blindlings dem Denkschema, das in Wir- und Fremdgruppen einteilt, sondern gehen zumeist fluider vor, berücksichtigen Gleichzeitigkeiten, entscheiden je nach Lage, entsprechend verschiedener Auffassungen, kümmern sich weniger um vorgefundene Einteilungen und nehmen stattdessen eigene vor.[170]

Die Organisierung der als Beispiel genannten illegalisierten, in privaten Haushalten arbeitenden Frauen ist durch die rechtlosen Umstände ihrer Lage äußerst schwierig. Trotzdem gibt es informelle Kreise, die Möglichkeiten der Krankheitsvertretung und Jobempfehlungen lancieren. Außerdem haben in Rechtlosigkeit häufig vereinzelt arbeitende Betroffene ein europäisches Netzwerk aufgebaut und wiederholt Treffen organisiert, die unter anderem in der BRD stattgefunden haben, um politisch organisiert die Situation zu verbessern. Der Weg, trotz fehlender Aufenthalts- und Arbeitserlaubnis, juristisch etwa gegen die Vorenthaltung des Lohnes vorzugehen, wurde bisher lediglich in seltenen Fällen beschritten, zunächst allerdings gegen Firmen der Reinigungsbranche, nicht gegen private Haushalte. Doch hier gibt es in jüngster Zeit ebenso vereinzelt Erfolge, nicht zuletzt durch erste zurückhaltende Versuche von Teilen der Gewerkschaften, undokumentierten MigrantInnen rechtlich beratende Anlaufstellen zu bieten.[171]

Migrantische Selbstorganisationen helfen also bei der Orientierung und Nutzung der gegebenen Möglichkeiten. Durch Öffentlichkeitsarbeit intervenieren sie in Diskurse und formen diese mit. Ein Beispiel für das Eingreifen in den öffentlichen Diskurs bietet die Taktik, diskriminierende, im Alltag kursierende Sammelbegriffe für eine Bevölkerungsgruppe selbst positiv zu besetzen, was allerdings die Gefahr beinhaltet, einer Politik von kultureller Zuschreibung und Identifikation verhaftet zu bleiben.[172]

Nicht zuletzt geht es um gleichberechtigte Teilnahme am Spektrum einer allgemeinen Bildung öffentlicher Meinungen. Die Äußerungen von Selbstorganisationen beziehen sich demnach ebenso auf allgemeine Belange hiesiger Politik. Eine große Mehrheit will ihre Angebote auf ein Leben in der Bundesrepublik ausrichten und bezieht sich zunehmend auf das Einwanderungsland.

---

169 Vgl. MASSKS (Hg.) 1999a, 2, 14f; Huth 2002, 2; Waldrauch/Sohler 2004, 277, 384ff, 638; Cappai 2005; Latorre Pallares et al. 2006, 3

170 Vgl. Rauer 2010, 62f, 80f, In: Pries/Sezgin (Hg.) 2010

171 Vgl. AutorInnenkollektiv 2000, 153f; Kieser 2001, 57ff; Ludwig 2008

172 Vgl. Waldrauch/Sohler 2004, 476; Bojadžijev 2002, 269ff; dies. 2008, 253f

Auf das Herkunftsland beziehen sich migrantische Selbstorganisationen besonders dann, wenn dort Krisen herrschen. So geht es diesbezüglich zumeist weniger um Rückkehrabsichten als um die Sorge um dort lebende Verwandte und Bekannte. Ebenso finden dort auf das Einwanderungsland bezogene Aktivitäten statt, und es kommt vielfach zu einer Öffnung auch für Personen anderer Herkunft.[173] Das Engagement dieser Gruppen ist also nicht so einseitig wie oft angenommen. Eine häufig vorgenommene Trennung in nur herkunfts- oder nur einwanderungslandbezogene Gruppen – wobei ersteren zumeist spaltende Wirkungen zugeschrieben werden – ist daher obsolet. Ohnehin gilt es, nicht in der vielfach verbreiteten Sicht verfangen zu bleiben, nach welcher Organisationen von MigrantInnen entweder nur als Abschottungstendenz gedeutet werden oder diese nur als Integrationshebel gesehen werden, sondern einzubeziehen, wie MigrantInnen Gegebenheiten von Ankunfts- und Herkunftsländern nutzen. Häufig ist die Arbeit von Selbstorganisationen durch eine nationenübergreifende Perspektive gekennzeichnet. Ferner weisen die Gruppen auf die Funktionen bezogen ebenfalls eine mehrfache Ausrichtung auf.[174]

Die häufigsten Gründe für eine einwanderungslandbezogene Arbeit sind in den Bedürfnissen der Mitglieder zu finden, die bei der Bewältigung des Lebens Hilfe suchen – ein Erfordernis angesichts der Schwierigkeit, sich in neuer Umgebung zurechtfinden zu müssen. Für viele ist diese Orientierung der Organisationsarbeit aber ebenso selbstverständlich, da sie sich als Teil der Gesellschaft des Aufnahmelandes begreifen und entsprechend am politischen und kulturellen Leben teilnehmen wollen. Außerdem ergibt sich diese Orientierung daraus, dass die Selbstorganisationen oft einen Abbau von Teilhabehindernissen und von Diskriminierung anstreben. Zum Teil wird aber auch eine Orientierung am Herkunftsland damit begründet, die hiesige Öffentlichkeit auf die dortige Situation hinweisen zu wollen. Mitunter wird sie daher als ebenso nötig empfunden, weil hiesige Möglichkeiten der Teilhabe bedingt durch Exklusion nicht ausreichen. Hier fließen Wirkungen der Politik und der Gesetzeslage genauso ein wie feindliche Haltungen gegenüber vermeintlich Fremden und dementsprechendes Handeln im Alltag.[175]

---

173 Vgl. MASSKS (Hg.) 1999a, 17, 69; Papamichou 2005, 111f, 118

174 Vgl. Huth 2002, 2; Waldrauch/Sohler 2004, 39f; Pries 2010, 20, 50, In: Pries/Sezgin (Hg.) 2010; Rauer 2010, 61, In: ebd.; Schimany/Schock 2010, 328f, 331f, In: ebd.; Sezgin 2010, 202ff, In: ebd.

175 Vgl. MASSKS (Hg.) 1999a, 61; Cappai 2005, 16; Papamichou 2005, 118

Die Motivation für ein Engagement in Selbstorganisationen entsteht vielfach aus dem Wunsch, politische und rechtliche Gleichstellung zu erreichen. Zudem scheint es angesichts hiesiger Bürokratie, Ausländergesetzgebung, rassistischer Übergriffe und sprachlicher Schwierigkeiten als Notwendigkeit, sich gegenseitig zu helfen und eine Möglichkeit eigener Interessenvertretung zu finden. Die Bereitschaft, sich zu engagieren, hängt jedoch ebenfalls davon ab, wie viel Spielraum für wirkliche Einflussnahme gewährt wird.[176]

Politisch erwarten migrantische Selbstorganisationen daher etwa Änderungen in den Bereichen der Migrationspolitik und der sogenannten Integrationspolitik, welche unter den gegebenen, assimilativen Vorzeichen einer völkisch und/oder kulturalistisch erdachten Homogenität verständlicherweise zumeist nicht der Interessenlage von MigrantInnen entspricht.

Im erstgenannten Bereich finden sich Forderungen nach politischer und rechtlicher Gleichstellung von EU- und Nicht-EU-BürgerInnen, nach aktivem und passivem Wahlrecht, verbesserten Teilhabemöglichkeiten besonders für junge MigrantInnen, nach Möglichkeiten, zwei Pässe haben zu können, nach erleichterten Einbürgerungsregelungen, der Rücknahme der Visumspflicht für Kinder aus Nicht-EU-Ländern, nach insgesamt verbesserten aufenthaltsrechtlichen Bedingungen und nach Erleichterungen für den Erhalt einer Arbeitserlaubnis für Menschen aus Nicht-EU-Staaten. Migrationspolitik soll also nicht länger ein ausgrenzendes Instrumentarium sein.

Im zweiten genannten Bereich werden im Ringen um Anerkennung Forderungen laut, den Defizitansatz – also die Wahrnehmung von MigrantInnen als defizitär – aufzugeben und auch die spezifischen Stärken von MigrantInnen, wie etwa Mehrsprachigkeit und interkulturelle Kompetenzen, zu sehen. Außerdem geht es um antirassistische Aufklärung und Maßnahmen gegen Diskriminierung genauso wie um bessere Beteiligungsmöglichkeiten in Vereinen sowie dem öffentlichen Dienst. Des Weiteren besteht Interesse an einer Ausweitung der Kompetenzen von Ausländerbeiräten und dem Erhalt gleicher Chancen auf dem Arbeitsmarkt. Angestrebt wird die Einbeziehung der allochthonen Bevölkerung in kommunale Vorgänge und sämtliche Entscheidungs- und Diskussionsprozesse.

Die asylpolitischen Forderungen flankieren die migrationspolitischen. So werden für Flüchtlinge bessere rechtliche Beratungsangebote und angemessenere Unterkünfte angemahnt sowie verbesserte Möglichkeiten des Zugangs zur Öffentlichkeit gefordert, zum Beispiel durch Mehrsprachigkeit. Letztere wird auch für die Schule als Maßnahme gesehen, Benachteiligungen abzubauen. Die

176 Vgl. Hoppe/Huth 2002, 21f, 43, 59, 61

Selbstorganisationen wollen daher ihre Interessen gegenüber Einrichtungen und Organisationen im Einwanderungsland vertreten und Verbindungen für mögliche Bündnisse ermöglichen.[177]

II 2.6 Menschen ohne Papiere

Menschen ohne Papiere sind hier von besonderem Interesse, weil an ihrem Beispiel die unzureichende Teilhabe besonders deutlich wird: Sie bilden, wie sämtliche andere Bevölkerungsgruppen auch, einen Teil der Gesellschaft und haben entsprechend ein Anrecht auf zivilgesellschaftliche Beteiligung. Zugang zum politischen System bleibt ihnen aber strikt verwehrt.

> „Die gesetzlichen Bestimmungen fördern Fremdenfeindlichkeit und Rassismus, wie dieses Zitat einer papierlosen Peruanerin verdeutlicht: 'Wir werden hier schlecht behandelt, nicht weil die Menschen hier schlecht sind, sondern weil sie ihre Gesetze befolgen ...'" (Beisbart 2003, 11).

Migration unter unerlaubten Umständen kann als eine, nationale Normalitätsvorstellungen konterkarierende, soziale Strategie gesehen werden, die als Anpassung an gesetzlich geregelte Rahmenbedingungen vollzogen wird, indem sie Einreiseverbote untergräbt und somit eine, für einige Wirtschaftszweige sogar existentiell bedeutsame, Nachfrage nach billiger Arbeitskraft bedient, wobei ein Moment zum Tragen kommt, das sich nicht kontrollieren lässt. Klandestine Migration stellt in diversen Industrienationen einen Faktor dar. Das verdeutlicht, dass unabhängig von der je herrschenden Politik Zugänge zu den Ländern bestehen. Während ausländische Arbeitskräfte ohnehin von der Zunahme prekärer Arbeitsverhältnisse besonders betroffen sind, müssen sich Papierlose mit den schlechtesten Bedingungen herumschlagen. Häufig sind sie in ihrer ungewissen Rechtssituation Schikanen durch Vorgesetzte ausgesetzt.[178]

Die Darstellung des Phänomens ist hierzulande durch Übertreibungen und Verfälschungen gekennzeichnet. So gehört es in medialen Äußerungen mittlerweile zum guten Ton, Flüchtlingen undifferenziert und den Sachverhalt verzerrend eine illegale Einreise zu unterstellen.[179] Unzulässiger Aufenthalt und unerlaubte Einreise erscheinen in der hiesigen Regierungsperspektive vor-

---

177 Vgl. MASSKS (Hg.) 1999a, 64f, 124; Hoppe/Huth 2002, 4; Gaitanides 2005, 56; Papamichou 2005, 75, 113, 118

178 Vgl. Cohen 1992, 62; Sassen 1997, 160; Kieser 2001, 49, 57; Düvell 2002, 65f, 69; Dreher 2003, 15ff, 21; Römhild 2004, 6; dies. 2005, 94; Heck 2008, 28

179 Vgl. Hutter 2003, 224

nehmlich als Frage der Ordnungspolitik, via Medien in den Zusammenhang der Machenschaften ruchloser Krimineller und Schlepperbanden gerückt. Damit wäre das Bild installiert. Vorläufig erscheint es institutionell in Form gegossen: „Mit dem 'Gemeinsamen Analyse- und Strategiezentrum illegale Migration' [GASiM] in Berlin-Treptow“ (Burczyk 2008, 55) etwa. Dennoch wird das Bild der illegalen Einwanderung durch migrantische Zusammenschlüsse mitgeprägt – wenn auch noch lange nicht entscheidend.[180]

Der weitaus größte Teil derjenigen, die mit ihrem Aufenthalt entsprechende Gesetze verletzen, reist jedoch – entgegen der offiziellen Darstellung – legal ein, als Teil globaler Ströme Reisender. Kenntnisse über Einreisewege und Arbeits- sowie Unterkunftsmöglichkeiten können zumeist nur durch soziale Netzwerke erworben werden. Dabei übernehmen erfolgreiche MigrantInnen, zum Beispiel solche, die zuvor als Arbeitskräfte durch Staat oder Unternehmen angeworben wurden, eine Pionierfunktion. Die Majorität der Illegalisierten gehört denselben Herkunftsgruppen an wie der reguläre Teil der Migrationsbevölkerung. Einschränkungen der Migration sowie Exklusionsfolgen werden durch die Netzwerke zu umgehen oder abzumildern versucht. Bei der Suche nach (Ein-) Reisewegen werden Kenntnisse erworben, die geeignet sind, die Setzungen von Grenzen zu untergraben, was jedoch gleichsam auf die Art der Ausgestaltung selbiger zurückwirkt. Die staatliche Politik der Kontrolle wird mittels der Netzwerke abgeschwächt und determiniert diese gleichzeitig. Der migrationspolitische Rahmen zwingt die sozialen Zusammenhänge von MigrantInnen zur Anpassung, auf welche staatlicherseits wiederum mit Veränderung der Rahmenbedingungen reagiert wird. Der hierbei, durch eine Politik der Kontrolle von Migration, festgelegte Spielraum entscheidet darüber, ob, wie und welche Interessen unter welchen Umständen zu verfolgen überhaupt möglich ist.[181]

Illegalisierte MigrantInnen können nur dank heimlich organisierter Netzwerke überleben, die eben nicht öffentlich ausgerichtet sind. Sie bleiben auf Unauffälligkeit angewiesen. Dabei können – je nach Lage der Umstände – Netzwerkbildungen, welche eher lockere Verbindungen beinhalten, mitunter erfolgreicher sein als solche, die auf fest geknüpften Banden beruhen. Beteiligten muss dabei noch nicht einmal immer klar sein, dass ihr Handeln in Zusammenhang mit weite Kreise ziehenden Netzwerkbildungen steht. Illegalisierte müssen für nahezu alle nötigen Dinge des Lebens auf Netzwerke zurückgreifen können,

---

180 Vgl. Heck 2008, 12f, 245

181 Vgl. Sassen 1997, 160; Düvell 2002, 54f; Beisbart 2003, 14; Stobbe 2004, 21, 24f; Römhild 2005, 94; dies. 2007, 619; dies. 2008a, 1; Scobel et al. 2010

wobei die Exklusion aus Funktionssystemen mitunter kaum abzufedern ist. Zwar kann – wenngleich unter Gefahren – der Arzt- oder Schulbesuch der Kinder durch Netzwerke zum Teil noch ermöglicht werden, jedoch sind beispielsweise weder staatliche Sozialleistungen erreichbar, noch gibt es Möglichkeiten, sich rechtlich etwa gegen Benachteiligungen auf dem Wohnungsmarkt zu wehren.[182]

Jegliches Handeln möglichst unauffällig zu gestalten, gehört zu den wichtigsten Strategien für das Leben unter illegalen Bedingungen. Noch Ende der 1990er gaben Verfolgungsbehörden an, deutlich über die Hälfte der Aufgriffe sei durch Denunziation möglich geworden. Daher werden soziale Kontakte mit entsprechender Vorsicht geknüpft, wobei im Hintergrund immer Angst vor Verrat mitschwingt. Das Freizeitverhalten wird darauf abgestimmt. Treffen finden häufig an belebten Orten wie etwa Diskotheken statt. Doch an derartigen Schauplätzen bleiben Papierlose ebenfalls häufig unter sich, nicht zuletzt, weil ihre spezifischen Probleme gegenüber anderen Leuten kaum thematisierbar sind. Der äußerst eng gezogene Rahmen wirkt sich auf illegalisierte MigrantInnen unterschiedlich aus. Je nach Perspektive erscheinen sie als unliebsamer Ausschuss oder gern gesehene, weil preiswerte, Arbeitskraft. Sowohl zwischen Einzelnen existieren Unterschiede darin, wie sie mit der Situation zurechtkommen, als auch zwischen verschiedenen Gruppen von Menschen, zum Beispiel jenen, die auf der Suche nach Arbeit ein Migrationsprojekt gestartet haben, oder solchen, die auf der Flucht sind. Über Staatsgrenzen hinweg bilden sich migrantische Allianzen, obwohl dem unter anderem strukturelle Gründe entgegenstehen. Dies gilt insbesondere für Papierlose, die in ihrer Macht entbehrenden Lage, Widerstand noch am ehesten im Alltagshandeln platzieren können.[183]

> „Die klandestinen MigrantInnen praktizieren bereits eine postnationale Selbstbestimmung ... unterminieren ... die Idee des (kontrollierten) Nationalstaats und nehmen sich ihr Recht auf Mobilität. Die Alltagspraktiken nichtdokumentierter MigrantInnen in ihren Communities ... sind bürgerschaftliche Praktiken, aufgrund derer ein 'informeller Gesellschaftsvertrag zwischen diesen undokumentierten MigrantInnen und den jeweiligen örtlichen *communities*' [Sassen 2007: 148] entsteht. Damit gewinnen sie auch an politischem Einfluss. ... Auseinandersetzungen um die Konstruktion der 'Illegalen Einwanderung' ..." (Heck 2008, 256, Herv. i. Orig.)

finden nämlich in sämtlichen Sphären der Gesellschaft statt.

Tendenziell nehmen politische Äußerungen Illegalisierter in der Öffentlichkeit in Europa zu. So gibt es teilweise Versuche, mit Gewerkschaften zusammen-

182 Vgl. Alt 2003, 397; Stobbe 2004, 40, 42, 127

183 Vgl. Düvell 2002, 65; Alt 2003, 167f, 173, 176; Heck 2008, 57f, 128

zuarbeiten. In vielen Staaten sind Stimmen politischer Zusammenschlüsse von Illegalisierten in der Öffentlichkeit zu vernehmen – jedoch in letztlich doch nur sehr geringem Ausmaß. Abhängigkeiten unter anderem von ArbeitgeberInnen, Angst vor Verrat, fehlende Rechte und weitgehende Passivität der Gewerkschaften bremsen die Solidarisierungs- und Protestfähigkeit von Papierlosen. Einen Blick auf die widerständige Praxis des Alltagslebens unter Bedingungen der Illegalität zu werfen, ist nur in geringem Umfang möglich. So stehen den mehreren hundert in Kirchenasylen und Unterkunftsprojekten untergebrachten illegalisierten MigrantInnen Hunderttausende gegenüber, welche sich heimlich in den genannten Netzwerken bewegen.[184]

Sich dennoch an die Öffentlichkeit zu wagen, wird zumeist durch den Wunsch getragen, Rechte zu erkämpfen, wobei es mitunter bereits gelungen ist, dass Betroffene auf diese Art eine Möglichkeit des Schulbesuches für ihre Kinder fanden. Mit solchen Aktionen kann zumindest zeitweise der öffentliche Austausch sowie gegenseitiges Verständnis gefördert werden. Außerdem kann auf das demokratische Recht hingewiesen werden, seine Meinung äußern zu dürfen. Zu den Forderungen Illegalisierter gehören seit langem solche nach einem Bleiberecht, einer angemessenen Versorgung und entsprechender Unterkunft. Ungeachtet der Proteste bleiben die Restriktionen, wie die gängige Praxis der Abschiebung, jedoch bestehen.[185]

Nachdem 1993 eine Eilvariante des Asylverfahrens eingeführt wurde, die – direkt am Flughafen durchgeführt – den Erhalt von Asyl deutlich erschwerte, machten von Abschiebung bedrohte Flüchtlinge über Jahre hinweg unter anderem mit Hungerstreiks immer wieder auf diese restriktive Neuregelung aufmerksam. Fernerhin gelangten im Laufe der 1990er Jahre Informationen über etliche, manchmal erfolgreiche Aufstände, Revolten, Hungerstreiks, Zellenbrände und andere Protestaktionen in Abschiebegefängnissen an die Öffentlichkeit. Hier beginnt Widerstand bereits bei der Verweigerung von Mithilfe zur Beschaffung von Unterlagen, die für die Abschiebung benötigt werden, und reicht über – an Menschenrechtsorganisationen oder ähnliche gerichtete – Schreiben bis hin zu Flucht und Selbstmord.[186] Viele der öffentlich Aktiven sind oder waren selbst von Illegalisierung und Abschiebung bedroht oder betroffen. Daher gehört die Verhinderung von Abschiebungen zu den ersten Zielen des Engagements.

---

184 Vgl. AutorInnenkollektiv 2000, 8f, 11, 115; Stobbe 2004, 106

185 Vgl. AutorInnenkollektiv 2000, 99, 106f

186 Vgl. Jugendclub Courage Köln e. V. et al. 1997, 13f, 18f, 21ff 42f; Kieser 2008, 14

Zudem wird durch einige AktivistInnen ein Zusammenhang zwischen der Situation in den Herkunftsländern und dem hiesigen Rassismus aufgezeigt. Daneben gibt es Versuche, die Vernetzung der Selbstorganisationen voranzubringen. Das bereits erwähnte Manifest von Menschen ohne Papiere, das 1998 in Berlin veröffentlicht wurde, weist auf die Ursachen für die Armut in Herkunftsländern hin und prangert an, dass Ausbeutung und Diskriminierung durch die Illegalisierung noch verschärft werden. Es weist auf die Situation der Rechtlosigkeit hin, in welcher Absicherungen sozialer Art und gesundheitliche Versorgung nicht gegeben sind, und die zudem durch die ständige Angst vor Abschiebung geprägt ist. Diese Situation werde in der hiesigen Öffentlichkeit verkannt wie auch die damit verbundenen Lebensbedingungen. Die AutorInnen des Textes positionieren sich gegen die öffentliche Wahrnehmung von Illegalisierten als Problem und gegen das Verhalten von hiesigen Parteien, MigrantInnen auf einen Objektstatus zu reduzieren sowie feindliche Stimmungen ihnen gegenüber zu schüren. Im Manifest finden sich zudem – neben Solidaritätsappellen – Forderungen nach Freiheit, einem Recht auf Menschenwürde, nach einem Bleiberecht, angemessener Gesundheitsversorgung sowie Bildungsmöglichkeiten und angemessener Unterkunft.

Ähnlich fordert die Gruppe „The Voice“ bessere Möglichkeiten der Verständigung in der BRD sowie eine soziale, politische und rechtliche Gleichstellung, aber auch öffentliche Aufklärung über Menschenrechtsverletzungen und über die ökologische, soziale und politische Situation in den Herkunftsländern. Die öffentliche Arbeit der Gruppe, die ein Büro in Jena unterhält und zudem von etlichen Flüchtlingen sowie einem Netzwerk aus verschiedenen Gruppen unterstützt wird, gilt der Forderung nach Asyl, der Beteiligung an sozialpolitischen Themen, der Thematisierung von Menschenrechten, der Herstellung internationaler Solidarität wie Vernetzung, und sie richtet sich gegen soziale Ausgrenzung, Kriminalisierung, Illegalisierung und Menschenrechtsverletzungen.[187]

Die hiesigen restriktiven Rahmenbedingungen, die schon in Fällen alltäglichen Umgangs leicht zur Unterstellung der Beihilfe zu unerlaubtem Aufenthalt führen können, lassen Äußerungen Betroffener zumeist nur geschützt durch und vermittelt über zivilgesellschaftliche Strukturen von Unterstützungszusammenhängen zu, deren Arbeit ihrerseits via Ausländergesetzgebung mit Sanktionen bedroht wird.[188]

187 Vgl. AutorInnenkollektiv 2000, 118, 120f

188 Vgl. Kieser 2001, 52, 65

Dass Papierlose hierzulande mitunter öffentlich zu Wort kommen, gelingt vornehmlich mit Hilfe legaler, publizistisch tätiger Personen(-kreise).[189] Außerdem wies bereits „so genannte 'Gastarbeiterliteratur', ... erste Dokumente einer eigenständigen Artikulation" (Terkessidis 2000, 88), beizeiten auf die Problematik hin.[190]

Eine langfristig öffentlich ausgerichtete und wahrnehmbare Selbstorganisation Illegalisierter, wie sie etwa in Frankreich mit den „Sans Papiers" besteht, findet sich in der BRD (noch) nicht. Auf hiesige Breiten wirkte sich dennoch spürbar aus, dass die Thematik während der 1990er Jahre international zunehmend Aufmerksamkeit erlangte und Grenzen überschreitendes Engagement hervorrief. Ein Beispiel ist die von einer MigrantInnenorganisation aus Spanien im Zuge einer Kampagne gegen die Illegalisierung von MigrantInnen in die Wege geleitete Gründung einer Dependance in Ecuador.[191]

II 3 Urbane Vielfalt

> „Jeder, der einmal in einer größeren Handelsstadt war, ... wird bemerkt haben, daß es unter den Tausend und aber Tausend Menschen, die sich auf den Straßen aneinander vorübertreiben, immer einige Nasen ... gibt, welche einem ... in den geräuschvollsten Stadtvierteln von neuem begegnen.
> Man meint zuletzt, man habe die Leute schon früher gekannt, und da man sich davon überzeugt, daß sie alle Menschen kennen und fast alle grüßen und auch von den meisten wiedererkannt und wiedergegrüßt werden, so wechselt man eines Morgens vielleicht ebenfalls einen Gruß mit ihnen, aus Zerstreuung, aus Zufall, um nachher unwillkürlich zu lachen, wie man zu einer solchen Intimität mit einer total fremden Nase kommen konnte." (Weerth 1845-1848, 60f)

II 3.1 Postmoderne[192] Stadt

Dass man in der Stadt vornehmlich Unbekannten begegnet, also Menschen, die einem persönlich fremd sind, galt mit der Entwicklung von großen Städten sehr bald als ihr typisches Merkmal, welches den Vorteil hatte, dass persönlicher Freiheitsgewinn aus der Möglichkeit resultierte, sich nicht in die Angelegenheiten

---

189 Vgl. Díaz/Arnold 2001; Moreno/Bayer 2005; Berkenbusch/Haustein/Kühne/Renner (Hg.) 2008, 37ff, Bicker 2009

190 Vgl. bspw. Ören 1983

191 Vgl. Pries 2010, 43f, In: Pries/Sezgin (Hg.) 2010

192 Zum Verständnis von Postmoderne vgl. Schulze 2003, 21

anderer einmischen zu müssen, gleichsam ungestört nebeneinander her leben zu können. Dieser Vorteil, den auch Armin Nassehi besonders betont, besteht letztlich insgesamt in einer funktional differenzierten Gesellschaft aufgrund des – bezüglich der Inklusion in ihre Teilsysteme – Belangloswerdens bestimmter Bekenntnisse.[193] „Die postmoderne Stadt ist ein hochvernetztes ausgebautes System. Sie bildet einen lokalen Kosmos, in dem sich lokale und globale Ereignisse verbinden." (Nikodem 2002, 69)

In der geschichtlichen Entwicklung von Städten spielte Migration stets eine fundamentale Rolle. Dabei haben sich dauernd Exklusions- und Inklusionsmomente ergeben.[194] Der nie zu einem Abschluss gelangende Prozess der Entwicklung von Städten hat eine komplizierte Struktur hervorgebracht, die hoch entwickelt und zugleich in diverse Systeme gegliedert ist. Die heutige Gesellschaft, als postmoderne Gesellschaft, ist weitgehend urban geprägt. Ihre Zurechnungen vollziehen sich vor städtischem Horizont. Postmoderne Gesellschaft zeichnet sich insbesondere durch Vielfältigkeit aus und lässt daher verschiedene Perspektiven zu. Wichtig ist hier vor allem jene Perspektive, welche auf die Zugänge zu den gesellschaftlichen Funktionssystemen bezogen ist. Werden doch erst hierdurch vielfältige Anschlussmöglichkeiten sowie Pluralität (auch in der Lebenswelt) ermöglicht. Von besonderem Interesse ist die Form der Inklusion, ihre Auswirkungen auf die Art und Weise der Lebensführung und letztlich auch auf zivilgesellschaftliches Engagement, welches Möglichkeiten bieten kann, systembezogene Disharmonien zur Sprache zu bringen.[195]

Die postmoderne Stadt ist in Teilsysteme gegliedert, an die einzelne durch Inklusion gebunden werden. Zu den Wichtigsten zählen beispielsweise das Bildungssystem sowie der Wohnungs- und Arbeitsmarkt, deren jeweilige, auch ausländerrechtlich beeinflusste, Regelungen des Zugangs eine große Bedeutung für das Individuum haben.[196] Im städtischen Zusammenhang ist dieses Thema insofern von großer Bedeutung, als dass Exklusion hier eine konkrete Minderung der Lebensmöglichkeiten und -stilentfaltung nach sich zieht, weshalb sie in Diskursen zur Sprache kommen muss. Der Vorrang von Inklusion in das

---

193 Vgl. Pongs 1999, 174; Schulze 2003, 29ff; Löw/Steets/Stoetzer 2007, 10f, 30; Berking 2008b, 18, 25

194 Vgl. Mönninger 1999, 22; Schmals 2000; Bukow/Yildiz (Hg.) 2002, 54, 58; Schulze 2003, 34

195 Vgl. Bukow/Nikodem/Schulze/Yildiz (Hg.) 2001, 13, 31; Bukow/Yildiz (Hg.) 2002, 16, 25; Nikodem 2002, 10ff, 49, 57, 90, 260; Schulze 2003, 247

196 Vgl. Nikodem 2002, 75

Teilsystem Arbeitsmarkt bleibt bestehen, solange es nötig bleibt, darüber den Lebensunterhalt zu bestreiten.[197]

Das städtische Leben erscheint hier in den drei verschränkten[198] Zusammenhängen von „System, Lebenswelt und Metakommunikation." (Schulze 2003, 11) Die Stadt stellt ein zusammengesetztes Ganzes dar, in dem es in Bezug auf die formalen gesellschaftlichen Systeme um Inklusionsfragen geht, in Bezug auf die verschiedenen Lebensstile um Anerkennung und im Bereich städtischer Debatten um solche der Teilnahme an zivilgesellschaftlichen Prozessen. Diese letzte Perspektive lenkt den Blick auf die – unter den urbanen Bedingungen gegebenen – Möglichkeiten zivilgesellschaftlichen Engagements.[199]

Für städtische, gesellschaftliche Abläufe ist die funktionale Ausdifferenzierung der Gesellschaftssysteme heutzutage – entgegen häufig geäußerten Annahmen – vorrangig vor den Zusammenhängen metakommunikativer Handlungen und der Lebenswelt. Die individuelle Lebensweise muss sich zwar im städtischen Alltag unterbringen lassen, aber entscheidend bleibt doch die davon unabhängige Gewährleistung systemischer Anschlussmöglichkeiten, ohne, dass Bekenntnisse zu bestimmten Werten gefordert werden. Dann kann sich „lebensweltliche Heterogenität als selbstverständlicher und weitgehend problemloser Bestandteil städtischen Lebens" (Schulze 2003, 241) entfalten.

Inklusion – zumindest in die wichtigsten Funktionssysteme der Gesellschaft – ist demnach für alle erforderlich. Dazu gehören besonders Zugang zu Wohn- und Arbeitsmarkt sowie zum System der formalen Politik. Nur wenn derartige Systemanschlüsse gewährleistet sind, kann Alltag gelingen und ist letztlich die nötige zivilgesellschaftliche, diskursive Auseinandersetzung darüber möglich, welche Effekte die Rahmenbedingungen im Alltag zeitigen und inwiefern diesen zuzustimmen ist. Exklusion aus einem der gesellschaftlichen Teilsysteme – bei MigrantInnen qua national bestimmtem und zugewiesenem Status vollzogen – kann Bereiche der Lebenswelt tangieren und zieht oftmals eine solche aus weiteren Teilsystemen nach sich.[200] So ist zum Beispiel eine dauerhafte Erlaubnis des Aufenthalts an einen Arbeitsplatz gekoppelt, der Zugang zum Arbeitsmarkt

197 Vgl. Schmals 2000; Bukow/Nikodem/Schulze/Yildiz 2001, 367

198 Vgl. Schulze 2003, 14

199 Vgl. Bukow/Yildiz (Hg.) 2002, 40; Schulze 2003, 13f

200 Vgl. Bukow 1994, 10; Bukow/Nikodem/Schulze/Yildiz 2001, 42f, 72, 93, 367, 436f; dies. (Hg.) 2001, 34f, 224; Bukow/Yildiz (Hg.) 2002, 33, 36, 43, 109; Nikodem 2002, 53f, 58, 91, 260; Schulze 2003, 12f, 33, 111f

wird jedoch, je nach ausländerrechtlichem Status der Betroffenen, verwehrt oder erschwert.

Die Alltagserfahrungen sind in der Stadt heute durch große Vielfalt geprägt, welche ein gleichzeitiges, mitunter verschränktes oder sich antagonistisch gegenüberstehendes, sich immer weiter aufgliederndes Konglomerat verschiedenster Einstellungen bildet. Im städtischen Zusammenhang entwickeln sich daraus metakommunikative Abläufe, die, zeitlich wie örtlich begrenzt, zivilgesellschaftliche Kontexte des Austauschs bilden und zwar die gesamte (Stadt-)Gesellschaft tangieren, allerdings keine einheitlichen Antworten zeitigen.[201]

In einer Stadt vollziehen sich die unterschiedlichsten Abläufe auf verschiedenste Art und Weise miteinander verknüpft oder auch nebeneinander. Sie laufen in weltweiten, regionalen, lokalen und individuellen Zusammenhängen ab. Das postmoderne, urbane Gefüge bietet dabei eine Vielzahl von Perspektiven. Es bietet nicht allein einen einzigen Orientierungs- und Handlungsrahmen, sondern etliche Handlungs- und Entwicklungsspielräume und kann gleichsam wie ein formal gegliedertes Ensemble oder wie eine Ansammlung vielfacher, subjektiver Möglichkeiten wirken.[202]

Während, auf die globale sowie auf die nationale Öffentlichkeit bezogen, zivilgesellschaftliche AkteurInnen auf Medien und Kommunikationswege angewiesen sind, lässt sich Austausch auf urbaner Ebene auch direkt ermöglichen. Der tatsächliche Ort, den Agierende einnehmen, weist zudem auf ihre soziale Stellung hin. Als Begegnungsraum und Bühne für gesellschaftliche Auseinandersetzungen ist der öffentliche Raum besonders wichtig, ihm kommt eine strategische Bedeutung bei Auseinandersetzungen zu. Durch die vorangetriebene, sicherheitspolitische Entwicklung sowie der damit einhergehenden, zunehmenden Privatisierung öffentlicher Räume in den Städten wird es jedoch immer schwieriger, an konkreten Orten eine Öffentlichkeit für zivilgesellschaftliche Anliegen herzustellen.

In der Stadt ist öffentlicher Raum unter anderem ein Austragungsort für Auseinandersetzungen um Ansprüche seiner Nutzung. Nicht zuletzt anhand der konkreten städtischen Ausgestaltung zeigt sich hier, welche gesellschaftlichen Gruppen ihre Ansprüche anmelden.[203] So wird in einer Gegend die Konzentration von Geschäften mit einem Warenangebot für migrantisches Publikum als

201 Vgl. Nikodem 2002, 78, 88

202 Vgl. Bukow/Yildiz (Hg.) 2002, 9f; Nikodem 2002, 90

203 Vgl. Beste 2000, 75, 308f; Bukow/Nikodem/Schulze/Yildiz (Hg.) 2001, 178ff; Schulze 2003, 246; Löw/Steets/Stoetzer 2007, 39; Berking 2008a

Abkapselung gewertet, anstatt solche – meist ohnehin übertrieben dargestellten – Phänomene als gelungene Möglichkeit der Teilhabe am und Platzierung im städtischen Leben zu sehen sowie den Beitrag zur Entwicklung der lokalen Ökonomie zu würdigen. Mit dieser Sicht verlöre der, durchaus nicht selten öffentlich im Namen einer, definitorisch wie auch immer imaginierten, Mehrheitsgesellschaft an MigrantInnen gerichtete, Vorwurf seine Zugkraft, die ins Feld geführte räumliche Segregation zeige einen Unwillen sich einzufügen. Ganz so, als seien die Konzentrationen wohlhabender Einwohnerschaften in besser bewerteten Vierteln nicht ebenso segregativ oder als könne Segregation generell nur negativ bewertet werden. Bei der Suche nach Gründen für dieses Phänomen wird also zumeist übersehen, dass der nationale, noch immer wesentlich vom Abstammungsprinzip bestimmte, Kontext der Rechtfertigung juristischer Beschneidungen für Segregationstendenzen und die Zugänglichkeit städtischer wie gesellschaftlicher Bereiche für verschiedene gesellschaftliche Gruppen wesentlich mitverantwortlich ist. Zudem sollte stärker beachtet werden, wie mit sozialen Gruppen in segregierten Wohnlagen umgegangen wird.[204]

Wie bereits herausgearbeitet bedeutet der juristische Rahmen für Zugezogene eine festgelegte AußenseiterInnenposition, welche sich auf die verregelten Zugangsmöglichkeiten zu formellen Systemen, wie dem des Rechts, der Politik, des Arbeits- oder Wohnungsmarktes, nachteilig auswirken. Lokale Stadtplanungen, beispielsweise auf Verfügbarkeit von Wohnraum bezogene, werden so, vorherrschenden Ansichten entsprechend, nach nationalen Kategorien ausgerichtet. In der Lebenswelt beziehen sich Ethnisierungsabläufe und letztlich auch rassistisch motivierte Gewaltakte auf die so festgelegten Unterschiede in der Verteilung von Macht und auf die Zuweisung bestimmter gesellschaftlicher Plätze – abgestuft nach den Statusunterschieden, welche etwa zwischen AussiedlerInnen und Asylsuchenden installiert sind.[205]

„Um die Verwerfungen aufzuspüren, muss man sich die Details anschauen, nämlich die Machtverteilung innerhalb der Aneignungsprozesse." (Bukow/Nikodem/Schulze/Yildiz 2001)[206] Stadtgesellschaft besteht zu einem guten Teil aus Diskursen, welche sich anhand urbaner Umstände ergeben. Sie finden auf

---

204 Vgl. Eichener 1990, 164f; Dangschat 1997, 625, 629f, 635ff, 641, 644; Schmals 2000; Schulze 2003, 40ff, 87, 90; Mannitz 2006, 306f; Berking 2008b, 25; Holert 2008, 26; Bukow/Yildiz o. J.

205 Vgl. Bukow 1994, 18; Beste 2000, 163, 169f; Schmals 2000; Bukow/Nikodem/Schulze/Yildiz (Hg.) 2001, 161

206 In: ebd., 14

unterschiedlichen Ebenen statt, weisen verschiedene Bezugspunkte auf, stehen in diversen Zusammenhängen und erhalten Impulse auf vielerlei Wegen. Bestimmend für das Urbane ist dabei „der Platz im Diskurs und die für den Diskurs vor Ort gültigen Vorstellungen oder Perspektiven." (Dies.)[207] Hier geht es also darum, wie Verhandlungsinhalte, Schwierigkeiten und Vorkommnisse in der örtlichen Wahrnehmung und in entsprechenden Debatten verhandelt werden und wie sie konkret in die besonderen sozialen und sonstigen urbanen Umstände Eingang finden.[208] Letztlich stellen die heutigen städtischen Diskurse Auseinandersetzungen dar, die um Aneignung geführt werden. Sie bilden eine erneuerte Variante von Verteilungskämpfen und solchen um den Zugang zu Ressourcen. Der auf einer „urbanen Grammatik" (Dies.)[209] beruhende Diskurs, der städtische Realität hervorbringt, muss für das Gelingen von Zivilgesellschaft von der Bevölkerung reflektiert und politisch ausgelegt werden können. Dabei bleibt zu betonen, „dass nicht irgendeine Geschlossenheit, sondern dass ein Höchstmaß an mit gleichem Recht ausgestatteter Differenz als Basis für eine richtige Entscheidung unabdingbar sind" (Dies.)[210] und nicht assimilatorische Anpassungsvorstellungen das Feld städtischer Auseinandersetzungen beherrschen dürfen.[211]

Unter den gegebenen Bedingungen der Postmoderne wird es für Städte in zunehmendem Maße von Belang sein, inwiefern sie fähig sind, ihr Vermögen auszubauen, mit zunehmender Vielfalt umzugehen, jenseits der diskursiven Hervorbringung einheitlich gedachter Kulturen.[212] Es geht um die „globale Stadt" (Dies.),[213] als „Ort, der Unterschiede zulässt und Vielfalt in jeder Hinsicht begünstigt" (Ebd.).

In der öffentlich geführten Debatte in den gängigen Medien, aber ebenso in wissenschaftlichen Kreisen, wird allzu oft skandalisierend als „Ausländern" zugeordnetes Problem verhandelt, was sich genauer besehen als relativ reibungslos ablaufender städtischer Alltag entpuppt, zu dessen Gelingen immer wieder neue Fähigkeiten entwickelt werden. Den Individuen stehen im urbanen Alltag vielfältige Möglichkeiten zur Verfügung, ihr Handeln einem oder mehreren Bezugsrahmen zuzuordnen. Ein Beispiel wäre die Zuordnung, sich selbst als Teil

---

207 In: ebd., 17

208 Vgl. Löw/Steets/Stoetzer 2007, 10

209 In: Bukow/Nikodem/Schulze/Yildiz (Hg.) 2001, 18

210 In: Bukow/Nikodem/Schulze/Yildiz 2001, 77

211 Vgl. Schmals 2000

212 Vgl. Bukow/Nikodem/Schulze/Yildiz 2001, 17; Schulze 2003, 4f

213 In: Bukow/Nikodem/Schulze/Yildiz 2001, 40

einer internationalen Musikszene zu begreifen, welche sich nicht über ethnische Zugehörigkeiten definiert, sondern auf Erfahrungen von Marginalisierung und Ausgrenzung rekurriert.[214]

Selbstverständlich darf nicht übersehen werden, dass im städtischen Quartier gleichfalls Konflikte ablaufen, obschon zumeist nicht in der vielfach beschworenen Intensität. Sie können ebenso die unterschiedlichsten Zusammenhänge betreffen, werden diesen jeweils recht flexibel angepasst und unterliegen so einem fortlaufenden Wandel, wobei die Zugehörigkeitsvorstellungen bezüglich bestimmter sozialer Gruppen immer wieder modifiziert werden. Dabei treten im städtischen Alltag ebenfalls Teilhabeverweigerungen aufgrund ethnischer oder kultureller Zuschreibungen auf, die durch die Darstellung in politischen,[215] medialen[216] und wissenschaftlichen[217] Debatten, die in der Anwesenheit von MigrantInnen ein besonderes Gefahrenpotential erkennen wollen, oftmals unterfüttert werden. Solcherlei Erfahrungen begegnen die Betroffenen auf vielfache Art und Weise. Sie führen Auseinandersetzungen, knüpfen neue Netze der Anerkennung und verlangen letztere in immer wieder neuen Zusammenhängen. Derartige soziale Netze, sowohl lockere als auch fest geknüpfte, können auf ihre jeweils besondere Weise helfen, den Alltag zu bewältigen. Wie und ob eine solche soziale Einbindung funktionieren kann, hängt zu einem guten Teil vom Druck der gegebenen sozialen Strukturen und der sozialen Lage ab. Diese Möglichkeiten werden durch die (ausländer-)rechtlich abgestuften Exklusionsmodi grob beschnitten oder gar gänzlich verhindert.[218]

> „Die Verweigerung einer Arbeitserlaubnis oder die Aberkennung außerhalb der BRD erworbener Berufsabschlüsse mit der damit verbundenen Exklusion aus weiten Teilen des Arbeitsmarktes, drohende Abschiebung oder aber auch die Verweigerung politischer Partizipationsmöglichkeiten werden ... als weitaus einschneidendere und drängendere Probleme des Alltags geschildert, als die Auseinandersetzungen

---

214 Vgl. ebd., 10ff, Schulze 2003, 36, 242; Römhild 2009, 5

215 So meinte etwa Frankfurts „Planungsdezernent Wentz in dem ansteigenden Ausländeranteil eine 'explosive Lage' zu erkennen" (Beste 2000, 142).

216 Beispielsweise in der Zeitschrift „Der Spiegel": „530 000 Italiener leben in Deutschland, sie scheinen gut integriert. In Wahrheit schotten sich etliche ... ab. Das bietet der Mafia einen prächtigen Nährboden" (Brandt/Kaiser/Kleinhubbert/Ulrich/Weinzierl 2007, 58).

217 Etwa Strubelt/Veith (1997, 109): „ihre dauerhafte Residenz in Deutschland und das wachsende Verlangen von ausländischen Menschen, nach Deutschland zu kommen, stellen hingegen ein Problem dar. In den (Groß-)Städten kumulieren diese Probleme".

218 Vgl. Behringer 1993, 178, 181; Schulze 2003, 242ff

> um lebensweltliche Anerkennung. Dies verweist auf die zentrale Bedeutung der systemischen Ebene im urbanen Kontext, die Bedeutung der formalen Gleichheit, vor allem auch in rechtlicher Hinsicht.“ (Schulze 2003, 244)

Möglichkeiten der Teilnahme an zivilgesellschaftlichen und öffentlichen Auseinandersetzungen müssen für alle gewährleistet werden, wobei es für jedeN möglich sein muss, seiner/ihrer eigenen Lesart des Lebens hierin einen Ausdruck zu verleihen.[219]

Eigentlich ist die „Entproblematisierung des Alltags eine wesentliche Leistung urbanen Zusammenlebens“ (Bukow/Nikodem/Schulze/Yildiz 2001, 458). Die Voraussetzung dafür, nämlich unabhängig von bestimmten Wertebekenntnissen gewährleistete Inklusion, zumindest in die wichtigsten gesellschaftlichen Teilsysteme, wird durch die ethnischen Konstrukte der Staatsbürgerschaft, durch die diskursive Produktion von „Fremden“, „Ausländern“, „Kulturen“ et cetera aber immer wieder untergraben.[220] Hierzu gehört die häufig beschwörend auftauchende Rede von angeblich entstehenden „Parallelgesellschaften“,[221] welche mitunter mit rassistischen Vorstellungen verknüpft wird, genauso wie eine regelmäßig übertriebene und Skandal heischende Behandlung urbaner Probleme, welche mit Vorstellungen von homogenen Kulturen oder Ethnien verknüpft werden, womit letztlich auch armutsbedingte Problemverläufe uminterpretiert werden.[222]

Diese Themen kumulieren etwa im urbanen Sicherheitsdiskurs. Bürgerliche Rechte, die die freie Entfaltung und gesellschaftliche Teilhabe gewährleisten sollen, werden ohnehin zunehmend durch den Ausbau von Kontroll- und Ordnungsmaßnahmen im staatlichen wie im privatwirtschaftlichen Bereich abgebaut. Mit der gesetzlich definierten Exklusion gewisser Bevölkerungsteile lassen sich derartige sicherheitspolitisch propagierte Maßnahmen begründen. Vor diesen Bevölkerungsteilen müsse demnach geschützt werden, wer mittels Staatsbürgerschaft formal Zugang zu allen gesellschaftlichen Funktionssystemen hat. So gerät der Themenbereich sozialer Absicherungen aus dem Blick. Die in verschiedene Gruppen eingeteilten MigrantInnen können immer wieder als

219 Vgl. Bukow/Nikodem/Schulze/Yildiz 2001, 41

220 Vgl. Bukow 1994, 11, 21; Nikodem 2002, 262f; Schulze 2003, 23, 34, 41, 85

221 „Die Begriffe ‘Parallelgesellschaft’ bzw. ‘Ghetto’ sind ... eine diskursive Formation, die in wissenschaftlicher Codierung und auf scheinbar neutrale Weise soziale Phantasien über Unterschiede zwischen ‘Wir’ und den ‘Anderen’ reformuliert. Solche hegemonialen Diskurse haben ... den Zweck, die Menschen zu disziplinieren“ (Bukow/Yildiz o. J.).

222 Vgl. Schulze 2003, 89

Gefährdung inszeniert und so Verschärfungen der Gesetze gerechtfertigt, die staatliche Sicherung von Herrschaft untermauert werden. Folglich fällt auch – entsprechend den mit den verschiedenen konstruierten Gruppen angeblich verbundenen Gefahren – die Ausgestaltung des Strafrechtes rigide aus, aber ebenso die direkten Kontrollmaßnahmen. Diese Entwicklung zeitigt für die Betroffenen zum einen Folgen für die Ausgestaltung des Inklusionsmodus', zum anderen, mit der Installierung konkreter Überwachungsmaßnahmen, für die des Alltags.[223]

> „Die gängige Verknüpfung von Kriminalität und Migration reproduziert nicht nur neo-rassistische Feindbilder, sie konkretisiert sie vielmehr und verleiht ihnen durch die Kontrollpraxis eine innere Logik und Stringenz. Es ist offenkundig, daß die Kontrollpraxis der Sicherheitsorgane in ... Städten nicht außerhalb dieser Bedrohungsszenarien steht, sondern ein konstituierendes Moment deren Verdinglichung ist. Die gesetzlichen Verschärfungen im Ausländerrecht ... haben zur Folge, daß sich ein ausdifferenzierter behördlicher Apparat um die Kontrolle und Verwaltung von Ausländern konzentriert, die in dem komplizierten Netzwerk ..., das sie reguliert, immer dem Verdacht eines Verstoßes oder Versäumnisses ausgesetzt sind." (Beste 2000, 397)

Die Kontrollbehörden entwickeln eine schwerpunktmäßig auf die jeweils konstruierten Gruppen ausgerichtete Tätigkeit. So bringt etwa die Institution Polizei diverse nach nationalen und ethnischen Mustern definierte und zumeist auch danach benannte Abteilungen hervor, die entsprechend den unterstellten Gefahren unterschiedliche Maßnahmen ergreifen. Das Individuum wird einer Gruppe zugerechnet, und es birgt so vermeintlich ein der ganzen Gruppe zugeordnetes Problem. Das aufgebrachte Kontrollarsenal steigt proportional zu den abnehmenden Rechten, welche der entsprechenden Gruppe gewährt werden. Je mehr jedoch in einem bestimmten Feld ermittelt wird, desto mehr Verdachtsfälle lassen sich gleichsam auf diesem Gebiet zu Tage befördern, was wiederum die entsprechende Statistik in die Höhe treibt, die ihrerseits erneut dazu herhalten muss, die Intensivierung der Kontrollen in diesem Bereich politisch zu rechtfertigen.[224]

In den 1990er Jahren wurde in den Medien beispielsweise die Gruppe der „Kurden" in umfangreicher Zuschreibungstätigkeit regelrecht erschaffen. Auch in Polizeizeitschriften und Berichten von Verfassungsschutzämtern wurde diese angeblich einheitliche Gruppe quasi ethnographisch bestimmt. „Unsere PKK-Leute sind nie mit Schußwaffen rumgelaufen ... Obwohl es in der türkischen und kurdischen Natur steckt" (Kriminal-Hauptkommissar Trusheim 1998).[225]

223 Vgl. Beste 2000, 57, 68, 301, 320, 422, 425f

224 Vgl. ebd., 428ff; Sprinzl 2005, 32f

225 Zit. n. Beste 2000, 430

Fortan galt diese Gruppe als Gefahr für die Sicherheit, nicht aufgrund des Verhaltens ihr zugeordneter Personen, sondern schon allein aufgrund der entsprechenden Zuschreibungen. Am 22. November 1993 kam es durch Manfred Kanther (CDU), den damaligen Innenminister, zu einem Verbot migrantischer Vereine, welche vom Verfassungsschutz als Teil der in der BRD verbotenen „Arbeiterpartei Kurdistans" (PKK) angesehen wurden.[226] Die Zeitschrift „Polizei heute" meinte zu diesem Thema 1995: „In Köln sitzt die 'Europäische Frontzentrale' der PKK. ... Die kurdischen Kulturvereine ... widmen ... sich der Erhaltung und Verbreitung kurdischer Kultur, organisieren Volkstanz und Literaturveranstaltungen. Auf der anderen Seite sind sie die Verbindung zur PKK."[227]

Etliche Vereinigungen und Zusammenhänge gerieten im Zuge dessen in Verdacht, unter anderem Eltern- und Jugendvereine oder Sprachschulen. Das Verbot betraf in erster Linie Vereine, denen weder verbotenes Handeln noch ein direkter Zusammenhang mit der „PKK" nachgewiesen werden konnte. Zahlreiche Zusammenschlüsse, die nicht verboten worden waren, wurden ebenso kontrolliert und bespitzelt. Die verbotenen Vereine erreichten es auf juristischem Wege mehrheitlich, dass das Verbot 1994 zum größten Teil wieder abgeschafft werden musste. Trotzdem blieben Unterdrückungsmaßnahmen allein aufgrund der Zurechnung zu einer konstruierten Gruppe bestehen. So konnte sich in Frankfurt am Main noch 1998 kein kurdischer Verein ansiedeln, weil keine vermeintlichen Nachfolgeorganisationen der verbotenen Vereine geduldet wurden.

Es kam im Zuge dessen sogar soweit, dass die Grundrechte von Städten außer Kraft gesetzt wurden. 1994 wurde so anlässlich eines beginnenden Gerichtsverfahrens über ganz München ein Demonstrationsverbot verhängt. Im Jahr darauf wurde ein solches in der Innenstadt von Frankfurt am Main ebenfalls praktisch vollzogen. Außerdem kam es neben anderen Standorten auch in Köln erneut zu Verboten von Vereinigungen, weil diese als Nachfolgeorganisationen der zwei Jahre zuvor untersagten galten. Daneben kam es im Fahrwasser dieser Konflikte wiederum zu Verschärfungen des Ausländerrechtes, in welches Regeln zur einer erleichterten Ermöglichung von Abschiebungen Eingang fanden.

Die fehlende Macht und die rigide Überwachungspraxis führen dazu, dass betroffene, an den Rand gedrängte, gesellschaftliche Gruppen oft nur einen relativ geringen Organisierungsgrad hervorbringen.[228] Am deutlichsten wird dies am Beispiel illegalisierter Bevölkerungsteile, mit dem sich unter anderem

---

226 Vgl. ebd., 399f

227 Zit. n. ebd., 401f

228 Vgl. ebd., 402, 406ff, 419, 436

der Sozialwissenschaftler Jörg Alt in seinen Arbeiten wiederholt beschäftigt.[229] Welche Möglichkeiten bestehen also für derartige gesellschaftliche Gruppen auf städtischer Ebene, welche nutzen sie aus, welche schaffen sie?

II 3.2 Das Beispiel Köln

In Köln lebten 2006 laut offiziellen Angaben 321.960 Menschen mit Migrationshintergrund, 71.493 Eingebürgerte, 55.958 Menschen mit dem Status von AussiedlerInnen und 176.534 Menschen ohne deutsche Staatsangehörigkeit. 64.592 Menschen mit türkischer Staatsangehörigkeit wurden gezählt. 4.833 Menschen waren zu dieser Zeit als AsylbewerberInnen nach dem Asylbewerberleistungsgesetz (AsylbLG) erfasst.[230]

Auch in Köln leben mehrere Tausend illegalisierte Menschen, die in der Statistik natürlich nicht auftauchen. Schätzungen zufolge gehen in Köln 15.000 bis 20.000 Menschen, welche sich ohne offizielle Erlaubnis hier aufhalten, einer Arbeit nach, vorwiegend in den Bereichen der Pflege, der Bauwirtschaft, der Gastronomie sowie der Haus- und Gartenarbeit. Beratungsstellen erleben in bestimmten Stadtteilen mitunter eine große Nachfrage seitens Illegalisierter. Die Sozialdezernentin der Stadt Köln stellte Anfang 2009 ein Konzept vor, das praktikable Möglichkeiten für den Umgang mit Illegalisierten in der Stadt bieten soll, ohne, dass die Involvierten juristische Probleme bekommen. Dazu soll vor allem die Beratung für Betroffene ausgeweitet werden, etwa in Bezug auf das Arbeitsrecht sowie die Wohnsituation oder die – betreffenden Personen häufig unbekannte, in bis zu einem Drittel der Fälle aber vorhandene – Möglichkeiten, einen legalen Status zu erlangen. Die Beratungsleistung könne unter anderem aber auch darin bestehen, dabei zu helfen, das Land zu verlassen. Der Entwurf wurde zusammen mit dem „Runden Tisch für Flüchtlingsfragen" erarbeitet und dem Stadtrat vorgelegt. Hier arbeitet die Stadt zusammen mit Polizei, Kirchen sowie Wohlfahrtsverbänden. Das Konzept beruht auf der Studie „Menschen ohne Papiere in Köln" (Bommes/Wilmes 2007) sowie Kenntnissen aus anderen Städten.[231]

Es kommt unter anderem vor, dass Menschen an den Aufenthalt in der Stadt gebunden sind, weil ihr aufenthaltsrechtlicher Status ungeklärt ist. Solange können sie etwa der – zeitgemäß häufig Flexibilität genannten – allgemeinen

229 Vgl. Alt/Fodor 2001; Alt 2003; ders./Bommes (Hg.) 2006; ders. 2009

230 Vgl. Kölner Statistische Nachrichten 2007, 15, 58

231 Vgl. Kieser 2001, 51; Rudolph 2009

Forderung nach Mobilität nicht nachkommen. Auch leben hier beispielsweise Menschen, die zum Schutz vor Abschiebung untertauchen mussten, weil sie aufgrund von Arbeitslosigkeit ausgewiesen werden sollten, Menschen, deren Asylantrag abgelehnt wurde, Menschen, die ohne Visum eingereist sind und auf sogenannte Schwarzarbeit angewiesen sind. Zum Teil richten sich jedoch diese Menschen ebenfalls öffentlich gegen die Vorenthaltung des Bleiberechts. Allgemein gibt es, vor allem in grenznahen Regionen und großen Städten, Formationen, welche gegen Illegalisierte vorzugehen trachten, aber ebenso bestehen auch solche, die sich unterstützend einsetzen.[232]

In Köln gibt es etwa regelmäßige Treffen von Menschen aus unterschiedlichen Initiativen, Gruppen und Einzelpersonen im Rahmen des bereits erwähnten Netzwerkes „Kein Mensch ist illegal". Der Unterstützungszusammenhang für Illegalisierte und Flüchtlinge hat zum Beispiel Ende der 1990er Jahre Hilfe für Menschen geleistet, die in verschiedenen Kirchen in Köln unterschlüpfen konnten. Er veranstaltete damals das, im Unterkapitel II 2. 4 bereits erwähnte, „Wanderkirchenasyl" mit. Das Netzwerk kann in Zusammenhang mit einer internationalen Bewegung gesehen werden. Vor Ort versucht es im Alltag eine Unterstützung für würdelos behandelte und ausgegrenzte Illegalisierte und Flüchtlinge zu erreichen, etwa indem es Proteste gegen Abschiebungen, für Bleiberecht und für umfassend gewährte Menschenrechte organisiert. Politisch oder fürsorgeorientiert motivierte Unterkunftsprojekte für Illegalisierte gibt es aber, ebenso wie in anderen Städten, nur in sehr geringem Umfang. Zudem konnte das Netzwerk dazu beitragen, dass das – zurückgehend auf die UN-Kinderrechtskonvention – illegal hier lebenden Kindern eigentlich gewährte Recht auf Schulbesuch, dessen Umsetzung dezentral geregelt ist und das daher unterschiedlich gehandhabt wird, in Köln durchgesetzt wurde.[233] Der genannten Konvention ist die BRD unter dem Vorbehalt beigetreten, dass sie ihrem Ausländerrecht Priorität einräumen darf. Im ersten Halbjahr 2010 hat die Bundesregierung zwar versprochen, diesen Vorbehalt zurückzunehmen, aber diese Aussage wurde kurz darauf von der Innenministerkonferenz relativiert, so dass eine Änderung der bestehenden Zustände kaum zu erwarten ist. Die Regelungen zum Schulbesuch bleiben uneindeutig. So kommt es weiterhin vor, dass Kinder, die eine Schule besuchen, fürchten müssen, abgeschoben zu werden. Die Vorgaben werden regional unterschiedlich gehandhabt. Beispielsweise bestand in Hessen noch bis vor kurzem eine Pflicht, der Ausländerbehörde bei Einschulungen Meldung zu machen, sobald ein Kind

---

232 Vgl. Bukow/Nikodem/Schulze/Yildiz 2001, 407f; Schulze 2003, 229

233 Vgl. Bukow/Nikodem/Schulze/Yildiz 2001, 415ff; Kieser 2001, 53f, 60f

nicht die gewünschten Papiere hat. Schulen in Nordrhein-Westfalen hingegen müssen keine Meldebescheinigung einsehen.[234] Bei der konkreten Umsetzung der in NRW prinzipiell für alle im entsprechenden Alter geltenden Schulpflicht gibt es allerdings trotzdem häufig Unsicherheiten hinsichtlich des Umgangs mit Kindern ohne Papiere. Vor allem durch die schlechte Informationslage werden besonders Schulanmeldung und Zeugnisvergabe zu einer problematischen Angelegenheit.[235]

Während Versammlungs- und Demonstrationsrechte sowie das der freien Meinungsäußerung Illegalisierten nicht gewährt werden, reagieren die Verfolgungsbehörden je nach Lage mitunter zurückhaltend. So konnten im Rahmen des „Wanderkirchenasyls" Proteste Illegalisierter stattfinden, ohne dass die Polizei eingegriffen hätte. Bei einem Kongress von Flüchtlingen in Jena im Jahr 2000 gab es zwar Behinderungen seitens der Polizei, aber immerhin keine Angriffe. Anders beim sogenannten Grenzcamp in Köln im Jahr 2003, welches laut MenschenrechtsbeobachterInnen von Beginn an nur unter Missachtung von Grundrechten stattfinden konnte. Als hier Unterstützerkreise und Betroffene ein gemeinsames antirassistisch ausgerichtetes Protestlager zur Forderung gleicher Rechte für alle abhielten, kam es seitens kölner RechtsextremistInnen zu rassistischen Demonstrationen gegen das Camp, die dessen Auflösung forderten. Mit der, gemessen an der letztlich geringen Anzahl präsentierter Verdachtsfälle, fadenscheinigen Begründung, vom Protestcamp seien Straftaten ausgegangen, setzte die Polizei in einem, von verschiedenen unabhängigen BeobachterInnen als unverhältnismäßig brutal kritisierten, Großeinsatz die rechtsextremen Forderungen letztlich durch.[236]

Die Stadt Köln konnte von den Vorteilen, die Migration für die Stadt mit sich bringt, schon seit langem profitieren. Im städtischen Alltag werden diese jedoch zumeist als Selbstverständlichkeit hingenommen. In der öffentlichen Debatte kommen sie vornehmlich vor, um Problemlagen zu markieren.[237] Im Interesse eines wirtschaftsfreundlichen Klimas sollen nicht erwünschte Gruppen ferngehalten werden. „Nicht-deutsch-sein" wird in der städtischen Auseinandersetzung zu einer prägenden Kategorie. Städtische Gebiete erhalten in Zuschreibungspro-

234 Vgl. Jensen 2009, Scobel et al. 2010

235 Vgl. Bommes/Wilmes 2007, 91ff, 118

236 Vgl. Kieser 2001, 62; Greiner 2003, 13; Steven 2003; Tornau 2003; Heck 2008, 132

237 Vgl. Bukow/Yildiz o. J.

zessen einen bestimmten Ruf.[238] Ein Vorgang, der gelegentlich heruntergespielt wird, sobald es den eigenen Interessen dienlich zu sein scheint.

Angesichts der öffentlichen Empörungen nach den rassistischen Brandanschlägen 1992 in Solingen, die für mehrere Menschen tödlich ausgingen, stellten Kölns etablierte lokalpolitische Kreise beispielsweise heraus, dass man hier bereits seit zwei Jahrtausenden mit Zugezogenen bestens auskomme. Die vielfachen Beispiele in der Geschichte der Stadt, die Gegenteiliges belegen, wurden dabei lapidar übergangen.[239]

Im Zuge der Zunahme von Anschlägen auf MigrantInnen zu Beginn der 1990er Jahre wurde der Zusammenhang mit der rassistischen Motivation der TäterInnen in der öffentlichen Auseinandersetzung zum Thema heruntergespielt, indem die Empörung sich besonders auf die Gewaltfrage reduzierte. Man sprach sich gegen Gewalt aus, betonte aber, dass man solche von allen Seiten meine. Die Lage der jugendlichen TäterInnen geriet in den Fokus, die der Opfer kam dagegen kaum zur Sprache. So wurde auch von bekannten Personen wie etwa Martin Walser öffentlich Verständnis kundgetan, die Taten müssten zumindest als solche einer protestierenden Jugend angesehen werden; und der Soziologe E. K. Scheuch meinte, es handele sich weniger um einen Anstieg des Rassismus, sondern es müsse eher als Aufsehen erheischende, politisch motivierte Verteidigung eigener Identität gesehen werden.[240]

Besonders in Köln besteht ein Widerspruch zwischen der überlegenen, die Vormacht sichernden Selbstsicht der kölner Öffentlichkeit auf der einen Seite und der Vereinnahmung der städtischen Vielfalt sowie dem zweckmäßig ausgerichteten Umgang im Alltag auf der anderen. So hatte man etwa auch im Jahr 2004 im Zuge der Bewerbung als sogenannte „Kulturhauptstadt Europas 2010" entdeckt, dass sich die durch Zuwanderung hervorgerufene Diversität werbewirksam als zukunftsweisende Ressource ausschlachten lassen kann, was sich in der örtlichen medialen Präsentation des vielfältigen städtischen Lebens niederschlug. Allerdings nur bis zum Scheitern der Bewerbung um den Titel,[241] denn hierdurch kam diese „durch den gezielten Rückgriff auf Migration inszenierte symbolische Aufwertung städtischer Räume" (Bukow/Yildiz o. J.) unmittelbar zum Erliegen.

Seit 1984 finden in Köln Wahlen zu einem Ausländerbeirat statt, zu denen die Gemeindeordnung des Landes Nordrhein-Westfalen mittlerweile verpflichtet. Sie

---

238 Vgl. Beste 2000, 365f

239 Vgl. Dietmar 2005, 51ff

240 Vgl. Schönwälder 1996, 173f

241 Vgl. Bukow/Yildiz o. J.

heißen seit 1999 Integrationsratswahlen. Von 145.940 Wahlberechtigten nahmen im Jahr 2004 hieran 16,7 Prozent teil. Die Gemeindeordnung aus dem Jahr 1994 gesteht dieser Einrichtung das Recht auf Antragstellung zu, wozu sie im Rat, den Ausschüssen und den Vertretungen der Bezirke Stellungnahmen abgeben darf. Außerdem regelt sie deren Finanzierung.[242] In Köln wurde zum Beispiel auf das Anraten des Ausländerbeirates, im Jahr 1992 eine „Arbeitsgemeinschaft alte Migrantinnen und Migranten" zur Unterstützung dieser Bevölkerungsgruppe gegründet. Bei der beruflichen Förderung junger MigrantInnen arbeitet die Stadt unter anderem mit MigrantInnenvereinen zusammen. Die (sozio-)kulturellen Angebote dieser Vereine, aber auch die anderer Organisationen und Initiativen von MigrantInnen, welche teilweise seit den 1960er Jahren bestehen, werden seitens des „Interkulturellen Referates" der Stadt ob ihrer Verdienste bezüglich wechselseitiger Verständigung anerkannt. Gemeinsam sind sie hier ebenso Ausrichter einer „Interkulturelle Woche". Mitte der 1990er Jahre ergab eine Umfrage im Rahmen des sogenannten Mikrozensus', dass diejenigen, die ohne deutschen Pass in Köln leben, mit der städtischen Verwaltung mehrheitlich zufrieden seien.[243]

Wie Erika Schulze am Beispiel des Kölner Stadtteils Ehrenfeld zeigen konnte, begegnen sich die BewohnerInnen im Alltag trotz der Verwendung von Wir-Gruppen-Konstruktionen, die auch – aber eben nicht nur – an ethnischen und kulturellen Konstruktions- und Zuschreibungsmustern festgemacht werden – anders als es Medien, Politik und Wissenschaft häufig nahe legen – weitestgehend gelassen, funktional orientiert, ausgerichtet nach den jeweils anstehenden Bezügen.[244]

Am Beispiel der Keupstraße in Köln weisen Wolf-Dietrich Bukow und Erol Yildiz darauf hin, wie ein öffentlicher Diskurs Probleme in einem bestimmten Bereich der Stadt mit der allochthonen Bevölkerung assoziiert und dieser obendrein den Vorwurf macht, den vermeintlichen Zusammenhang zu verschleiern, weil er so schwer nachzuweisen ist. Hier werden Schlüsse allein aufgrund eines städtischen Diskurses gezogen, ohne einen Nachweis der in ihm lancierten Behauptungen. Diese halten sich mitunter äußerst lange in den öffentlichen Auseinandersetzungen und werden weiterentwickelt.[245] Vorteile, welche Städte aus der Zuwanderung für ihre Entwicklung ziehen konnten, werden in derarti-

242 Vgl. Akkaya 2000, 248; Rütten 2000, 185; Kölner Statistische Nachrichten 2007,177
243 Vgl. Akkaya 2000, 250ff
244 Vgl. Schulze 2003, 234ff
245 Vgl. Bukow/Yildiz (Hg.) 2002, 88f, 101f

gen Diskursen zumeist übersehen und sie wird eher als Problem behandelt.[246] Zwar hat die allochthone Bevölkerung in der Keupstraße einen wesentlichen Beitrag zu dessen moderner, urbaner Entwicklung geleistet, aber dennoch ist die Reaktion eines Teiles der autochthonen Bevölkerung darauf ablehnend. Diese Position wird teilweise durch die Medien und die Kommune, partiell wörtlich unter Rückgriff auf althergebrachte Ressentiments, gestärkt.[247] Anstelle des viel beschworenen „Ghettos", stellt die Keupstraße heute jedoch eine vielfältig zusammengesetzte Gesellschaft dar, die vielfach mit dem übrigen gesellschaftlichen Leben verknüpft und vernetzt ist und deren BewohnerInnen sich darin, trotz errichteter Schranken, einen je eigenen Lebensstil kreieren, sich Räume zu eigen machen und eigenen Interessen Geltung verschaffen.[248] Metaphorische Anspielungen auf als hoch empfundene Zahlen des Anteils der allochthonen Bevölkerung in bestimmten Stadtteilen Kölns finden sich unter anderem bei Produkten der lokalen Kulturindustrie. Doch auch wenn diese zum Teil als wohlmeinende Statements daherkommen, eine Markierung der entsprechenden Orte als defizitär wird implizit mitgeliefert.[249] Zudem werden in lokalen Medien Kölns, wie auch in anderen Städten, immer wieder stigmatisierte Teile der Bevölkerung als Bedrohung ins Feld geführt und regelrecht zu einer solchen aufgebaut.[250] Der Gruppe der Roma zugerechnete Kinder wurden beispielsweise durch die örtliche Klatschpresse als „Klau-Kids" diffamiert und zur Bedrohung aufgebaut, wofür sich das Kölner Blatt „Express" unter Androhung einer Rüge des Presserates entschuldigen musste. Aber der Begriff reüssierte fortan nicht nur in politischen Programmen lokaler rechtsextremer Kreise, die örtliche FDP bediente sich seiner ebenfalls und bezichtigte die so Bezeichneten in ihrem, besonders der Sicherheitspolitik gewidmeten, Programm zum Kommunalwahlkampf 2004 pauschal der unerlaubten Einreise. Sie forderte darin restriktivere Abschiebemaßnahmen und die geschlossene Unterbringung von DelinquentInnen. Zudem sortierte sie auf ihren Wahlplakaten gleich bestimmte Stadtteile nach verschiedenen Graden der dort jeweils angeblich herrschenden Unsicherheitslage.[251]

246 Vgl. Schmals 2000; Bukow/Yildiz o. J.

247 Vgl. Bukow/Nikodem/Schulze/Yildiz (Hg.) 2001, 210; Bukow/Yildiz o. J.

248 Vgl. dies. (Hg.) 2002, 97; dies. o. J.

249 Vgl. Schulze 2003, 38

250 Vgl. Beste 2000, 360

251 Vgl. Gottschalk 2002; Goebel/Wilberg/Klopotek/Wegener 2004, 37; dj osten 2005, 15; Jugendclub Courage Köln e. V. (Hg.) 2008, 14

Der diskursive Zusammenhang schafft also ein bestimmtes abgrenzendes Klima. Zivilgesellschaftliche Möglichkeiten der Schaffung von Arenen der Auseinandersetzung an öffentlichen Orten werden zudem auch in Köln beschnitten, so beispielsweise bei der Umkonzipierung des Hauptbahnhofes unter sicherheitspolitischen Vorzeichen.[252] Dies wirkt sich auf den Alltag der Betroffenen aus. Ebenso wirkt sich hierauf der systemische Rahmen aus, wie sich nicht zuletzt an der Situation von Inhaftierten ohne deutschen Pass zeigt, die je nach ausländerrechtlichen Vorgaben unterschiedlich ausfällt. In Köln wurde allerdings das Beratungsangebot für Betroffene gerade in dieser Hinsicht bemängelt.[253]

Anlässe für öffentliches Engagement, politischen Einsatz und zivilgesellschaftlich ausgerichtete Aktivitäten bieten auch in Köln immer wieder Fragen um die Verteilung örtlich verfügbarer Ressourcen, welche in besonderem Maße von den politischen und rechtlichen Rahmenbedingungen beeinflusst sind. Die vielfältigen, oftmals zusammenhanglos erscheinenden Lebenszusammenhänge und -bezüge von StadtteilbewohnerInnen können im lokalen Alltag anhand dieser Frage einen gemeinsamen Bezugspunkt erhalten und Anlass für politische Betätigung sein. Daher entwickelten sich etwa im Stadtteil Mülheim vielfältige Gruppierungen, Initiativen und Einrichtungen. So haben es MigrantInnen aufgrund ihrer eigenen Initiative hier zum Beispiel erreicht, auf einem öffentlichen Stück Land Gemüse anbauen zu dürfen.[254]

Die Gesellschaft vollzieht Zuschreibungen also vornehmlich vor urbanem Hintergrund, und zwar in vielfältigen Zusammenhängen. Besonders für Lebensstile und Wir-Gruppenbildungen erlangt der städtische Bezugsrahmen Gewicht. Es ist hier davon auszugehen, dass die Struktur der formalen, systemischen Zusammenhänge den Rahmen absteckt, in dem diese gedeihen können, der aber auch festlegt, wie etwa migrantische Selbstorganisationen zivilgesellschaftlich tätig werden können. Dabei ist der systembezogene, formal geregelte Zusammenhang, welcher sich ebenso vornehmlich im städtischen Rahmen zeigt, ausschlaggebend dafür, wie Zugänge normiert werden. Seine Möglichkeiten der Inklusion, etwa in das System der Politik, bedürfen deshalb der Prüfung. Der urbane Bezugsrahmen in Köln, der sich als Kommunikationszusammenhang einer bürgerlichen Öffentlichkeit herausgebildet hat und dieser zivilgesellschaftliche Möglichkeiten eröffnete, steht hierbei ebenfalls im Fokus des Interesses.

---

252 Vgl. Bukow/Nikodem/Schulze/Yildiz (Hg.) 2001, 185ff

253 Vgl. Reif 1997, 48f

254 Vgl. Mertens 2001, 80f, 89, 91f, 94

Die Frage lautet, wie der systemische Kontext den kommunikativen beeinflusst und umgekehrt, wie sich zivilgesellschaftliches Handeln auf die Ausformung der formal rationalen Zugangsweisen niederschlägt. Welche Möglichkeiten haben also migrantische Selbstorganisationen im Rahmen der Systemvorgaben für ihr zivilgesellschaftliches Handeln auf der städtischen Bühne in der, hier nur knapp umrissenen, urbanen Situation? Und auf welche Weise sind sie als Exponenten im Diskurs einer ernst zu nehmenden, städtischen Bevölkerung in der Lage, damit ihre Interessen in Bezug auf die Gestaltung der systemisch hergestellten Zusammenhänge zur Geltung zu bringen?[255]

---

255 Vgl. Bukow/Nikodem/Schulze/Yildiz (Hg.) 2001, 35f, 42, 211

III Die Lage in Köln

III 1 Selbstverständnis in Publikationen und öffentlichen Verlautbarungen

In diesem Kapitel werden Dokumente der ausgewählten Beispielgruppen, der „Föderation demokratischer Arbeitervereine e. V. (DIDF)", von „PHOENIX-Köln e. V. (PHOENIX)" und Ansätze Illegalisierter, inhaltlich analysiert und aus der den Texten inhärenten Perspektive wiedergegeben. Ausgewählt wurden sie als Beispiele für den unterschiedlichen Umgang mit Migration, welcher sich in der Zusammenfassung von MigrantInnen unter verschiedene Begriffe offenbart, die aufgrund der Setzung von Rahmenbedingungen eine Schaffung von besonderen Bevölkerungsgruppen zeitigt. Beim ersten Verein handelt es sich um eine Gruppierung türkeistämmiger MigrantInnen, welche in der BRD seit 1972 den größten Anteil unter den Eingewanderten stellen.[1] Den zweitgrößten bilden mittlerweile Menschen, welche aus den Nachfolgeländern der UdSSR stammen.[2] Ihnen wendet sich das nächste Beispiel zu, denn der zweite Verein wurde von russischsprachigen Immigrantinnen ins Leben gerufen. Die letzte Beispielgruppe, die der Illegalisierten, steht dazu in besonderem Kontrast, weil hier die gesellschaftlich hervorgebrachte, hierarchische Abstufung im Status von Menschen besonders zum Ausdruck kommt.

Analysiert wurden Texte verschiedenster Art,

- wie etwa der *Audiokommentar* zu einem im Internet präsentierten Film („Film zu 25 Jahre DIDF", DIDF Mediengruppe 2006),
- dort *publizierte Texte* („Die 'Russische Frage' im heutigen Deutschland", Ioffe/PHOENIX-Köln e. V. 2003-2006; „Über uns", DIDF 2009),
- sowie *Falt-/Flugblätter* und *Broschüren* („Selbstdarstellung", DIDF Jugend o. J.; „25 Jahre DIDF. Das andere Gesicht der Migration", DIDF [Hg.] 2006; „Wir lassen uns nicht spalten", DIDF Jugend 2008; „Hallo ... auch wir sind

1 Vgl. Terkessidis 2000, 24

2 Vgl. Statistisches Bundesamt 2010, 8

Deutschland", PHOENIX-Köln e. V. o. J.; „Die JobBörse PHOENIX stellt sich vor", JobBörse PHOENIX o. J.).

- Verlautbarungen Illegalisierter lagen hier vor allem als *Interviews* vor, schriftlich zusammengefasst und in einem Buch publiziert („Almut Wilms-Schröder und Anna Dal Molin: Mensch ist Mensch. Gespräche mit illegalisierten Roma-Frauen", Anumsa 1994, Vedale 1995),
- als Radiointerview („Illegalisierte im Interview", Bürgerfunk Köln 2005) und
- als O-Ton in einem Dokumentarfilm („Schattenmenschen. Illegal in Deutschland", Valerie 2007).
- Dazu kommt die, anlässlich einer Protestaktion gehaltene, im Internet veröffentlichte *Rede* eines Betroffenen („Rede eines betroffenen Flüchtlings von heute [25. 3.]", Medienkommando Kölle 2009).

Die abschließende Bewertung der ermittelten Inhalte der Texte bleibt dem zusammenfassenden Unterkapitel IV 1. 1 am Schluss vorbehalten. Vor dem Hintergrund der Forschungsfragen nach dem Umgang mit Diversität in europäischen Stadtquartieren, der Art und Weise, wie sich migrantische Selbstorganisationen auf der städtischen Bühne präsentieren und den Möglichkeiten zivilgesellschaftlichen Engagements angesichts des begrenzten Spielraumes wurde zur Analyse ein Suchraster erstellt. Die Fragen dieses Suchrasters lassen sich unter folgende Kategorien zusammenfassen:

- Setzungen Agierender,
- Rahmenbedingungen und
- Wechselbeziehungen.

Allerdings sind diese nicht trennscharf, weil angesprochene Themen zum Teil auch verschiedene dieser Kategorien berühren.[3]

III 1.1 Publikationen der „Föderation demokratischer Arbeitervereine e. V. (DIDF)"[4]

Die seit 1980 bestehende Dachorganisation, welche aus über fünfzig Vereinen und Gruppen besteht und damit in mittlerweile mehr als dreißig Städten präsent ist, „ist eine Migrantenselbstorganisation" (DIDF 2009) mit Sitz in Köln.

Sie wurde zunächst von GruppenvertreterInnen aus zweiundzwanzig Städten von ehemals auf dem Staatsgebiet der Türkei Lebenden nach demokratischen

3 Zur methodischen Vorgehensweise vgl. Teil I

4 Vgl. DIDF Mediengruppe 2006; DIDF (Hg.) 2006; DIDF Jugend o. J.; dies. 2008; DIDF 2009

und von Parteien sowie sonstigen Gruppierungen unabhängigen Grundsätzen gegründet. Mitglieder haben innerhalb der Organisation Stimmrecht und können sich in Ämter wählen lassen. Es soll keine Teilung entlang rassistischer, ethnischer, nationaler, religiöser, kultureller, sprachlicher oder auf das Geschlecht bezogener Spaltungslinien erfolgen. Darauf wird ebenso immer wieder hingewiesen wie darauf, dass es gelte, Gemeinsamkeiten in den Vordergrund zu rücken, welche aus der geteilten sozialen Lage erwüchsen, und nicht konstatierte Unterschiede. Die Politik derjenigen, welche stellvertretend im Namen von MigrantInnen zu sprechen vorgeben, wird abgelehnt, unabhängig davon, ob es sich um Kräfte des Ein- oder des Auswanderungslandes handelt. Diese nehme gesellschaftliche Spaltungen – seien dies nun rassistische oder nationalistische – zum Anlass, fungiere anhand von Zuschreibungen und diene durch Ausnutzung der allochthonen Bevölkerung lediglich der Durchsetzung eigener Ziele.

„DIDF" will erklärtermaßen keine Politik einer Stellvertretung Betroffener machen. Sondern diejenigen, die sich selbst entschlossen haben, hier zu leben – oder deren Vorfahren dies taten – sollen ihre speziellen Interessen und Bedürfnisse, welche ihre jeweilige Lebens-, Arbeits- und (Aus-)Bildungssituation hervorbringe, via eigener Organisierung zur Geltung bringen können, zum Beispiel mittels der Durchführung entsprechender Aktionen, Veranstaltungen, öffentlicher Kampagnen und der Herausgabe von Publikationen sowie kultureller, sozialer und sportlicher Aktivitäten. Der Verband lebe vom freiwilligen Einsatz seiner Mitglieder. „Mit der DIDF werden Migranten, die stets nur Objekt politischer Diskussionen waren, selbst zu politischen Akteuren" (DIDF [Hg.] 2006, 9), die sich aktiv in das gesellschaftliche Leben in sozialen, kulturellen und politischen Bereichen einbringen. Über diese öffentliche Einmischung in Diskurse und Entscheidungsfindungen wird eine soziale, friedliche und gerechte Entwicklung angestrebt.

Es geht ausdrücklich darum, politisch zu agieren und im Sinne eigener Anliegen Einfluss auszuüben. Allgemein gilt das Interesse der Verbesserung der Lebensbedingungen. Entsprechend der im Einwanderungsland vorgefundenen gesellschaftlichen Situation, wendet sich die „DIDF" daher beispielsweise gegen Spaltungen und Abgrenzungen in der Gesellschaft. In den administrativen Regelungen mit repressiven Sondergesetzen für MigrantInnen wird eine Verhinderung von Möglichkeiten gesehen, sich selbst angemessen im Alltag einzurichten. So tritt „DIDF" gegen Xenophobie, Rassismus, Erwerbslosigkeit, Abbau sozialer Sicherungssysteme, Nationalismus und gegen Kriege ein sowie den Einfluss von Militär – sowohl im Ein- als auch im Auswanderungsland. Ebenso engagiert sie sich für erleichterte Einbürgerungsmöglichkeiten. Dies würde die besondere

Stellung bezüglich formal geregelter Zugänge der allochthonen Bevölkerungsanteile zu gesellschaftlichen Funktionssystemen aufheben. Administrativ werde die benachteiligte soziale Lage von MigrantInnen nicht nur hergestellt, diese werde den Betroffenen obendrein auch noch selbst angelastet. Das über Generationen hinweg erfolgende künstliche Aufteilen von Eingewanderten in bestimmte Schubladen und das damit zusammenhängende, gesellschaftliche Separieren, die entsprechend ungerechte Zuweisung von Plätzen in der Gesellschaft und die Stellung als Objekte der Politik werden direkt angesprochen:

> „Man nannte sie 'Deutschländer', 'Gastarbeiter', 'Ausländer', 'Migranten'. Man erließ für sie Gesetze. Man machte für sie Pläne. Über sie wurde viel geredet, mit ihnen aber nicht. ... Es wuchsen die Nachfolgegenerationen auf, ohne dass man wirklich sagen kann, ihr Schicksal hätte sich geändert. Der Nachwuchs folgte den Eltern und wurde Arbeiter, gering Qualifizierter, Arbeitsloser. Heute werfen ihnen die einen vor, sich nicht integrieren zu wollen, die anderen werfen ihnen vor, die eigene kulturelle Identität verloren zu haben." (DIDF Mediengruppe 2006)

Die gesellschaftlichen Rahmenbedingungen zeitigen spürbare Folgen in der Lebenswelt. Auf das Auftreten von politischen und sozialen Ungleichheiten und von Problemen, die hier aufgrund von speziell für MigrantInnen gültige Gesetze zurückgehen, hinzuweisen, betrachtet die „DIDF" seit ihrer Gründung als eine wichtige Aufgabe. In juristischer Hinsicht müsse daher zuallererst eine Gleichstellung erreicht werden sowie Änderungen kultureller und sozialer Art erfolgen, etwa in Stadtteilen, Schulen und der Arbeitswelt. Die Rahmenbedingungen in Form von Ausländerrecht und Zuwanderungsgesetz werden als undemokratisch und ungerecht angesehen. Konkret wird gefordert, MigrantInnen nicht mehr für politische Zwecke zu instrumentalisieren, das Wahlrecht allen zukommen zu lassen und ein Antidiskriminierungsgesetz zu verabschieden.

Ebenso wurde protestiert, als die Pflicht, ein Visum zur Einreise in die BRD vorzeigen zu müssen, auf Jugendliche ab einem Alter von sechzehn Jahren ausgedehnt wurde. Die besondere Stellung von Nachkommen Eingewanderter aufgrund der rechtlichen Situation, welche sich auf lebensweltliche Zusammenhänge niederschlägt, veranlasst die „DIDF" zu einer umfangreichen Jugendarbeit. Um diese Besonderheiten aufzugreifen und Möglichkeiten zu schaffen, dass Jugendliche für ihre Anliegen eine öffentliche Plattform finden, gibt es zahlreiche Jugendgruppen innerhalb der Föderation. Hier wird die Lebenssituation von Jugendlichen in Bezug auf zukünftige Entwicklungen, Arbeits- und (Aus-)Bildungsbedingungen aufgegriffen und seit weit über sechs Jahren eine regelmäßig erscheinende, „Junge Stimme" betitelte Zeitschrift durch die „DIDF-Jugend" herausgegeben sowie Zusammenkünfte junger Menschen organisiert, wie etwa das „Jugend Festival" im kölner Stadtteil Mülheim. Bezüglich der Bildungspolitik wird beispielsweise eine bessere finanzielle Ausstattung des Bildungssektors gefordert, die Möglichkeiten der Sprachschulung sollen ausgebaut werden, Kindergartenplätze kostenlos sein und in der Schule möge der Religionsunterricht abgeschafft werden. Die hier aufgewachsenen Generationen haben ihrer speziellen Situation wegen auch besondere Anliegen und Bedürfnisse entwickelt, denen Rechnung getragen werden müsse, anstatt sie über Generationen hinweg aufgrund festgefügter Strukturen und unumstößlicher Zuschreibungen auf ihre Position festzulegen, wie etwa die Unterstellung einer latenten Gewaltbereitschaft, von Integrationsunwillen oder eines Kriminalitätspotentials.

Auch die patriarchatsbedingt besondere Stellung von Migrantinnen kommt in den vielfältigen Aktivitäten von Frauengruppen innerhalb der „DIDF" zum Ausdruck. Diese versuchen ebenfalls mittels eigener Organisierung ihre speziellen Probleme zum Ausdruck zu bringen und ihre Lage, etwa in sozialen und berufsbezogenen Belangen zu verbessern. Sowohl jene Möglichkeiten sollen ausgeschöpft und erweitert werden, die helfen, höhere Einkünfte auf dem Arbeitsmarkt zu erzielen, als auch jene, die dabei nützen, speziell Frauen betreffende Vorurteile über angeblich rückwärts gewandte Werte bei Eingewanderten sowie einschlägige gesetzliche Hürden abzubauen.

Die durch die Anwerbung von Arbeitskräften erfolgte Migration hat die hiesige gesellschaftliche Situation mitgeprägt. Obwohl diese Arbeitskräfte heutzutage als Teil der bundesrepublikanischen Gesellschaft nicht mehr wegzudenken sind, reagiere die Politik nicht angemessen darauf. Stattdessen unterstreiche sie immer wieder vermeintliche Unterschiede und verschleiere so Anliegen von Macht und Profit.

> „'Kampf der Kulturen', 'Parallelgesellschaften', 'Scheitern der Integration' oder 'Migrantenkinder mit Sprachproblemen' sind nach wie vor Schlagzeilen, mit denen Migranten in den Mittelpunkt von kontroversen Debatten gerückt werden. Auf diese Weise werden Vorurteile, Misstrauen und Hass geschürt und eine bewusste Spaltung der Gesellschaft vorangetrieben." (DIDF [Hg.] 2006, 9)

In diesen Debatten heraufbeschworene Gegensätze kultureller, religiöser und nationaler Art sollen überwunden und ein Miteinander von allochthoner und autochthoner Bevölkerung durch Betonung von Gemeinsamkeiten aufgrund von Interessenlagen erreicht werden. Entsprechend werden auch gemeinsame, kulturelle Veranstaltungen durchgeführt. Dabei beachtet die Organisation nicht nur die gesellschaftliche Situation in der Bundesrepublik, sondern strebt ein international solidarisches Vorgehen, orientiert an Idealen der Menschenrechte, wie beispielsweise von Gleichstellung, dem Recht auf freie Meinungsäußerung und der ungehinderten Ausübung einer unabhängigen Pressetätigkeit, an.

Für diese Ziele knüpft sie im Einwanderungsland Kontakte zu anderen Personen sowie Organisationen und arbeitet mit ihnen zusammen. Ihre Mitglieder engagieren sich beispielsweise in Stadtteilinitiativen, Vertretungen von SchülerInnen, Erwerbstätigen, Eltern, Kulturinstitutionen sowie in der Friedensbewegung oder in anderen demokratischen Gruppierungen, mit welchen sich thematische Überschneidungen ergeben. Gegenüber der Demokratie- und ArbeiterInnenbewegung in der Türkei erklärt sie sich ebenfalls solidarisch. Sie unterstützt diese und möchte die hiesige Öffentlichkeit über die Situation in der Türkei aufklären. Ebenso besteht eine Zusammenarbeit mit Organisationen von MigrantInnen in anderen europäischen Staaten. Zudem möchte „DIDF" auch MigrantInnen, die nicht in ihrer Organisation Mitglied sind, zur aktiven Teilnahme am gesellschaftspolitischen und kulturellen Geschehen anregen. Hierzu gibt es unter anderem Politik- und Kulturveranstaltungen und eine Zusammenarbeit mit Intellektuellen, PolitikerInnen und KünstlerInnen. So sollen ein reger Austausch sowie ein Fortschritt in der Kultur unterstützt werden und nicht deren Konservierung.

III 1.2 Publikationen von „PHOENIX-Köln e. V. (PHOENIX)"[5]

„PHOENIX" wurde 2002/2003[6] auf der Basis politischer und konfessioneller Unabhängigkeit, humanistischer sowie demokratischer Ideale und prinzipiell offenen Zugangs in Köln gegründet und hat mittlerweile über 350 Mitglieder. Die Aufgaben des Vereins werden von ehrenamtlichen und hauptamtlichen MitarbeiterInnen wahrgenommen.

> „Der Leitgedanke von PHOENIX ist das oftmals brachliegende Potenzial der Zugewanderten in der deutschen Gesellschaft bekannt und nutzbar zu machen. Gelungene Integration bedeutet, dass die aufnehmende Gesellschaft von den geistigen und schöpferischen Potenzialen der Zugewanderten profitiert und die MigrantInnen sich in ihrer neuen Heimat zu Hause fühlen. ... Dabei greifen wir aktuelle gesellschaftliche Probleme auf und setzen konstruktive Lösungsmoglichkeiten [sic] um." (PHOENIX-Köln e. V. o. J.)

---

5 Vgl. PHOENIX-Köln e. V. o. J.; Ioffe/PHOENIX-Köln e. V. 2003-2006; JobBörse PHOENIX o. J.

6 Nach PHOENIX-Köln e. V. o. J. erfolgte die Gründung 2002, die Quelle Ioffe, A./ PHOENIX-Köln e. V. 2003-2006 gibt 2003 an.

Es geht darum, als Zugehörige zur hiesigen Gesellschaft anerkannt zu werden, was auch im Titel der von „PHOENIX“ herausgegebenen Broschüre zum Ausdruck kommt, der an einer bekannten, bundesweiten Identifikationskampagne mit dem deutschen Staat[7] angelehnt ist: „Hallo ... auch wir sind Deutschland“ (ebd.). Zu den hier genannten Prinzipien des Vereins gehören auch „Fördern und Fordern“ (ebd.) sowie „Hilfe zur Selbsthilfe“ (ebd.). Eigene Möglichkeiten sollen ausgeschöpft und neue erschlossen werden. Als eine der Hauptaufgaben sieht der Verein zudem die Vermittlung einer vorteilhaften, öffentlichen Darstellung russischsprachiger ImmigrantInnen in der Gesellschaft des Einwanderungslandes und der Verbreitung des Wissens um ihre Fähigkeiten. Ebenso soll hier das kulturelle Vermögen der Eingewanderten bekannt gemacht werden. Alles ist darauf ausgerichtet, auf praktische Art und Weise eine bessere gesellschaftliche Platzierung der russischsprachigen Bevölkerung zu ermöglichen. Selbstbewusstes Auftreten und die erfolgreiche Nutzung und Erschließung von Chancen soll den Jugendlichen ebenso nahe gebracht werden wie der Umgang mit Medien, zum Beispiel in Videowerkstattprojekten. Es wird Pressearbeit geleistet und ein Radioprogramm im stadtweiten Rundfunk gestaltet. Bei zahlreichen Stadtteil- und Straßenfesten, Podiumsdiskussionen, Kulturveranstaltungen, aber auch zu überregionalen Anlässen zeigt der Verein Präsenz und bringt sich kreativ wie organisatorisch ein. Zum Konzept gehörten Öffentlichkeitsarbeit und konkrete Hilfsangebote, wozu die Motivation der eigenen Klientel unabdingbar sei, damit diese lerne, nach eigenen Bedürfnissen zu handeln und sich eigenverantwortlich in das gesellschaftliche Geschehen einzubringen.

Hilfestellung bietet „PHOENIX“ für Menschen, welche unter verschiedene Kategorien fallen, „für deutsche Spätaussiedler, jüdische Einwanderer und Flüchtlinge aus verschiedenen Ländern, für deutsche Bürger und für Staatenlose.“ (Ioffe/PHOENIX-Köln e. V. 2003-2006)

Aufklärung wird über die jeweilige Situation Einzelner und die sich hieraus ergebenden Möglichkeiten geleistet, weshalb Fortbildungsangebote gemacht und Begleitung, Betreuung und Unterstützung organisiert werden. Der größte Teil der – im Hinblick auf ihren Bildungsstand oder der weltlichen und religiösen Weltanschauungen heterogenen – Gruppe von bundesweit über drei Mil-

7 Die medienreich und mit prominenter Unterstützung inszenierte Kampagne unter dem Motto „Du bist Deutschland“, das – wie peinlicherweise im Nachhinein herauskam – bereits von den deutschen FaschistInnen in den 1930er Jahren genutzt worden war, bezog Eingebürgerte und -gemeindete ausdrücklich in das mit ihr entworfene nationale Kollektiv mit ein und forcierte die Entwicklung von mehr Nationalgefühl. (Vgl. analyse & kritik 2005)

lionen[8] ImmigrantInnen aus der UdSSR kam nach deren Ende in den 1990er Jahren in die BRD. Als Gemeinsamkeit wird besonders die russische Sprache hervorgehoben sowie der Umstand, in der öffentlichen Wahrnehmung des Einwanderungslandes als eine homogene Gruppe betrachtet zu werden. Bezüglich der jeweiligen persönlichen Einstellungen gebe es sowohl Gemeinsamkeiten als auch Unterschiede. MigrantInnen aus russischsprachigen Ländern im SeniorInnenalter kämen vornehmlich als sogenannte Kontingentflüchtlinge oder SpätaussiedlerInnen, welche als deutschstämmig gelten, in die BRD. Die Gruppe russischsprachiger SeniorInnen umfasse in Köln deutlich über 5000 Menschen. Deren Situation will „PHOENIX" vor allem verbessern, indem der Zugang zum Pflege-, Alten- und Krankenhilfesystem ermöglicht wird. In Zusammenarbeit mit „PHOENIX", der „GAG Immobilien Köln AG" und der „Diakonie Köln" richtete die „Agentur für Wohnkonzepte" eine Pflegewohngruppe mit ambulanter Betreuung für pflegebedürftige, russischsprachige SeniorInnen ein, die auf die speziellen Bedürfnisse der Zielgruppe besonders eingehen kann, etwa indem russischsprachiges Pflegepersonal eingesetzt wird.

Die dauerhafte Anwesenheit von Eingewanderten wird für die Entwicklung der gesamten hiesigen Gesellschaft als bedeutsam angesehen. Sowohl auf Seiten der allochthonen wie auf der der autochthonen Gesellschaftsmitglieder müsse dies bedacht werden. Dabei käme es letztlich auf das „Aufgeben der gewohnten Teilung der Einwohner im Lande in die 'Unseren' und 'Fremden'" an (Ioffe/PHOENIX-Köln e. V. 2003-2006).

Diese Sichtweise wird als fundamental für die Arbeit des Vereins betrachtet. Assimilationsforderungen, wie das Aufgeben der russischen Sprache, seien deutlich überzogen. Nicht zuletzt daher gehört auch Kulturpflege zu den Aufgaben von „PHOENIX". Des Weiteren geht es darum, den Zugang zum Wohnungsmarkt sowie zum Bildungssystem zu ermöglichen, zu erleichtern und Informationen für russischsprachige Eingewanderte zu bieten. Auch in rechtlichen und sozialen Belangen wird eine Unterstützung bereitgestellt. Im Rahmen der Sozialgesetzgebung (§44b SGB II) bietet der Verein im Auftrag der „Arbeitsgemeinschaft Köln (ARGE)" den Service der „JobBörse PHOENIX", um einen Zugang zum Arbeitsmarkt zu ermöglichen. Prinzipiell steht diese allen EmpfängerInnen von Arbeitslosengeld II offen. Im Besonderen gilt es aber denjenigen, die „aufgrund

8 Derart beziffert „PHOENIX" die Anzahl (Vgl. PHOENIX-Köln e. V. o. J.). Das Statistische Bundesamt gibt für das Jahr 2009 hingegen 2,9 Millionen Menschen mit Migrationshintergrund an, die aus der ehemaligen Sowjetunion stammen (Vgl. Statistisches Bundesamt 2010, 8).

von Übersiedlung arbeitslos wurden, eine neue Chance auf dem Arbeitsmarkt zu bieten." (JobBörse PHOENIX o. J.)

Hier können auch Möglichkeiten zu beruflicher Weiterbildung wahrgenommen und PraktikantInnen vermittelt werden. Als besondere Hürde, das gesellschaftliche Funktionssystem Arbeitsmarkt zu erreichen, wird wiederholt die fehlende Anerkennung im Ausland erworbener (Aus-)Bildungsabschlüsse genannt. Neben der Erwerbslosigkeit seien die oftmals geteilten Lebenslagen von Verunsicherung in sozialer und politischer Hinsicht geprägt. Hinzu kämen Erziehungs-, Schul- und Berufsprobleme:

> „leider kommt, wie Studien gezeigt haben, gerade bei Russischsprachigen die individuelle Förderung von Kindern und Jugendlichen viel zu kurz. Das liegt u.a. daran, dass viele Migranteneltern in ihrer Rolle als Erziehungsträger oftmals stark verunsichert sind und sie außerdem nicht wissen, wie das Schul- und Bildungssystem in Deutschland funktioniert. ... sie haben nicht gelernt, ihre Interessen zur Geltung zu bringen ... und dass sie sich aktiv einbringen müssen." (PHOENIX-Köln e. V. o. J.)

Besonders die mehr als 5000 russischsprachigen Jugendlichen in Köln seien häufig abgekapselt, da sie in zumeist armen und segregierten Verhältnissen aufwüchsen. Zu den Hilfen für verschiedene Zielgruppen wie Eltern, Frauen oder für Menschen unterschiedlichen Alters – von Kindern bis zu SeniorInnen – gehören solche, die etwa durch Kommunikations- beziehungsweise Sprachschulung helfen können, Barrieren zu den weitgehend monolingual ausgerichteten gesellschaftlichen Funktionssystemen zu überwinden. Andere Beispiele hierfür wären Existenzgründungs- und Computerschulungen sowie Motivations- oder Bewerbungstrainings. Des Weiteren gibt es Hilfen, die geeignet sind, Probleme im Alltag abzufedern, wie sie aufgrund von Barrieren des Zugangs zu den formalen gesellschaftlichen Systemen zustande kommen. Dazu gehören beispielsweise Schulungen zur Konfliktbewältigung, Freizeit-, Betreuungs- und psychologische Hilfsangebote.

„Die Migrantenselbstorganisation PHOENIX" (PHOENIX-Köln e. V. o. J.) arbeitet eng mit Institutionen zusammen. Sie ist Mitglied im Wohlfahrtsverband „Der Paritätische Nordrhein-Westfalen" und beruft sich auf den von Bundeskanzlerin Merkel (CDU) propagierten „Nationalen Integrationsplan". Demzufolge sei es nötig, die Möglichkeiten und das Können von MigrantInnen zu fördern und zu nutzen, nicht zuletzt auch ökonomisch. Neben der „ARGE", in deren Auftrag er Projekte durchführt, arbeitet der Verein zum Teil seit Jahren mit anderen Organisationen zusammen, beispielsweise mit (Berufs-)Bildungseinrichtungen, anderen Vereinen, Behörden und zudem mit migrantischen Organisationen. Zahlreiche Aktivitäten, wie die Unterstützung von russischsprachigen KünstlerInnen und von Elternprojekten, bedingen Kommunikation mit anderen, etwa kulturellen und religiösen, Einrichtungen oder auch mit Schulen und Kindergärten.

Die Angebote orientieren sich zum einen an der Aufklärung ihrer Klientel über die im Einwanderungsland vorgefundenen Bedingungen, wie etwa Handlungsspielräume, Art und Weise des Schul- und Ausbildungssystems, Möglichkeiten der Teilhabe an demokratischen Gesellschaftsbereichen oder der Geltendmachung eigener Interessen. Zum anderen orientieren sie sich an der Förderung eigener Initiative, um Platzierungen in der Gesellschaft und mitunter Öffentlichkeitswirksamkeit zu ermöglichen. Dazu gehört die Ausbildung von MultiplikatorInnen oder der Aufbau von Netzwerken.

Einzelne Projekte sind in verschiedenen Stadtteilen angesiedelt und entfalten dementsprechend unterschiedliche Kontakte, werden von unterschiedlichem Publikum angesprochen und entwickeln jeweils hilfreiche Kooperationen vor Ort, etwa zur Nutzung von Räumen anderer Vereine. Vor Ort können Teilhabemöglichkeiten für die jeweiligen Zielgruppen erfolgreich erschlossen werden. Der Mangel an Ressourcen kann häufig durch Spenden, Kooperationen und Unterstützung durch öffentliche, mitunter städtische, Einrichtungen und Institutionen überbrückt und so Raum für eigene Initiative und Entfaltungsmöglichkeiten erschlossen werden. Freiwilliges Engagement kommt bei allen Aktivitäten zum Tragen. So wird etwa Kinder- und SeniorInnenbetreuung durch erwerbslose Fachkräfte geleistet. Helfen kann der Verein auch, indem er im Bedarfsfall bei Problemen mit Behörden, Justiz und Polizei berät und vermittelt.

III 1.3 Öffentliche Wortmeldungen Illegalisierter[9]

Für Illegalisierte besteht kaum eine Öffentlichkeit. Nur legale Personen, wie etwa JournalistInnen oder sich in Unterstützungszusammenhängen Bewegende, können eine solche bedingt herstellen, etwa durch Projekte der direkten Hilfe, welche, wie im Falle der Kirchenasyle, bekannt gemacht werden und trotzdem einen gewissen Schutz aufrechterhalten oder durch öffentliche Protestveranstaltungen inklusive „morally support" (Flüchtling 2009).[10] Die seltenen Gelegenheiten Illegalisierter, sich öffentlich zu Wort zu melden, etwa in Interviews oder bei Redebeiträgen anlässlich öffentlicher Proteste, die durch Unterstützungszusammenhänge organisiert werden, werden zumeist dazu genutzt, die persönliche

---

9 Vgl. Anumsa 1994; Vedale 1995; Bürgerfunk Köln 2005; Valerie 2007; Medienkommando Kölle 2009

10 Zit. n. Medienkommando Kölle 2009

Situation zu schildern und zu untermauern, dass die Illegalisierung von Menschen als skandalös empfunden wird: „Mensch ist Mensch." (Anumsa 1994, 79) „Ich sage ihm: 'Das ist ungerecht. Ja, du hast Papiere und ich nicht.'" (Valerie 2007)

Der Umstand der Illegalisierung erscheint schier unfassbar: „Who is illegal in the world? ... What about our equals?" (Flüchtling 2009)[11] „Also den Gedanken finde ich irgendwie skurril. Also man macht sich darüber Gedanken, wie man in dem Land bleiben soll, in dem man aufgewachsen ist. Wie paradox ist das?" (Valerie 2007)

Gleichfalls wie andere Menschen unter freieren Bedingungen leben zu können, ist ein verbreiteter Wunsch. „Ich möchte einfach nur eine Chance bekommen. ... nur, weil du so ein blödes Papier nicht hast, kannst du nicht weiter kommen." (ebd.)

Diskriminierung wird angesehen, als der heutigen Zeit nicht angemessen: „We are living in the twentyfirst century." (Flüchtling 2009)[12] Die Erreichung von gleichen Rechten für alle wird als Ziel angegeben, für das bis zu ihrer Durchsetzung gekämpft werde. Dieses Anliegen soll nicht nur in Köln, sondern in der ganzen Welt bekannt werden und Verbreitung finden.

Die Entscheidung, in die BRD zu kommen, war häufig zunächst von der Hoffnung getragen, hier ein besseres Leben führen zu können als zuvor, zum Beispiel die eigenen Kinder in den Kindergarten oder die Schule schicken zu können. In das Herkunftsland zurückzukehren, kommt in der Regel aus verschiedenen Gründen nicht in Frage. Die – um hier nicht entdeckt zu werden – nötige Vorsicht führt dazu, dass alle Lebensvorgänge möglichst unter eigener Kontrolle gehalten werden und keine Unwägbarkeiten riskiert werden. Eine auf die Zukunft ausgerichtete Lebensplanung erscheint nicht selten als wenig aussichtsreich: „Alles geht ins Leere." (Anumsa 1994, 83) „Zukunft, was ist das?" (Vedale 1995, 90)

Die Unsicherheit, die häufig mit der Lebenssituation verbunden ist, wird als äußerst belastend empfunden: „Ich muß häufig Medikamente nehmen. Illegal leben heißt Streß, Angst, Trauer – nicht Glücklichsein." (ebd.) „Heute ging es mir wirklich schlecht, weil ich mit dieser Situation langsam nicht mehr klarkomme. Ich versuche, mich zusammenzureißen. Und ich halte an meinen Zielen fest. Und ich habe welche und weiß schon, aus mir wird irgendwann etwas." (Valerie 2007)

11 Zit. n. ebd.

12 Zit. n. ebd.

Die unsichere Situation, illegal hier leben zu müssen, kann dadurch zustande kommen, dass Menschen aus politischen Gründen auf der Suche nach mehr Sicherheit aus dem Herkunftsland fliehen. Die Stellung eines Asylantrages bringt durch die daran geknüpfte Residenzpflicht mit sich, dass die Betroffenen den ihnen verwaltungstechnisch zugeteilten geographischen Bereich nicht verlassen dürfen. Halten sie sich nicht an diese asylrechtliche Vorgabe, können Menschen leicht in eine illegale Situation geraten, zum Beispiel wenn Betroffene zu ihrem/r PartnerIn ziehen, welcheR illegal außerhalb dieses Bereiches lebt und nicht allein gelassen werden soll. Zum Teil haben auch Menschen, die in Deutschland geboren sind, keine Papiere. Doch fehlende Möglichkeiten, den Status regulieren zu lassen, bringen wiederholt Frusterlebnisse und Kummer mit sich und untergraben immer wieder Gefühle, mit denen Betroffene, die Umstände beiseite lassend, Normalitätsvorstellungen entwickeln können:

> „Aber ich habe mich an das Leben in Deutschland gewöhnt, weil ich hier aufgewachsen bin. Ich habe zwar keine Papiere, aber manchmal habe ich das Gefühl, ich bin hier ein normaler Bürger. ... Ich bin ziemlich frustriert und deprimiert. Weil ich sehe einfach keinen Ausweg. Es sind immer wieder Überlegungen, Gedanken, Ideen. Aber ich sehe keinen Ausweg. Solange ich keine Papiere habe, kann es mir nicht gut gehen“ (Valerie 2007).

Auch nach mehrjährigem Aufenthalt in der BRD kann es dazu kommen, dass Menschen abgeschoben werden sollen. Wenn sie dann trotzdem bleiben, etwa weil die dadurch entstehende Perspektivlosigkeit immer noch weniger drastisch wirkt, als die Ausweglosigkeit in dem Land, in welches abgeschoben werden soll, geraten sie in die Illegalität. Der Umstand, illegalisiert zu werden, hat große Probleme bei der Lebensgestaltung zur Folge. So wird zum Beispiel angegeben, dass sich mitunter ein Dutzend Personen ein einziges Zimmer mit Küche teilen müssen. Allein deshalb und aus Gründen der Diskretion können Besuche nur sehr eingeschränkt empfangen werden. Der Aufenthalt in der Öffentlichkeit wird andererseits auf ein Minimum beschränkt und zum Teil überhaupt nur in Begleitung gewagt, damit Bekannte und Verwandte über den Verbleib informiert werden können, falls der/die Betreffende „aufgegriffen“ wird.

> „Einfach mal in dem Park spazieren gehen, das tun wir nicht. Ich gehe auch nur ganz selten allein einkaufen. Wenn ich mal draußen bin, dann muß alles schnell gehen, ich darf ja nicht auffallen. Ich muß mich unsichtbar machen.“ (Vedale 1995, 90)

Es kommt vor, dass Familien durch Abschiebungen auseinandergerissen werden, weil bei einzelnen Familienmitgliedern Abschiebungshindernisse vorliegen, und es gibt keine Möglichkeiten, die üblichen Wege des Zugangs zu den lebenswichtigen, gesellschaftlichen Funktionssystemen zu beschreiten. Zugang zum Bildungssystem, zu Schule, Hochschule oder Universität zu erlangen, kann unter Umständen noch gelingen.

> „Ich habe hier Abitur gemacht, mit einem Einser-Duchschnitt. ... Als ich den Studentenausweis bekommen habe, ich habe hier gejubelt wie eine Wahnsinnige an dem Tag. ... Das ist jetzt kein Personalausweis. Aber früher hatte ich ja gar kein Papier." (Valerie 2007)

Nur durch informelle, unterstützende Kontakte kann eine Unterkunft oder Arbeitsmöglichkeit erschlossen werden. Der offizielle Zugang zu Arbeits- und Wohnungsmarkt bleibt jedoch verschlossen. Nur inoffiziell können diese Probleme mit Hilfe anderer gelöst werden, allerdings auf sehr niedrigem Niveau. Schlechte Wohnverhältnisse und niedriges Einkommen bei hohem Arbeitseinsatz sind die Folgen. Eine Betroffene gibt beispielsweise ein Arbeitsangebot als Haushaltshilfe und Kinderbetreuung für circa zwei Euro pro Stunde an. Kinder zu bekommen oder zu heiraten, allein zu dem Zweck, nicht abgeschoben werden zu können oder eine Aufenthaltserlaubnis zu erlangen, wird mitunter abgelehnt. Ein Fall wird geschildert, in dem – quasi als Kollateralnutzen – eine Liebesheirat diesen Effekt gehabt habe. Hochzeiten untereinander können ohne offizielle Gültigkeit auch nach eigenen Regeln, in privatem Rahmen, vollzogen werden, wenn die Umstände den Rahmenbedingungen nicht entsprechen.

Durchweg problematisch werden die Vorgaben und der Kontakt mit hiesigen Behörden geschildert: „Deutsche Behörden? Ziemlich schlecht." (Illegalisierte 2005)[13] Die Kontakte zu (Ausländer-)Behörden sind vielfach von Misstrauen geprägt, da immer mit einer Abschiebung gerechnet werden muss, der Klientel wenig Verständnis entgegengebracht wird und Fluchtgründe keine Anerkennung finden. Im Falle einer Schwangerschaft kann bei geduldeten Flüchtlingen die freie Wahl ärztlicher Betreuung durch behördliche Vorgaben eingeschränkt sein, weshalb das Vertrauensverhältnis gegenüber den behandelnden MedizinerInnen gestört sein kann. Dabei spielt die Sorge eine Rolle, die durch Behörden bestimmten ÄrztInnen könnten Informationen an diese weitergeben. Geraten diejenigen dann in eine illegale Lebenslage, so ist die Frage medizinischer Betreuung erneut in Frage gestellt und die Sorge um den Nachwuchs wächst dementsprechend. Nur durch informelle Kontakte und hilfsbereite Personen kann medizinische Betreuung ermöglicht werden und beispielsweise eine Geburt in einer Klinik erfolgen. Unter derartigen Bedingungen geborene Kinder können wiederum nicht aktenkundig gemacht werden, um der Gefahr einer Entdeckung Einhalt

13 Zit. n. Bürgerfunk Köln 2005

zu gebieten. Informationen über andere Illegalisierte müssen daher ebenso verheimlicht werden.

Hinzu kommt: „du fühlst dich nicht frei, also du lebst jeden Tag mit der Angst" (Illegalisierte 2005).[14] „Mit so einer Angst will ich nicht mehr leben. ... Das geht so nicht weiter." (Valerie 2007)

Ständige Angstzustände, die mitunter auch nach der Erlangung eines legalen Status' nicht verschwinden, sind Folge der Lebensumstände in der Illegalität, was lediglich durch zeitweise erfolgende Verdrängung abgemildert werden kann:

> „Wenn ich die Polizei sehe, dann bekomme ich Angst. Aber wenn nichts ist, habe ich nicht das Gefühl, daß ich jetzt illegal bin. Wenn ich mit Freunden Spaß mache, dann vergesse ich alles. Aber wenn ich daran denke – das ist das schlimmste. Einen Moment denke ich, ich bin frei, und den nächsten Moment denke ich, ich bin nicht frei. Ich bin nicht frei, ich kann mich nicht frei bewegen." (Anumsa 1994, 80)

Das Überleben in Köln gelingt zum Teil nur dank der Hilfe einzelner Personen, von Unterstützungszusammenhängen und dank zeitweiliger Aktionen wie dem Kirchenasyl. Doch auch Bitten um Hilfe beispielsweise an LehrerInnen werden nicht unbedingt positiv beantwortet, weil die Angefragten bisweilen nicht helfen wollen oder keine Lösungsmöglichkeiten kennen.

Private Kontakte gestalten sich zudem meist schwierig, da ein Offenlegen der Situation aus Angst vor Entdeckung als gefährlich angesehen wird. Unauffälligkeit im Verhalten ist folglich oberstes Gebot. Daher sind auch freundschaftliche Beziehungen von Misstrauen geprägt, nicht zuletzt auch, weil manchen legal hier lebenden Personen nicht bekannt ist, dass der Aufenthalt hier für jemanden gefährdet sein kann, ohne dass der-/diejenige etwas dagegen unternehmen kann. Darum wird der illegale Status aus Vorsicht geheim gehalten, oftmals auch der genaue Wohnort. Immer wieder muss darauf hingewiesen werden, dass man aus irgendwelchen Gründen nicht gegenüber der Polizei auffallen möchte, weshalb in Begleitung von befreundeten Menschen diese ständig ermahnt werden müssen, sich möglichst konform zu verhalten, zum Beispiel in der Öffentlichkeit nicht zu laut zu sprechen. Bei einer Kontrolle in der Öffentlichkeit erwischt zu werden, macht – aufgrund der Gewöhnung an die Gefahr – Betroffenen zum Teil weniger Angst, als der als peinlich empfundene Umstand, dass zufällige ZeugInnen sie für kriminell halten könnten, falls sie von der Polizei abgeführt würden. Das gesamte Leben ist von Unsicherheit geprägt und hängt vom Wohlwollen anderer ab. Störende Abhängigkeiten in privaten Verhältnissen können die Folge sein: „Für mich wäre es einfacher, wenn ich nicht auf die Hilfe von einem Mann

---

14 Zit. n. ebd.

angewiesen wäre, um dieses Papierproblem zu regeln. ... es wäre für mich ein anderes Gefühl.“ (Valerie 2007)

Zudem sind Betroffene zum Beispiel gänzlich von Vorgesetzten abhängig. Sie müssen darauf vertrauen, dass diese sie decken. Schwierig ist es ebenfalls, aus der Illegalität heraus, Kontakte zu halten. Über den Verbleib von FreundInnen und Verwandten besteht oftmals Unsicherheit: „Meine Freunde ... denken vielleicht, daß ich abgeschoben worden bin.“ (Vedale 1995, 89)

Dies betrifft nicht nur Fälle innerhalb der Grenzen der BRD. Mit im Herkunftsland verbliebenen Verwandten Kontakt zu halten, ist ebenfalls erschwert. Trennung wirkt sich negativ aus: „ohne Eltern in ein anderes Land gehen ... ein furchtbares Gefühl, also das ist kein schönes Gefühl.“ (Illegalisierte 2005)[15] Eine Trennung von näheren Angehörigen soll zumeist unbedingt vermieden werden. Auch dies kann ein Grund sein, weshalb ein Leben unter illegalen Umständen hingenommen wird.

III 2 Selbstpositionierung der AkteurInnen im Interview

Im Folgenden werden die elf im Rahmen dieser Untersuchung geführten Gespräche dargestellt. Es handelt sich um ExpertInneninterviews, da das Interesse an der Biografie der GesprächspartnerIn zurücktritt gegenüber jenem am Subjekt, das in einen Funktionszusammenhang eingebunden ist. Dessen Wissen stellt daher ein Spezielles dar, was den AkteurInnen selbst nicht unbedingt bewusst sein muss[16] und hier auch für jene Interviewten gelten kann, die selbst mit dem Leben in der Illegalität vertraut sind, weil ihr Vorsprung an Wissen aus der Erfahrung ihrer exklusiven, gesellschaftlichen Sonderstellung resultiert. Da diese Gespräche aufgrund der Umstände besondere Vorsicht verlangten in Hinblick auf ihr, ohnehin hohen Aufwand erforderndes, Zustandekommen mit Hilfe von Kontaktpersonen sowie hinsichtlich der nötigen Sensibilität während der Gespräche, angesichts der, mitunter auch emotional heiklen, Thematik, fielen sie vergleichsweise kurz aus und wurden durch zwei weitere Gespräche mit Personen aus UnterstützerInnenkreisen ergänzt. Sie kommen nacheinander im Unterkapitel III 2. 3 zur Sprache. Sämtliche Gespräche dauerten zwischen dreißig und sechzig Minuten. Sie fanden im Spätsommer und Herbst des Jahres 2009 in den GesprächspartnerInnen bekannten Räumlichkeiten statt und wurden zunächst

15 Zit. n. ebd.

16 Vgl. Bohnsack, R./Marotzki, W./Meuser, M (Hg.) 2003, 57

auf Tonband aufgezeichnet. Mit AkteurInnen der Beispielgruppen, „DIDF" (dargestellt im Unterkapitel III 2. 1) und „PHOENIX" (geschildert unter III 2. 2) wurden jeweils drei Interviews geführt. Abschließend wird ergänzend die in einem Gespräch zum Ausdruck kommende Sicht der Stadtverwaltung wiedergegeben (Unterkapitel III 2. 4).[17]

III 2.1 Zur „DIDF"

„Künstlich hochgeschaukelte Diskussionen" (Frau A)

Die Gesprächspartnerin (Frau A) ist Ende der 1980er als Kind im Vorschulalter in die BRD gekommen und beschreibt die Entstehungsbedingungen des Vereins ab 1980. Sie stellt heraus, dass es unter den aus der Türkei stammenden MigrantInnen, als die Zuordnung zum sogenannten Gastarbeiter- oder Flüchtlingsmilieu noch ausgeprägter und die Probleme größer gewesen seien, ein Bedürfnis gegeben habe, sich zu organisieren, unabhängig von religiösen und ethnisch begründeten Zuordnungsschemata.

> „Also in der Türkei leben ja verschiedene Völker, Volksgruppen und Religionsgruppen. Also türkeistämmig bedeutet in dem Falle nicht türkisch, bedeutet auch nicht kurdisch, bedeutet auch nicht ... oder was weiß ich, welche Völker, sondern alle Völker, die es halt in der Türkei gibt und auch unterschiedlichste Religionsgruppen, also ein Dachverband für diese. Weißt Du, das ist nämlich, wenn man türkeistämmig – die verstehen das immer als türkisch. Also 'DIDF' ist auch eine gemischte Gruppe von unterschiedlichen Religionen und nationalen, ethnischen Gruppierungen, die in der Türkei vorherrschen." (Frau A)

Schon bald habe der Dachverband von Arbeitervereinen aber begonnen, sich zunehmend von der Politik im Herkunftsland abzuwenden und sich eher dem hiesigen Geschehen zu widmen. „Und im Laufe der Jahre hat sich die 'DIDF' so entwickelt, dass sie ... immer mehr der Politik in Deutschland zugekehrt hat." (Frau A)

Mittlerweile verstehe sich der Verein – auch mit seiner Jugendarbeit – als „Brückenorganisation" (Frau A), die zusammen mit der autochthonen Bevölkerung Gerechtigkeit, etwa in Bildungssystem und Arbeitsmarkt, erreichen will.

> „Brückenorganisation heißt in dem Falle, leider ist es auch so, dass – was die Gastarbeiter, jetzt aus der Türkei speziell, aber auch allgemein Migrantengruppen in Deutschland angeht – dass die halt immer zwischen zwei Stühle geschoben wurden.

---

17 Zur methodischen Vorgehensweise vgl. Teil I

> Nicht weil sie irgendwie kulturelle Identitätsprobleme haben, wie das auch immer öffentlich diskutiert wird, sondern vielmehr, weil es auch eine Politik gab, wie über diese Menschen bestimmt wurde.“ (Frau A)

Daher wird die entlang religiöser und ethnischer Spaltungslinien argumentierende Politik kritisiert, mit der „... über diese Menschen bestimmt wurde. Das war einmal der deutsche Staat, der ihnen jahrzehntelang das Gefühl gegeben hat: ‘Ihr seid Ausländer, vergesst nicht euer Ausländerdasein’. Und jetzt auf der anderen Seite – jetzt wenn es um die Türkeistämmigen geht – die Türkei, die halt immer wieder mit den Parolen, ‘Ihr seid Türken, verliert nicht eure Identität’, gekämpft hat.“ (Frau A) Zudem habe eine Lobbypolitik von MigrantInnen aus der Türkei einen spaltenden Effekt. Dagegen wird die Notwendigkeit von Zusammenarbeit entlang bestimmter Interessen betont, besonders der von ArbeiterInnen. Es bestehe die Hoffnung, dass das Bedürfnis, sich als Türkeistämmige zu organisieren, überwunden werden könne, wenn die von verschiedenen gesellschaftlichen AkteurInnen forcierte Politik ethnischer, religiöser und nationaler Spaltungslinien entkräftet werde, womit die Notwendigkeit einer derartigen Organisation entfiele.

> „Nur allein, wenn wir die Grenzen, also diese ethnischen, kulturellen, religiösen Grenzen überwinden, und uns mit der deutschen Bevölkerung, also mit der einheimischen Bevölkerung, zusammentun, dann allein haben wir die Möglichkeit, wirklich gesellschaftlichen Fortschritt zu erlangen, unsere Forderungen ... quasi zu stillen, wie zum Beispiel Arbeitsplätze, gerechte Löhne, Bildungsgerechtigkeit oder Ähnliches.“ (Frau A)

Der gewissermaßen von selbst ablaufende Prozess, zu einem selbstverständlichen Bestandteil der hiesigen Gesellschaft zu werden, indem ethnische, religiöse und nationale Bezüge zunehmend belanglos werden, soll durch Engagement in Interessenvertretungen unterstützt und beschleunigt werden. Zur Politik und Situation in der Türkei bestehe zwar noch eine etwas stärkere Bindung, aber insgesamt interessiere die Entwicklung anderer Länder genauso. „Natürlich interessiert mich die Türkei. Aber mich interessiert auch Kuba. Mich interessiert auch Afghanistan. Mich interessiert auch Frankreich oder sonstwas.“ (Frau A)

Für das politische Engagement wird eindeutig die hiesige Gesellschaft zur Hauptsache erklärt. Hier zu leben, sich als Teil dieser Gesellschaft zu fühlen, das ziehe es nach sich, auch hier gesellschaftlichen Einfluss ausüben zu wollen. „Weil ich sehe mich nicht anders, als jemand mit einem einheimisch klingenden Namen. ... Weil es ist eigentlich: wir sind in Deutschland. Und wir kämpfen halt in Deutschland für die gleichen Rechte oder für Gleichberechtigung oder was auch immer.“ (Frau A)

Hierzulande aufwachsende Türkeistämmige seien mittlerweile allerdings vor andere Probleme gestellt als früher Eingewanderte, weil letztere beispielsweise mehr mit sprachlichen Hürden zu kämpfen gehabt hätten. Da gebe es nun ganz andere Voraussetzungen. „Ich bin zum Beispiel auch der Meinung, dass die deutsche Sprache meine Muttersprache ist. Weil ... die Muttersprache ... die Sprache ist, ... die in deinem Lebensmittelpunkt steht, und die Sprache, die dein Leben bestimmt." (Frau A)

Das eigene Engagement im Verein wird mit dem familiären Hintergrund als Tochter von politischen Flüchtlingen und dem eigenen Erleben begründet. Dadurch habe die Interviewte von Unterdrückung und Ungerechtigkeit erfahren, aber auch davon, dass Veränderung anzustreben möglich und wichtig sei. Der Verein bot sich aufgrund seiner politisch mit ihren Ansichten übereinstimmenden Zielsetzung und Vorgehensweise an. Zum einen gehe es also darum, sich für seine Interessen, aufgrund der mit anderen geteilten sozialen Situation, zu engagieren, zum anderen, die spezifischen sozialen Bedingungen von MigrantInnen zu berücksichtigen, letztlich „gleiche Rechte für alle" (Frau A) anzustreben.

Forderungen den Menschen näher zu bringen, geschehe sowohl über Jugendarbeit als auch über, zum Teil erfolgreiche, Kandidaturen von Vereinsmitgliedern zu Kommunal- und Bundestagswahlen. Hierzu bestehe derzeit eine Zusammenarbeit mit der Partei „Die Linke", weil die inhaltlichen Übereinstimmungen besonders in sozialen Fragen am größten seien, trotzdem bleibe „DIDF" unabhängig. „Und, also wir sind halt ziemlich früh hier angekommen, also auch in der Politik hier angekommen und machen die jetzt auch." (Frau A)

Besonders belangvoll sei es dabei, dass Zugewanderte sich lokal politisch engagieren, weil dies der einzige Weg sei, wie Veränderungen angestoßen werden könnten. Der erste Mitgliedsverein von „DIDF" sei in Bielefeld gegründet worden. Der Dachverband jedoch befinde sich nun bereits seit längerem in Köln. Die bundesweit existierenden Mitgliedsvereine seien stärker im Westen vertreten, weniger im Osten, wo es ja auch weniger MigrantInnen gebe. Daher sei auch Köln für den Dachverband ein folgerichtiger Ort, weil hier viele Menschen mit Migrationshintergrund ansässig seien. „DIDF" verfüge über Örtlichkeiten, in denen Kulturveranstaltungen und Mitgliedsversammlungen stattfinden können. „Also einer der Hauptslogans zum Beispiel der 'DIDF'-Jugend ist ja zum Beispiel: Gegen türkischen Nationalismus und deutschen Rassismus. Also unter solchen Motti organisieren die halt auch Festivals und so." (Frau A)

Zudem beteiligt sich der Verein an Demonstrationen. Es sei ebenfalls ein politischer Ansatz, eigene kulturelle Tätigkeit der vorherrschenden Kultur entgegenzusetzen. Bei Politik gehe es eben besonders auch darum, im Alltag anzusetzen und so etwa über Gemeinsamkeiten zu Debatten und Forderungen zu kommen, wozu ein Verein eine durchaus geeignete Form der Organisation sei. „Das ist ja auch dieses Selbst-Schaffen. Auch einfach da ansetzen, wo auch die Menschen sind." (Frau A)

Eine Liste von ausschließlich KandidatInnen mit Migrationshintergrund, wie sie bei den Kommunalwahlen in Köln angetreten sei, lehne man aber ab. Eher müsse es darum gehen, mit anderen Einrichtungen und Zusammenschlüssen zusammenzuarbeiten, wie etwa die „DIDF"-Jugend als Mitglied im Kölner Jugendring. Der Verein und seine Aktivitäten werden durch das ehrenamtliche Engagement seiner Mitgliedschaft getragen, welches zwar schwanke, aber doch recht solide sei. Bei dem letzten bundesweiten gemeinsamen Festival seien geschätzt etwa 8.000 Menschen zusammengekommen. Über professionelle Kräfte verfüge der Verein so weit nicht. Höchstens vereinzelt sei es möglich, dass irgendwo ein Mitgliedsverein über eine geförderte Stelle verfüge. In Köln sei dies nicht der Fall.

Gesellschaftspolitisches Engagement sei in einer Stadt wie Köln angesichts der Debatte um den Bau der Moschee oder der, bei Wahlen relativ erfolgreichen, rechtsextremen Ratsfraktion „Pro Köln" bedeutsam, außerdem auch, weil es verborgenen Rassismus gebe, zudem angesichts von Separierungsversuchen, wie der Gründung einer Schule ausschließlich für türkeistämmige SchülerInnen. Mit der großen Zahl von Armut Betroffener sowie der von Menschen mit Migrationshintergrund, gebe es für eine Organisation wie „DIDF" durchaus ein aktivierbares Potential in der Bevölkerung. Ob Einrichtungen, wie die der genannten Schule mit dem Namen „Dialog" der Erreichung gleicher Chancen dienlich seien, bleibe fraglich. Dennoch werde sie als integrationsfördernd angepriesen. Die Diskussion um die Moschee sei zu sehr zugespitzt worden, indem es geheißen habe, sie sei entweder ein Zeichen für Integration oder eines für Entfremdung. Ein falscher Eindruck werde so erweckt, das Thema sei völlig übertrieben worden.

> „Und wo so künstlich auch so Dinge hochgeschaukelt wurden und es dargestellt wurde, als ob die Migrantinnen in Köln nur das Problem haben: Gibt es jetzt die Moschee, oder gibt es sie nicht? Eine sachliche Grundlage, die wirklich zu einer Chancengerechtigkeit und wahren Integration führen würde, ist die Frage: Wie viele Kinder und Jugendliche haben wir in Köln, die in diesem Bildungssystem scheitern? Wie viele Kinder mit Migrationshintergrund machen keinen Abschluss? Wie viele Kinder mit Migrationshintergrund haben wir, die keinen Ausbildungsplatz haben? Wie viele arbeitslose Kinder und Jugendliche haben wir? Also die Frage grundsätzlich zu stellen, also unabhängig vom Migrationshintergrund, aber dann nochmal zusätzlich mit dem Migrationshintergrund zu stellen, das sind doch eigentlich die wahren Probleme." (Frau A)

Wirklich von Belang in Bezug auf Integration seien demnach Fragen des Zugangs und der Gerechtigkeit von Bildungssystem und Arbeitsmarkt. Ansonsten ergebe sich im Alltag automatisch eine Integration:

> „Und dann unterscheide ich auch nicht: Wer kommt woher, sondern, wen mag ich und wen mag ich nicht? Also dieses natürliche Zusammenkommen, das findet statt in der Schule. Das findet statt an der Uni. Das findet statt am Arbeitsplatz. Und das ist es: also dieses Zusammenkommen und natürliche Zusammenwachsen zu stärken, nicht etwa die künstlichen Diskussionen hochzuschaukeln oder die gesamte Diskussion um Kopftuch in der Schule ja oder nein." (Frau A)

Dies sei ein anderes Verständnis von Integration als zum Beispiel in der Leitkultur-Debatte, welche der Verein kritisiere. Der Integration dienlich sei es hingegen, allen das Wahlrecht zu gewähren. „Eine ganz klare Forderung für Integration ist: Wahlrecht für alle, das Recht gewählt zu werden, das Recht zu wählen für Menschen, die seit Jahrzehnten hier leben, die seit Jahrzehnten hier Steuern bezahlen. Weil erst wenn ich die Möglichkeit habe, zu partizipieren, dann bin ich integriert." (Frau A)

Zudem seien kostenlose Sprachkurse und mehr Gerechtigkeit im bisher selektiven Bildungswesen nötig. Weniger hilfreich sei es dagegen, Ansprüche zu stellen, sich nahtlos einzureihen oder an eigenen Orten zu separieren. „Also es gibt ganz konkrete Forderungen für Integration. Aber nicht die, die uns immer wieder irgendwie – 'Integration, jetzt fügt euch mal ein' oder 'Integration, nein hier jetzt habt ihr eure eigenen Räume' oder sonstwas. Das sind künstlich hochgeschaukelte Diskussionen" (Frau A).

Beispiele dafür seien ebenfalls die Kopftuch- oder die Ehrenmord-Debatte, welche besonders seit den Ereignissen vom 11. September 2001 „geführt wird, seitdem man irgendwie neue Feinde hat." (Frau A) Es müsse stattdessen darum gehen, die, im Zuge dessen hier vorkommenden, vielschichtigen Diskriminierungen entsprechend zu beurteilen, um Antworten darauf zu finden.

„Weil man über uns spricht" (Frau B)

Die Interviewte (Frau B) ist nach dem Militärputsch von 1980 in der Türkei aus politischen Gründen mit ihrer Tochter geflohen. Ende 1980 erfuhr die bereits in der Türkei politisch Aktive in Bremen von der „DIDF". Seitdem sei sie dabei. Damals sei es den Beteiligten um einen Prozess der Demokratisierung, um Öffentlichkeit gegen die Militärdiktatur, Folter und Hinrichtungen in der Türkei gegangen. Dazu seien Demonstrationen, Sitzungen und Veranstaltungen durchgeführt worden. „Aber inzwischen reicht dieser Zweck ... allen Mitgliedern nicht mehr, gegen die türkische Regierung zu sein, sondern wir leben hier. Und wir müssen auch hier was machen, weil man über uns spricht." (Frau B)

Nach ihrer Einschätzung war letzteres in den 1980ern noch nicht so ausgeprägt: „Damals gab es noch nicht so viele Begriffe." (Frau B) Es sei weniger darum gegangen, „ob wir Migrantinnen sind oder nicht." (Frau B) Damals hätten ihr Umfeld und sie keine Probleme gehabt, wobei es vermutlich eine Rolle gespielt habe, dass die Friedens- und Antikriegsbewegung damals stärker gewesen sei.

Da man Teil hiesiger Gesellschaft habe sein wollen, habe man begonnen, für das Wahlrecht für MigrantInnen zu streiten, wenigstens auf kommunaler Ebene. „Aber wir wollten ein Teil von dieser Gesellschaft sein, von deutscher Gesellschaft. Ich erinnere mich, 1983 haben wir angefangen: für Wahlrecht für Migrantinnen – damals haben wir nicht Migrantinnen gesagt, sondern Ausländer – mindestens kommunales Wahlrecht." (Frau B) Seitdem mische „DIDF" in der hiesigen Politik mit. Zwischenzeitlich habe man viel gemacht. Während man sich zunächst noch nicht als Zugewanderte verstanden und gedacht habe, es ginge darum, sich temporär in der deutschen Gesellschaft einzurichten, habe man ab Ende der 1980er beschlossen, hier zu bleiben und begonnen, von der Wahlrechtsforderung aus, den nächsten Schritt zu gehen und gleiche Rechte für alle einzufordern. „Okay, wir sind türkeistämmig. Wir sind Türken, Kurden oder Araber – was weiß ich? Aber wir wollen hier bleiben, und wir wollen gleiche Rechte haben." (Frau B)

Im Bremen der 1980er Jahre habe sie es als unproblematischer empfunden als heute, vielleicht, weil damals dort demokratische und linke politische Kräfte noch eine größere Rolle gespielt hätten. Ihre dreijährige Tochter habe sich damals in einem Jahr in einer von Autochthonen dominierten Umgebung gut eingelebt. Auch ihr Mann sei als Lehrer zurechtgekommen. Sie selbst habe zwar damals Schwierigkeiten aufgrund der Sprache gehabt, aber man habe nicht so wie heute im Zentrum der Debatte gestanden, die immer wieder unter negativen Vorzeichen um die Stichworte Islam, islamische Frau, gewaltbereite Türken, Ehrenmorde und so weiter kreise. „Aber trotzdem, wir waren nicht so wie jetzt Mittelpunkt. ... Man spricht jetzt über uns nur negativ. Es gibt vielleicht einige Vorzeigemigranten. ... Aber wenn ich irgendetwas höre über Migranten, über Ausländer, erschüttert es mich." (Frau B) Wenn sie nicht politisch so interessiert wäre, würde sie sich unter diesen Umständen eventuell ganz in das Privatleben zurückziehen, unauffällig, um hier niemanden zu stören. Mit den Kindern sei es heute noch schwieriger. Ihre zwei Kinder seien zwar

> „schon integriert. Die haben Schwierigkeiten die türkische Sprache zu sprechen. Aber jetzige Kinder ... haben noch mehr Probleme, in der Schule, in der Gesell-

schaft. Und wenn ich mit Kindern spreche, mit Dreizehn- bis Sechzehnjährigen, türkeistämmigen, jungen Leuten, die wollen zurück in die Türkei gehen, dort vielleicht studieren, dort einen Beruf ausüben." (Frau B)

In den 1980ern sei es selbstverständlicher zugegangen, und die Politik sei möglicherweise „nicht so aggressiv" (Frau B) gewesen, als die später stärker hervorstechende Strategie, welche MigrantInnen als

„Sündenbock benutzt oder instrumentalisiert. Ja zum Beispiel bei dieser Prüfung – wie heißt die? – wenn wir Staatsbürgerschaft beantragen. Und in Hessen hat man gegen Doppelpässe auch demonstriert. Aber früher in den 90er Jahren waren wir in Deutschland immer ein Instrument für die Parteien, um die Wahl zu gewinnen. Die haben uns instrumentalisiert." (Frau B)

Mittlerweile seien die Möglichkeiten hier in Köln wieder vergleichbar mit jenen damals in Bremen, wo man eine kleine Gruppe gehabt habe, welche demokratische Kräfte habe erreichen können, die Unterstützung boten, beispielsweise bei Forderungen gegen Hinrichtungen in der Türkei oder jenen für Wahlrecht. So hätten etwa Unterschriftensammlungen sehr erfolgreich durchgeführt werden können. Es habe Zustimmung gegeben.

Angesichts der Forderung nach Wahlrecht gehe es heute anders zu. Da werde man eher gefragt: „Wofür denn? Ja, was habt ihr denn gemacht? Warum ist dir denn die deutsche Staatsbürgerschaft nicht gelungen?" (Frau B)

Hingegen werde weder über die Einbürgerungsbedingungen diskutiert, noch nach Gründen gefragt, warum es einige nicht machen oder nicht machen können. Es finde mittlerweile eine Einteilung statt, in als akzeptiert, als integriert Geltende und in jene sich vermeintlich abkapseln wollende Nicht-Eingebürgerte. „So: 'Ja, die wollen sich nicht integrieren.' Oder: 'Ja, die beiden oder die drei haben sich integriert. Die sind okay, unsere Türken. Die Türken, die nicht die Staatsangehörigkeit haben, die wollen sich abkapseln.'" (Frau B)

In Köln fühle sie sich aber heute gut. „DIDF" sei hier bekannt, stark und mache eine Menge Verschiedenes. Beispielsweise sei ein Mitglied im Stadtrat und in Stadtteilzusammenhängen gebe es ebenfalls VertreterInnen. „Aber ... die Mehrheitsgesellschaft soll auch Veränderung machen." (Frau B)

Der Dachverband sei zunächst in Duisburg ansässig gewesen. Köln sei aufgrund guter Erreichbarkeit als Sitz für einen bundesweiten Verband geeignet, aber auch wegen der Nähe zum Ruhrgebiet, wo es viele Mitgliedsvereine gebe. Die Bedingungen für derartige Vereine seien hier positiv, vergleichbar mit dem Ruhrgebiet oder Berlin. Mit den hiesigen Behörden sei es noch schwierig. Besonders sei dies so gewesen, als der örtliche Mitgliedsverein noch nicht als gemeinnützig anerkannt war. Auch das Einrichten einer hauptamtlichen Stelle sei problematisch. Alles werde ehrenamtlich gemacht. Man verfüge über Engagierte, aber es sei schwierig als linke, emanzipierte Gruppierung, was vielleicht anders wäre, bei einer SPD- oder CDU-Orientierung.

Bei Bündnisprojekten beispielsweise möchte die Interviewte nicht auf ihr Dasein als Migrantin reduziert werden.

> „Wenn man mich dort in diese Ecke schiebt: 'Migrantinnen, ja Migrantinnen, sagt mal, was macht ihr da?' Dann bin ich wütend. Ich bin hier. Ich bin ein Teil von dieser Gesellschaft. Ich bin dort nicht nur als Migrantin, sondern als Arbeiterin, als Frau, als ein Teil von dieser Gesellschaft oder als ein Teil von dieser Arbeiterklasse. Wenn wir zu Behörden gehen, dann kommt diese Mitleidsgeschichte: 'Ah, arme Migrantinnen, ja was können wir für euch machen?'" (Frau B)

Angesichts von mehrheitsgesellschaftlichen Integrationsforderungen und dem Fehlen ausreichender finanzieller Förderung sei die Lage problematisch. Der Verein habe ein anderes Verständnis von Integration, gar von Gesellschaft, als jenes, welches verschiedene Interessenlagen aufgrund ungleicher sozialer Lagen nivelliere. Bei Integration gehe es darum, „in dieser Gesellschaft sich gut fühlen" (Frau B) zu können. „Aber wie? ... von welchen Eigenschaften soll ich mich integrieren? ... Sollen wir alle unsere Haare blond machen oder Bockwurst essen oder Bier trinken? Es ist nicht unser Integrationsverständnis, sondern viele von uns ... wir haben ein Ziel: Wir wollen eine gerechte Gesellschaft schaffen." (Frau B) Es gehe also nicht um Fragen des Lebensstils, sondern darum, wo Übereinstimmungen von Interessen aufgrund der sozialen Lage mit anderen bestünden. „Vergessen wir jetzt, dass wir Migrantinnen oder Deutsche sind, sondern wir haben ein gemeinsames Problem." (Frau B)

Dieses gelte es hervorzuheben, auch wenn unter Umständen, ob des weit verbreiteten Rassismus', Misstrauen gegenüber der autochthonen Bevölkerung bestehen könne. Es sei nicht einfach, aber etwa ihr langjähriges Engagement in einem Betriebsrat zeige, dass dieser Weg, gemeinsame Probleme zu erkennen und gemeinsam anzugehen, möglich sei. So haben etwa Streiks und Feste organisiert, gemeinsam gestritten und Möglichkeiten des Zusammenkommens geschaffen werden können. Der Verein führe Projekte durch, habe eine Frauengruppe, eine Jugendgruppe, richte Sitzungen und Veranstaltungen für Erwachsene sowie Deutschkurse aus und mache Hausbesuche. Von Behörden und bezüglich finanzieller Förderung sei man aber als linke Organisation, wie vergleichbare Gruppen auch, benachteiligt, anders als etwa einige islamische oder auch türkeikonforme Verbände, welche teilweise der SPD, CDU oder FDP nahe stünden. Bei einer Veranstaltung des Integrationsministers in NRW sei zu erfahren gewesen, wie staatliche Gelder beantragt werden können, aber dabei bestünde nach Meinung der Gesprächspartnerin auch immer die Gefahr, dass man sich zu sehr an Vorgaben anpassen müsse.

Die Interviewte habe sich im Fall einer Gruppe von über vierzig mehrheitlich allochthonen ArbeiterInnen in Baden-Württemberg engagiert, die von ihrem Betrieb gekündigt wurde und ihre, zunächst zaghaften, Proteste begleitet. Vor Gericht sei die Kündigung schließlich für unwirksam erklärt worden. Derartige Erlebnisse gäben ihr Motivation. Die ehemalige Lehrerin besuche ebenfalls zwei Flüchtlingsfamilien, helfe bei Hausaufgaben in Mathematik und Naturwissenschaften.

Der ausländerrechtliche Status der Vereinsmitglieder sei unterschiedlich. Man habe keine Partei gründen wollen und sehe den Verein als temporäre Lösung, die nahe liege, bis migrationsbedingte, spezifische Probleme überwunden seien, um sich dann gemeinsam mit anderen für eigene, geteilte Interessen in einem größeren Zusammenhang einsetzen zu können. Doch die Beteiligung an gesellschaftlichen Bewegungen sei, abgesehen von seltenen, kleinen Aufschwüngen, oft nicht breit genug, wie etwa beim Thema „Arbeitslosengeld II". Damit sich die Situation verbessern könne, seien weniger Besserwisserei und mehr Möglichkeiten nötig, die Leute selbst in die Lage zu versetzen, für ihre eigenen Interessen einzutreten, anstatt sich von anderen vertreten zu lassen. Dazu gelte es, klein anzufangen und Raum für Auseinandersetzungen zu schaffen, damit eine Bewegung wachsen könne.

In Köln gebe es einen lokalen Mitgliedsverein, in dem sich auch die Gesprächspartnerin engagiere sowie den Dachverband mit einem Vorstand, der sich regelmäßig treffe. Für 2010 sei das 30-jährige Bestehen ein wichtiges Thema. Feierlichkeiten und Veranstaltungen seien in Planung. Inhaltlich gehe es unter anderem allgemein um das gesellschaftliche Geschehen, die Stellung zur Partei „Die Linke", Wahlen und Schule.

> „Und diese Veranstaltungen machen wir. Aber wir haben ständige thematische Hausbesuche. Ja zum Beispiel wegen Wahlen machen wir Hausbesuche. Vor dem Schulanfang haben wir Hausbesuche gemacht, weil wir kennen ja, diese Landsleute haben Schwierigkeiten mit der Schule. Manchmal haben die das Gefühl, man nimmt sie nicht ernst. Kinder, wenn sie nicht die deutsche Sprache gut sprechen, gehen zur Sonderschule. Wie könnten wir denen helfen? Ja so etwas, Hausbesuche organisieren wir. Und wir haben Kontakte mit deutschen Gruppen." (Frau B)

Es gebe dreißig Mitgliedsvereine, zudem noch Gründungsinitiativen in einigen Städten. Mit Leuten, die mental noch stark der Türkei verhaftet seien, gebe es noch Schwierigkeiten. Daher habe man sich vorgenommen, sich den von Autochthonen dominierten Teilen der ArbeiterInnen-, Frauen-, SchülerInnen- und Studierendenbewegung noch mehr anzunähern, wobei man aber nicht wieder den Fehler begehen wolle, sich vereinnahmen zu lassen. „Und mit den Deutschen

Kontakt haben, aber nicht nur – früher hatten wir Schwierigkeiten oder hatten wir Fehler gemacht, diese bürgerlichen, meistens Frauenorganisationen ... Und dann, die instrumentalisieren dich auch. Du bist ihre Migrantinnen – ja, ihre Migrantinnen." (Frau B)

Aber es gebe mittlerweile gute Ansätze. Der anfangs genannte Rückschritt könne zurückgedrängt werden, da gebe es Hoffnung. Dazu sei die Jugendarbeit von größter Bedeutung. Diese Zielgruppe habe mitunter in beiden Sprachen Probleme und bekomme immer noch soziale, rechtliche und (aus-)bildungsbezogene Benachteiligungen zu spüren. „Jugendliche fühlen sich noch diskriminiert, weil in dieser Gesellschaft die negative soziale Lage, nicht gleiche Rechte haben, nicht mal die Möglichkeit haben, einen Beruf auszuüben oder einen Ausbildungsplatz zu finden oder so weiter." (Frau B)

Zukünftig plane der Verein die Herausgabe einer zweiwöchentlich erscheinenden, zweisprachigen Zeitung, um den Bekanntheitsgrad von „DIDF" und ihrer Positionen auch in der autochthonen Bevölkerung noch zu steigern.

„Nicht mehr ... Mittel zum Zweck" (Herr C)

Im nächsten Gespräch wird „DIDF" als demokratische und (partei-)unabhängige Organisation eingeführt, was schon im Namen, „Föderation der demokratischen Arbeitervereine" zum Ausdruck komme, wie auch die Ausrichtung auf Lohnabhängige. Die 1980 gegründete Organisation setze sich für gleiche Rechte ein und sei in über vierzig Städten organisiert, schwerpunktmäßig in den alten Bundesländern, wo historisch bedingt der Anteil Allochthoner in der Bevölkerung größer sei. Weil die Organisation gegen Faschismus, für gleiche Rechte, für eine sozialere Politik sowie ein sozialeres Umfeld für die allochthone Bevölkerung eintrete, sei auch der Interviewte (Herrn C) dabei, aber ebenso, weil sie sich für ein besseres Zusammenleben einsetze. MigrantInnen habe entweder die wirtschaftliche Lage dazu gebracht, hier Arbeit zu suchen, oder sie seien aufgrund politischer Unterdrückung und fehlender Überlebensmöglichkeiten geflohen. Weitere Gründe für sein Engagement bei „DIDF" seien die Übereinstimmung seiner politischen Ansichten mit den Forderungen nach Menschenrechten, gegen Unterdrückung und Ausbeutung, für die Rechte von ArbeiterInnen, Jugendlichen, Frauen, RentnerInnen und sozial Benachteiligten.

„Weil das eine demokratische Institution ist, die sich stark für Menschenrechte einsetzt, bin ich halt bei der 'DIDF' dabei. ... Und da ich politisch auch in die Richtung tendiere und versuche, ein Leben, eine Welt ohne Unterdrückung und Ausbeutung mit zu erschaffen, bin ich auch bei der 'DIDF'" (Herr C).

In teilweise über vierzig Jahren der Anwesenheit in der BRD seien Allochthone zu einem festen Bestandteil der Gesellschaft geworden. Der Verein leiste für hier lebende Menschen Aufklärungsarbeit über politische, soziale, wirtschaftliche und kulturelle Entwicklungen. Dazu organisiere er Diskussionsveranstaltungen oder Jugendcamps mit einer Beteiligung von mehreren hundert Menschen aus diversen Städten mit und ohne Migrationshintergrund. Hier würden jugendspezifische Probleme, Sorgen und Bedürfnisse diskutiert und nach Lösungs-, Verbesserungs- und Umgangsmöglichkeiten gefragt. Dazu kämen politische und kulturelle Angebote für Kinder, RentnerInnen, Frauen und besonders ArbeitnehmerInnen, das Engagement in Bündnissen etwa gegen Krieg und Sozialabbau, die bildungspolitischen Entwicklungen, zudem die Teilnahme an Demonstrationen, etwa anlässlich der sogenannten Finanzkrise. Man stelle sich auf die Seite der Bevölkerung, auf die derjenigen Lohnabhängigen und jungen Menschen, welche eine Verbesserung der globalen Situation anstrebten und herbeisehnten. „Also das ist schon eine überparteiliche Organisation, aber die nicht parteilos ist, sondern halt Partei ergreift, im Sinne von der Bevölkerung, von der Arbeitnehmerschaft, von den Jugendlichen, die sich halt eine bessere Welt erhoffen und erwünschen." (Herr C)

Herr C erwähnt die Situation zu Beginn der 1960er Jahre, als die BRD Arbeitskräfte aus der Türkei anwarb. Die sogenannten GastarbeiterInnen hätten gehofft, so zunächst ihre wirtschaftliche Not lindern und irgendwann zurückkehren zu können. Doch bevor dies erreichbar geworden sei, hätten Hindernisse wie der gesundheitliche Check-up überwunden werden müssen. Wer es geschafft habe, sei hier auf äußerst schlechte Wohn- und Arbeitsbedingungen gestoßen, habe aber zumeist eine relative Verbesserung der eigenen wirtschaftlichen Situation realisieren können.

> „Und die Möglichkeiten ergaben sich halt, dass Deutschland auch noch Gastarbeiter eingeholt hat und deswegen haben sie sich beworben. Und dann mussten sie durch verschiedene Hürden laufen, durch Gesundheitskontrollen et cetera. Und dann haben sie es irgendwie geschafft, nach Deutschland zu kommen. Und die haben hier angefangen zu arbeiten unter den schlechtesten Bedingungen, haben hier gewohnt unter den schlechtesten Bedingungen, haben aber im Gegensatz zu dem Heimatland sehr viel Geld erworben. Also sehr viel kann man vielleicht nicht sagen, aber im Gegensatz zu dem Land, wo sie herkommen, haben sie halt etwas verdient." (Herr C)

Danach habe sich auch ein Nachzug von Familien ergeben. „Und dann hat sich so ein Leben entwickelt. Deswegen gab es auch diese Sätze wie: 'Wir haben Gastarbeiter gewollt, aber es sind Menschen gekommen' et cetera." (Herr C)

Anfangs sei diesen aber neben ihrer Funktion als Arbeitskraft wenig Beachtung geschenkt worden, weshalb es schwierig gewesen sei, hiesige Sprache und Kultur kennenzulernen. Die ursprünglichen Rückkehrabsichten seien in den Hintergrund geraten. Seitdem seien bereits mehrere Folgegenerationen herangewachsen, welche die hiesige Sprache schon besser sprächen als die ihrer Vorfahren. Auch der Gesprächspartner sei nicht selbst eingewandert, sondern seine Großeltern.

> „Und das alles hat dazu geführt, dass dann halt die Menschen sich zusammen getan haben, weil wir die gleichen Sehnsüchte oder die gleichen Probleme hatten, aber nicht wussten, wie sie dann halt diese Probleme überwinden können. Deswegen haben sie nach Möglichkeiten gesucht, wo sie dann halt den kulturellen Bedürfnissen nachgehen konnten, ... wo sie sich sportlich betätigen konnten, wo sie sich halt auch politisch auseinandersetzen konnten mit irgendwelchen wichtigen Themen et cetera. Dann hat man sich halt zusammen getan und organisiert. Und die 'DIDF' ist da halt auch daraus entstanden" (Herr C).

Organisationen entstünden aus Gründen der Selbsthilfe angesichts von Bedürfnissen, denen sie zu begegnen bestrebt seien, und sie entwickelten neue Bedürfnisse. Es sei also davon ausgegangen, sich zusammen finden und kulturell tätig sein zu wollen, um sich etwa Theater, Folklore, Tanz und Sport widmen zu können. Anfangs sei dies schwierig gewesen, besonders aufgrund von Sprachproblemen im Umgang mit der autochthonen Bevölkerung.

> „Aber die konnten halt die deutsche Sprache nicht. Und es war sehr schwer mit den Deutschen da in dem Sinne zusammen zu kommen, also mit der einheimischen Bevölkerung zusammen zu kommen. Und damals hatte auch der deutsche Staat nicht die Möglichkeiten überhaupt eröffnet für die Menschen, dass sie halt die Sprache beherrschen. Das konnten dann nur diejenigen machen, die dann halt zu Studienzwecken nach Deutschland gekommen waren. Die konnten dann vielleicht die Sprache erlernen. Aber das war auch alles schwierig. Und das Ausländergesetz hat auch nicht so viel zugelassen. Das alles hat natürlich eine Rolle gespielt, dass sie sich dann zusammen getan haben und versucht haben, sich zu organisieren, halt um die Probleme, die gesellschaftlichen Probleme, zu überwinden." (Herr C)

Köln biete sich als Sitz für den bundesweiten Verband an, weil in der Region viele türkeistämmige Menschen lebten, die es einst in industrielle Zentren gezogen habe, aber ebenso, weil hier zahlreiche andere Organisationen von MigrantInnen ihren Sitz hätten.

> „Nach Nordrhein-Westfalen sind ja sehr viele Menschen gekommen, weil hier die Fabriken waren, wo sie dann arbeiten konnten. Das war ein Grund. Und deswegen hat der Dachverband sich auch diesen Ort ausgesucht, also nicht nur Köln, so das Ruhrgebiet – war mal in Krefeld, war mal in Duisburg, glaube ich, jetzt in Köln, aber da, wo halt auch sehr viele Menschen aus der Türkei leben." (Herr C)

Der Verein setze sich für gleiche Rechte ein und dafür,

> „dass die Migranten aus der Türkei insbesondere nicht mehr als Mittel zum Zweck angesehen werden, sowohl vom deutschen Staat als auch vom türkischen Staat. Also wir leben hier als Arbeitnehmerinnen, als Jugendliche, als Frauen, als Rentnerinnen. Wir haben hier Probleme, in dieser Gesellschaft und ... sollten nicht Handlanger vom türkischen Staat sein. So gesehen hat die 'DIDF' da auch eine andere Politik. Aber ich weiß nicht, ob man das nicht besser formulieren kann. Also die unterscheidet sich halt in dem Sinne, dass sie nicht nationalistisch ist, dass sie sich gegen Rassismus einsetzt. Und wenn sie nicht nationalistisch ist, dann wird sie halt auch keine nationalen Zwecke verfolgen oder nationalen Ziele verfolgen. Und das ist auch das Problem. Und hier in Köln gab es auch von sehr vielen türkeistämmigen Organisationen, die halt mit dem türkischen Staat zu tun haben ... Und die haben ja auch versucht, ihre Politik zu machen." (Herr C)

Des Weiteren sei Köln schon seiner Größe und seines Metropolencharakters wegen als Sitz für einen bundesweiten Verband geeignet. Die Struktur zwischen Dachverband und Mitgliedsvereinen sei demokratisch organisiert. Ersterer richte seine Politik bundesweit aus und bündele Erfahrungen aus den diversen Städten. Die örtlichen Vereine setzten die Verbandspolitik um und wollten gemeinsam mit der örtlichen Bevölkerung aktiv werden. Wie in demokratischen Parteien auch, kämen regelmäßig Delegierte zusammen, welche den Bundesvorstand wählten. Wer Interesse habe, demokratisch denke und nicht mit FaschistInnen zusammenarbeite, könne Mitglied werden und mitbestimmen. Ebenso hätten die lokalen Gruppen gewählte Vorstände. Letztlich sei es unwichtig, auf welcher Vereinsebene man arbeite, da man schließlich gemeinsam die gleichen Absichten verfolge.

> „Das läuft halt alles demokratisch. ... Wenn sie in den Vorstand gewählt werden wollen, dann müssen sie dafür kandidieren. ... Dann müssen sie gewählt werden, von Ortsverbänden, von Ortsvereinen. Aber sowohl die Ortsgruppen als auch der Dachverband setzen sich natürlich die gleichen Ziele. Dann macht man da auch keinen Unterschied, ob man jetzt in einer Ortsgruppe arbeitet oder in der Dachorganisation arbeitet. Also die 'DIDF' in Köln setzt sich gegen den Einsatz der Bundeswehr in Afghanistan ein, genauso die 'DIDF' in Dortmund oder in Bielefeld oder in Krefeld oder in Duisburg oder in Stuttgart ... Ulm, München, Hamburg, Berlin. Also deswegen, man verfolgt ja die gleichen Ziele." (Herr C)

Der Gesprächspartner sei zusammen mit anderen „DIDF"-Mitgliedern mehrere Jahre auf lokaler Ebene auch in der Politik engagiert gewesen und habe erfolgreich für die damalige „PDS/Offene Liste" kandidiert. Mit städtischen Ämtern und der Verwaltung habe man zu tun, wenn es um die Anmietung von Räumlichkeiten gehe, bei der Organisation von Sportveranstaltungen und Antragstellungen bezüglich finanzieller oder politischer Unterstützung. Aber „DIDF" sei unabhängig von der Verwaltung, eine politische Organisation, welche sich für die

Menschen einsetze, etwa bei Aktionen wie Fußballturnieren gegen Rassismus, die möglicherweise zusammen mit Gewerkschaften und eventuell mit städtischer finanzieller Unterstützung realisiert würden. Letzteres sei allerdings angesichts der Kürzungen im sozialen und kulturellen Bereich zunehmend schwieriger geworden. In Köln beteilige sich der Verein an Demonstrationen oder Aktionen, etwa gegen Ungerechtigkeiten, Kriege, Demokratie-, Sozialabbau oder für bessere Bildungsmöglichkeiten. Dazu würden möglichst breite Bündnisse mit hiesigen demokratischen Kräften gesucht.

„Wir bewegen uns in dem Sinne. Wir spalten uns nicht von der Gesellschaft, weil wir uns ja als ein Teil dieser Gesellschaft betrachten. ... Wir sind immer mit dabei ... nicht nur wir alleine, sondern versuchen, so weit wie möglich in den Bündnissen mitzuwirken." (Herr C). So habe man sich auch an Allianzen gegen eine rechtsextreme Konferenz in Köln rege beteiligt.

> „Nicht, um die Vorurteile zu schüren, dass Menschen sich in Muslime und Christen, in Deutsche und Ausländer aufteilen, als Deutsche und Migranten aufteilen, spalten lassen, sondern, um halt deutlich zu machen, dass reaktionäre, nationalistische Kräfte sowohl auf der deutschen Seite als auch auf der türkischen Seite wollen, dass die Menschen sich nach ihrer Nationalität und Kulturen, Sprache, Religion spalten lassen. (Herr C)

Man müsse sich stattdessen zusammenschließen, um zum Beispiel als Lohnabhängige eine bessere Bezahlung fordern zu können. Auch in anderen Städten laufe die Bündnispolitik gut. Es sei leichter geworden, da mittlerweile die Kommunikation mit der autochthonen Bevölkerung besser laufe. In einer organisierten Gruppe könne eine Idee ersonnen werden und stückweise deren Realisierung angestrebt werden, wozu Interesse geweckt und zum Mitmachen angeregt werden könne.

> „Und dann wird man halt versuchen, das in die Gesellschaft einzutragen und dann Kooperationspartner zu suchen. Und wenn die Gewerkschaften gerne das erklären, dass sie das dann auch mit unterstützen, werden die dann mit auf das Boot genommen, werden dann andere antirassistische Organisationen, die halt das Ziel haben, das Zusammenleben hier zu entwickeln, das unterstützen wollen, werden die dann halt auch mit einbezogen. Und dann entwickelt sich das halt so, dass man im Endergebnis, zum Beispiel was unsere Fußballturniere anbelangt, dass dann halt zehn, zwölf, fünfzehn Mannschaften zusammenkommen, aus verschiedenen Kulturkreisen et cetera, die sich dann für ein Ziel einsetzen, zum Beispiel: Wir wollen keinen Rassismus in Köln." (Herr C)

Letztlich sei es beispielsweise angesichts von Sozialabbau und Studiengebühren besonders wichtig, sich nach seinen Interessen zusammenzuschließen, welche sich aus der Lebenssituation als ArbeitnehmerIn oder StudentIn ergeben und nicht aus ethnischen Zuordnungen, weil nur auf diese Weise ein gesellschaftlicher

Einfluss errungen und gegen Kriege, Unterdrückung und Ausbeutung vorgegangen werden könne. „Wenn sie sich zusammentun, dann stellen sie eine Kraft dar. Wenn sie sich nicht zusammentun, dann kann man mit ihnen spielen, wie man will. Das wäre eigentlich meine Intention, dass man sich organisiert, dass man sich im Rahmen der eigenen Interessen organisiert, eigenen Bedürfnisse organisiert." (Herr C)

III 2.2 Zu „PHOENIX"

„Diesen Systemfehler ... beheben" (Herr D)

Der Gesprächspartner kam zu Beginn der 1990er mit Anfang Zwanzig aus St. Petersburg in die BRD; er fühlt sich dem Verein seit seiner Gründung zutiefst verbunden.

> „Und ich habe hier viele Integrationsprobleme erlebt. Und die Probleme waren so groß, dass ich sehr unglücklich war. Dann habe ich angeguckt, wie es in meinem Bekanntenkreis geht und habe festgestellt, dass diese Probleme nicht nur meine Probleme sind, sondern sie sind allgemein bei unseren Migranten aus der ehemaligen UdSSR. Und ich habe gesehen, dass das ein Fehler ist, ein Systemfehler, was die Integration der Russischsprachigen betrifft. Und so habe ich auch die Idee, man muss etwas dagegen tun. Man muss ein System entwickeln, das quasi versucht, diesen Systemfehler zu beheben durch Arbeit von so einer Organisation wie 'PHOENIX'." (Herr D)

Problematisch sei es vor allem gewesen, in eine unbekannte Umgebung zu kommen, ohne Sprache, Kultur, Geschichte, Hintergrund und Mentalität hiesiger Bevölkerung zu kennen. Jahrelang habe er das Gefühl gehabt, hier nicht zur Gesellschaft zu gehören, keinen Anschluss zu finden, nicht am Prozess teilnehmen zu können.

> „Und weil in Deutschland alles geregelt ist und von Eigeninitiative, von Kenntnissen, von Orientierung ganz viel abhängt, nutzt du die Möglichkeit, dann geht es dir besser. Wenn du die Möglichkeiten gar nicht kennst, dann nutzt du sie nicht, und du hast Probleme. Und das alles hat dazu geführt, dass ich viele Probleme mit der Frage hatte: Was tue ich hier eigentlich?" (Herr D)

Weil er schließlich begriffen habe, hier nicht willkommen zu sein, keine Zukunft zu haben, habe er sich jahrelang abgekapselt. Anfangs sei alles Erdenkliche falsch gelaufen. Den genannten

> „Systemfehler kann man so beschreiben: Ich habe gesehen, dass meine Problemlage sich nicht viel von vielen ... anderen russischsprachigen Migranten unterscheidet. Und ich habe dann analysiert, wo das Problem liegt. Und ich habe verstanden, dass dieser Integrationsprozess der Russischsprachigen in Deutschland so konzipiert ist, dass

man quasi von einem Angebot in ein anderes Angebot, von einer Maßnahme in die andere geht. Und es ist sicherlich gut, wenn diese Maßnahmen genau passen. Öfter passiert es aber, dass diese Maßnahmen nicht ihren Zweck erreichen, also dass alles einfach umsonst ist. Und mit der Zeit werden wir hier immer wieder als Konsumenten von verschiedenen Angeboten, von verschiedenen Leistungen verstanden." (Herr D)

Das führe zu einer Passivität. Eigenes Potential, eigene Leistung werde vernachlässigt. Doch genau darauf gelte es zu setzen, anstatt lediglich Leistungen der Aufnahmegesellschaft zu nutzen, welche nur eine zusätzliche Hilfestellung bieten könnten. Daher sei der Verein gegründet worden, der so arbeite, dass Menschen Kontakt aufnehmen können und versuchen, aus eigener Kraft etwas zu erreichen. So seien schon viele positive Dinge dank eigener Anstrengungen geleistet worden. Zum Beispiel habe man zwanzig Angestellte, die nun dank der Umsetzung dieser Ideen über Projekte finanziell besser dastünden. Insgesamt seien beim Verein ungefähr fünfzig Personen zu einer Beschäftigung gelangt. Davon erhielten etwa zwanzig Personen diverse Honorare und zehn seien ehrenamtlich tätig. Auf diese Weise wachse die Organisation, die mittlerweile über fünf Zentren verfüge, mehrere Büros in Köln habe, aber auch neue Standorte in Aachen, Düren, Wuppertal und Bad Wildungen.

Es sei schon bemerkenswert, dass sich das alles aus einer Idee ohne unterstützende Beziehungen und finanzielle Grundlage entwickelt habe, was auf vorhandenes Potential für zukünftige Entwicklungen verweise und sich nur deshalb habe umsetzen lassen, weil es letztlich gelungen sei, einflussreiche Personen für die Sache zu gewinnen und sie zu überzeugen, dass im Dienste von Integration die eigene Leistung von MigrantInnen gefördert werden müsse. Von Seiten der Behörden sei die Reaktion auf die Idee der Organisationsgründung zunächst argwöhnisch gewesen. Erst habe man gegen Vorurteile angehen müssen, da verbreitet über die „sogenannten Russen hier negativ" (Herr D) gedacht werde. „Ja wir haben die Erfahrung damit gemacht, dass wir mit dieser tollen Idee an die Behörden gingen und gesagt haben, dass wir vorhaben, diese Organisation auf die Beine zu stellen. Und in erster Linie war große Skepsis. Viele Vorurteile mussten wir bekämpfen" (Herr D).

Doch stückweise sei Vertrauen gereift und trotz – teilweise auch berechtigter – Kritik sei der Verein in der Stadt heutzutage gut angesehen. Dem Gesprächspartner seien keine vergleichbaren Beispiele von Vereinigungen Russischsprachiger in der BRD bekannt.

Als man ein neues Büro für ein bundesweites Elternprojekt angemietet habe, in dem Fachleute an Konzepten zu Gewalt- und Kriminalprävention arbeiteten, habe es in der Nachbarschaft Verunsicherung gegeben, weil die neuen Mieter vollkommen realitätsfern, allein aufgrund ethnischer Zuschreibungen, mit Ärger, Alkoholverzehr, Gewalt und Kriminalität assoziiert worden seien. „Und da sitzen Pädagogen, Wissenschaftler und eine Verwaltungskraft. Und ich habe ganz zufällig erfahren, dass die Nachbarn in diesem Haus sehr große Angst haben, dass die Russen, die jetzt gemietet haben, dass es jetzt viel Stress geben wird. ... Aber das hat mit der Realität überhaupt nichts zu tun." (Herr D)

Zu einer Einweihungsparty habe man dann die Nachbarschaft eingeladen, um zu zeigen, dass es für derartige Ängste keinerlei Anlass gebe. Bestimmt sei es aber so, dass es weit verbreitet sei, dass von Integration geredet und Segregation angeprangert werde, viele Autochthone aber dennoch nicht mit Allochthonen benachbart sein möchten. „Aber sicherlich ist es eine Tatsache, man spricht viel von Integration bei Einheimischen, niemand will aber mit einem Russen in einer unmittelbaren Umgebung oder mit einem anderen Migranten leben. Sie jammern aber, dass sich Ghettos bilden." (Herr D) Es gebe eine regelrechte Spaltung: Integration ja, aber nicht im eigenen Umfeld. Allerdings sehe er „diese Sache jetzt gelassen und weiß folgendes, dass die deutsche Gesellschaft sich ändert, zu einer interkulturellen Gesellschaft." (Herr D)

Mancherorts sei die allochthone Bevölkerung bald in der Mehrheit und daher sei ein friedliches Miteinander unabdingbar für die ganze Gesellschaft. Für ein erfolgreiches „Zusammenleben zwischen Fremden und Aborigines" (Herr D) sei es nötig, sich gegenseitig kennenzulernen, Angstfreiheit zu schaffen und eine Zukunftsperspektive. Beruhigend sei es zu wissen, dass man Vorurteilen mit eigenem Engagement begegnen könne. Dann müsse zwangsläufig irgendwann die Einsicht folgen, dass es sich zuvor um Voreingenommenheit gehandelt habe. „Und deswegen sind wir absolut gelassen. Wenn wir Vorurteile sehen, dann wissen wir, wie man damit zurechtkommt – und zwar durch Eigenengagement, durch Arbeit. Und irgendwann einmal wird derjenige verstehen, das war unberechtigte Kritik zu unbekannten Menschen." (Herr D)

Obwohl es zwar zwischen Stadt und Land, zwischen Männern und Frauen oder zwischen sogenannten SpätaussiedlerInnen und Kontingentflüchtlingen Unterschiede gebe, seien die Erfahrungen russischsprachiger ImmigrantInnen in Köln im Großen und Ganzen vergleichbar mit jenen an anderen Orten in der BRD. „Also es gibt Unterschiede, aber allgemein, das, was wir hier in Köln haben, das ist typisch für ganz Deutschland, wo Menschen aus der ehemaligen UdSSR leben." (Herr D)

In der autoritären UdSSR aufgewachsene Menschen seien aufgrund dortiger Erfahrungen vornehmlich daran

> „gewöhnt, sich nicht zu zeigen, sich nicht einzumischen, keine eigene Meinung zu entwickeln und sich bloß unbemerkbar zu machen. Und diese Strategie kann in

Deutschland, in der Demokratie, fatalste Folgen haben, weil Gesellschaft hier auf Bedarf reagiert und Bedarf dadurch ermittelt wird, dass man sich zeigt, dadurch, dass man sich vereint. ... Und gerade das können wir überhaupt nicht. Und diejenigen, die das nicht können, verlieren das Spiel, ohne anzufangen, zu spielen.“ (Herr D)

Daher sei in Bezug auf langfristige, gesellschaftspolitische Einflussnahme zunächst politische Bildung nötig sowie Förderung und Ermutigung dazu, eine eigene Meinung in der öffentlichen Auseinandersetzung angemessen zu äußern. Wenn es gelänge, dies zu erreichen, könnte das ein Fortschritt für die ganze Gesellschaft sein, da diejenigen, die nach den Erfahrungen mit der UdSSR Demokratie hätten kennen und begreifen lernen können, diese auch besonders schätzten und verteidigten.

„So und dann, wenn uns das gelingt, diesen ganzen Prozess ins Rollen zu bringen, dann sehe ich einen sehr großen Zugewinn für die ganze Gesellschaft. ... Und die Menschen aus totalitären Regimen, die aber begriffen haben, wie Demokratie tickt, sind die besten Demokraten überhaupt, weil sie ebenfalls immer vergleichen können.“ (Herr D)

Das zweisprachig gedruckte Programm des Vereins weise vielfältige Betätigungen in diversen Stadtteilen auf. Genannt werden im Gespräch die Betreuung von Neuankömmlingen durch einen Psychologen des Vereins, ein Single-Treff, Kinder- und Jugendtheater, Deutschkurse, Elternabende, Gymnastik, Gesundheitsförderung, Dokumentarfilm- und Kinoabende, Gespräche, Gedächtnistraining für SeniorInnen, ein Erzählcafé für Menschen, die den Holocaust überlebt haben, psychologische Hilfe, Schulberatung, Schachunterricht, Origami und Mathematik- sowie Russischunterricht für Kinder, Museumsbesuche, Ausbildungsplatzvermittlung und Freizeitvergnügen. Mittel für die vielfältigen, teils hoch institutionalisierten Angebote wie die Arbeitsvermittlung „JobBörse“ oder das in fünf Städten durchgeführte Migranten-Eltern-Lotsen-Projekt, „MIGELO“, stammten aus verschiedenen Quellen. Zum Teil gebe es Fördergelder für Projekte aus EU-Töpfen. Aber auch durch Bundes-, Landes- und städtische Mittel sowie private SponsorInnen könne die Arbeit, teilweise in Zusammenarbeit mit anderen Einrichtungen, wie der „Bundeszentrale für politische Bildung“ oder dem „Paritätischen Wohlfahrtsverband“, realisiert werden.

Das meiste werde jedoch auf ehrenamtlicher Basis geleistet. „Und das ist alles bürgerschaftliches Engagement.“ (Herr D) Der Verein nehme an einer Konferenz zum Thema Gewalt- und Kriminalprävention teil. In bestimmten Stadtteilen sollen Elterngruppen geschaffen werden, die auf privatem Wege zu Familien mit Problemen Kontakt aufnehmen und Hilfe anbieten sollen. Das breite Angebot ergebe sich aus dem Bedarf der Menschen, die sich hier mit ihrem Know-how professionell einbrächten.

> „Wenn es uns gelingen wird, hier diesen Prozess verwaltungsmäßig gut zu managen und auch der politische Wille und so weiter, können wir noch viel mehr Russischsprachige finden, die eine gute Ausbildung haben, die keine Angst vor deutscher Sprache haben, die mit ihrem sozialen Status heute nicht einverstanden sind. Und wir ermöglichen ihnen hier die Chance ... im Beruf ... durch Qualifizierung bei 'PHOENIX' und durch unsere Unterstützung, ihre eigenen Angebote zu schaffen. Das heißt, dass alles nicht ein oder zwei Menschen machen. Das machen ganz viele Menschen. Und meistens sind es Hartz-IV-Empfänger, die sich bei uns melden und zu Berufsleitern, zu Begleitern, zu Beratern, zu Helfern, was weiß ich, werden." (Herr D)

Die Betätigung seit 2005 als offizielle „JobBörse" sei bisher nicht beanstandet worden. Als man damals zur „ARGE" gegangen sei, sei man zunächst zwar auf taube Ohren gestoßen, doch entschlossen habe man daran gearbeitet, bis das Vorhaben umgesetzt werden konnte. Das sei ungewöhnlich für eine selbst ergriffene Initiative wie „PHOENIX", deren anfängliche Beratungsarbeit aus Ressourcenmangel in einer Fast-Food-Ketten-Filiale stattgefunden habe, da sonst zumeist große Träger beauftragt würden.

> „Ja dann, und dann haben wir gesagt: 'Nicht mit uns'. Wir haben dann Wege gefunden, dass genau die, die uns in die Wüste geschickt haben, sich das anders überlegt haben und uns eine Chance ermöglichten. Aber ich muss sagen, nirgends, nirgends in Deutschland gibt es eine vergleichbare, verrückte Beauftragung von so einem Verein in so einem 'JobBörsen'-Programm." (Herr D)

Es gehe darum, berufliche Kompetenzen und Wissen anzuerkennen und nicht nur vermeintliche Mängel zu sehen. Wohlfahrtsstaatliche Maßnahmen, anstelle der Nutzung des Potentials der hier lebenden Russischsprachigen, lähmten selbiges. „Das ist so und wenn man aber anders mit uns umgeht und sagt: 'Du bist Ingenieur, du bist Arzt, du bist Lehrer, du bist' – was weiß ich – 'Handwerker' ... Oder: 'Diplome sind hier nicht anerkannt' oder: 'ihr seid zu alt' oder: 'ihr seid zu' – was weiß ich – 'sprecht nicht Deutsch' und so weiter." (Herr D)

Orientierung müsse ermöglicht und Eigeninitiative ergriffen werden. So komme man langsam aber sicher auf der Suche nach dem zum Wohlbefinden benötigten Platz in der Gesellschaft voran. „Aber das kann sich dadurch ändern, durch diese, wie ich gesagt habe, Politik der kleinen Schritte. Aber vor allem durch Eigeninitiative, wie in diesem kleinen Programm, ja kleines Programm, aber es ist ganz groß. So führt das dazu, dass die Menschen sich anschließend hier wohl fühlen und alles farbig sehen." (Herr D)

„Eine andere Position in der Welt" (Herr E)

Der nächste Interviewpartner erzählt, wie er zu „PHOENIX" gekommen ist. Eigentlich sei er Diplom-Ingenieur. Aber in der BRD habe er bis heute in diesem Bereich keine Arbeit finden können, nicht einmal als Techniker. Einfache aber anstrengende Putz- und Hilfsjobs hätten ihn zeitweise über Wasser gehalten. Aber mit fortschreitendem Alter habe er derartige Arbeiten nicht mehr ausführen können. Schließlich habe er ein befristetes Ein-Euro-Job-Angebot für Menschen über achtundfünfzig Jahre angenommen. Er habe angegeben, etwas mit Menschen machen zu wollen und sei so schließlich bei der „Caritas" gelandet, wo er drei Jahre lang mit russischsprachigen SeniorInnen gearbeitet und Treffen mit autochthonen SeniorInnen organisiert habe. Anschließend habe er auch im Alter von knapp über sechzig Jahren nicht untätig bleiben wollen und sich auf die Suche begeben. Bei „PHOENIX" habe er dann vorgeschlagen, mit der gleichen Zielgruppe zu arbeiten und dort erneut einen Ein-Euro-Job in diesem Bereich bekommen.

So arbeite er in mehreren Stadtteilen mit SeniorInnen zusammen, wobei es hauptsächlich um gemeinsame Unternehmungen gehe, eben eine „Organisation von Senioren im Rahmen von 'PHOENIX' in Köln – Pläne schmieden, im Voraus etwas vorbereiten. „Und das ist so: Bei uns gibt es – in jedem Stadtteil ist freiwillig ein Mensch für diese Arbeit in diesem Bezirk. Und ich arbeite mit allen diesen Leuten zusammen und so gemeinsam etwas zu unternehmen und weiter zu bringen." (Herr E) Maßgeblich sei dabei der Gedanke der

> „Hilfe zur Selbsthilfe. Das bedeutet, Leute müssen nicht sitzen und warten, bis jemand hilft, zum Beispiel irgendwelche abstrakten Deutschen. Sondern wir selbst versuchen, zu Deutschen zu gehen und Hilfe zu bekommen. Das ist eine andere Position in der Welt. Sie positionieren sich ein bisschen anders ... versuchen Kontakte zu knüpfen und etwas Neues zu organisieren. Das ist eine wichtige Sache, glaube ich." (Herr E)

In jüngster Zeit sei in der BRD eine Veränderung zu bemerken. Man habe die Immigration Russischsprachiger endlich zur Kenntnis genommen und zeige nun, nachträglich um Integration bemüht, mehr Interesse. Diese Entwicklung sei positiv einzuschätzen, denn bis heute sei das größte Problem Russischsprachiger in der BRD der fehlende Kontakt zur autochthonen Bevölkerung. Auch in der direkten Nachbarschaft gebe es nur flüchtige Begegnungen ohne richtigen Austausch, dabei seien gerade unter den russischsprachigen SeniorInnen viele AkademikerInnen, gut gebildete Menschen, von denen man etwas lernen könne. Im Austausch könnte gegenseitiges Lernen stattfinden, weil man sich in Bezug auf die Bildung nahe stehe und internationales Kulturgut kenne, weshalb ein Austausch gut funktionieren würde, trotz ohnehin immer auftretender, mentalitätsbedingter Unterschiede.

Prinzipiell gebe es mehr Gemeinsamkeiten mit der autochthonen Bevölkerung, als sie etwa mit türkeistämmigen MigrantInnen bestünden, welche eine, dem Austausch hinderliche, religiöse Barriere zwischen sich und der autochthonen Bevölkerung errichtet hätten. Man sei halt ebenfalls christlich geprägt, wenn auch auf etwas andere Weise. Herr E selbst sei aber eigentlich nicht gläubig.

Schon bei der „Caritas" – genau wie jetzt bei „PHOENIX" – sei es leicht gewesen, russischsprachige SeniorInnen, die Interesse an gemeinsamen Treffen gehabt hätten, zu finden, aber autochthone Interessierte gebe es kaum, bis auf einzelne, dann zum Teil sehr engagierte Ausnahmen. „Das war eine Katastrophe. Wir konnten niemanden finden. Das war ein Problem. ... Aber wir wünschen Kontakte mit Deutschen. Wir sind schon reif für diese Kontakte, aber wir finden keine Deutschen." (Herr E) Ein gutes Beispiel einer gemischten Gruppe, der man es nun gleichtun wolle, bestehe in Wuppertal. Es sei nicht leicht, aber durchaus zu schaffen. „Und so versuchen wir jetzt auch etwas zu organisieren. Aber das ist natürlich sehr kompliziert. ... Wir werden über diese Probleme gemeinsam sprechen. ... Und das ist sehr interessant. ... Und ich glaube, dass wir etwas schaffen." (Herr E)

In der gegebenen Situation müssten unrealistische Klischees bekämpft werden. „Ja, ja, ja, ja, im Prinzip gibt es natürlich vorher irgendwelche Vorurteile. Man sagt ein Wort: Russe. Und dann denkt man gleich, dass er ein Denker ist, mit so einer Flasche in der einen Hand und der anderen Hand, umarmt er einen Bär vielleicht und so etwas, ein Bild von Russe, ja." (Herr E) Doch es sei möglich zu erkennen, „dass es auch ein Irrtum ist. Das ist, im Prinzip gibt es viele Vorurteile von beiden Seiten, glaube ich. Das muss man zerstören und zusammen sprechen, reden. Das zerstört ein bisschen die Barriere und Vorurteile." (Herr E)

Seit über zehn Jahren lebe der Gesprächspartner in Köln, wo er mittlerweile ein bescheidenes Auskommen habe. Zunächst habe er mit seiner Frau in Schwerin gelebt und das Bundesland nicht verlassen dürfen, was damals bei allen Eingereisten so gewesen sei. Dort sei es aufgrund der Arbeitsmarktsituation äußerst schwierig gewesen.

> „In unserem Pass stand, dass wir Mecklenburg-Vorpommern nicht verlassen könnten. Das war die Begrenzung. Das war nicht nur bei mir. Das war bei allen, die damals kamen, das war so. Und das war sehr schwer aus Schwerin rauszukommen. Und in Schwerin gab es überhaupt keine einfache Arbeit. Nach der Wiedervereinigung waren nur Arbeitslose da. Das war eine reine Katastrophe und sehr, sehr schwer." (Herr E)

Für den Verein herrsche in Köln eine gute Situation, weil es hier viele MigrantInnen gebe. Einige fänden das zwar auch nicht so gut, aber diese seien auch oft inaktiv, was er wiederum nicht verstehe.

Für die jüngere Generation sei es etwas weniger schwierig, Kontakte zur autochthonen Bevölkerung zu bekommen, da diese in der Regel Arbeit finde und auf diese Weise – wenn auch keine richtigen Freundschaften – doch einen gewissen Austausch pflegen könne. Arbeit gehöre zum Lernen und Leben dazu. Unter Erwerbslosen seien – für Herrn E logischerweise – viele MigrantInnen, denn für diese gebe es viele Schwierigkeiten zu bewältigen.

> „Und das ist im Prinzip leben, kann man nur lernen, wenn du arbeitest, das ist klar. Das ist ein wichtiges Element von Leben, dass man arbeitet. Und wenn ein Mensch arbeitet, schätze ich so, ist der Mensch irgendwie in die Gesellschaft integriert – wenn man Arbeit hat. Nur Leute, die aus irgendwelchen Gründen gescheitert sind, die stehen am Rande der Gesellschaft. Und das merken wir da einfach. Für diese Leute da existieren Prozent von diesen gescheiterten Leuten. Die davon Migranten sind, sind ein bisschen mehr, schätze ich zum Beispiel als bei Deutschen. Das ist klar. Das ist klar, dass Migranten schwerer etwas schaffen. Das ist: Probleme mit der Sprache. Und es gibt für Migranten viele Probleme. Das ist klar. " (Herr E)

Für Arbeitssuchende tue die zuständige Behörde nicht genug. „Und ich sage, das Arbeitsamt unternimmt keine Bemühungen, damit zum Beispiel Leute aus diesem Stand herauskommen." (Herr E) Obwohl man Arbeit wolle, bekomme man keine. Außerdem herrsche in der hiesigen Gesellschaft ein falsches Bild von Erwerbslosen, denen pauschal unterstellt werde, sie seien faul. „Da gibt es in der Gesellschaft so eine Vor – äh – Entstellung, das ist: faulenzen, trinken, und sie wollen einfach nicht arbeiten. Und das ist falsch. Das ist falsch. Die Gesellschaft sieht diese große Gruppe von Menschen falsch. Und das ist, glaube ich, auch ein Problem von deutscher Gesellschaft." (Herr E)

Die weit verbreitete Arbeitslosigkeit sei eines der Hauptprobleme. Er selbst sei aus Russland hergekommen und habe dort seine Bildung erhalten. Aber sogar ein Bekannter von ihm, der aus Griechenland stamme und seinen Bildungsweg einschließlich Hochschule hier gegangen sei, finde nach einjähriger Krankheit schon keine Arbeit mehr. „Er vermutet, und ich vermute das auch, er bekommt nie wieder Arbeit. Er kann nicht wieder in den Beruf." (Herr E)

Selbst autochthone AkademikerInnen, welche einen Ein-Euro-Job machen mussten, habe er kennengelernt. Er wundert sich sehr, dass selbst diese keine besseren Angebote haben finden können und auch zuständige Ämter diesbezüglich untätig blieben. Das Engagement von „PHOENIX" sei diesbezüglich nicht annähernd in der Lage, wirklich etwas zu ändern, dazu sei man zu klein. Die „JobBörse" sei eigentlich keine Lösung für das Problem, aber notgedrungen müsse man sich in dieser Situation damit abgeben. „Ich wäre froh, wenn 'PHOENIX' nicht mit der 'JobBörse' beschäftigt sein müsste. Das wäre sehr gut. Es gibt viele andere Dinge, mit denen man sich wirklich beschäftigen muss." (Herr E)

„PHOENIX" wolle russischsprachige MigrantInnen mit der hiesigen Sprache vertraut machen. Es gebe Projekte für SeniorInnen, Eltern, Frauen und Kinder, Projekte gegen Gewalt oder zum Erfahrungs- und Informationsaustausch. Auch sei es wichtig, gegenseitig das Gefühl zu vermitteln, gebraucht zu werden. Als Ingenieur sei er auch zunächst skeptisch gewesen, ob er eine – eigentlich sozialpädagogische – Arbeit mit SeniorInnen schaffen könne. Aber er sei erfolgreich und Austausch, Gespräche und Kontakte seien gegen Einsamkeit wichtig und brächten allen Beteiligten Freude. Er habe sich dann auch daran erinnert, dass er früher im Betrieb ebenfalls schon immer mit Menschen zusammengearbeitet habe und nicht nur mit Maschinen.

> „Ich spreche über einfache Dinge mit Leuten. Und das ist einfach. Und das bringt Erfolg, einfach so, meine ich. Leute brauchen einfach jemanden zum Sprechen. Auch zu sprechen, einige sind ausgegrenzt, Leben allein und so etwas, keine Kontakte. Und dann kannst du sprechen, das, was ihn zur Zeit beschäftigt. ... Das ist sehr wichtig. Und in dieser Arbeit finde ich Freude und alle, die hier arbeiten, auch. Und das ist wichtig für uns." (Herr E)

Obwohl er, genauso wie seine Frau, eine Bescheinigung habe, dass sein Diplom hier anerkannt sei, habe er den Ingenieurberuf ad acta gelegt beziehungsweise legen müssen, denn es sei nun einmal keine Arbeitsstelle zu bekommen. „Ich habe gesagt, ich will zum Beispiel eine Stufe nach unten gehen, als Techniker arbeiten. Das war auch nicht." (Herr E) Ranghöhere Stellen seien für MigrantInnen nur sehr schwierig zu bekommen. Selbst die „niedrigere Etage, wo Büro, ja, wo diese mit weißen Kragen sitzen, ja, arbeiten keine Ausländer. Wenn es Ausländer gibt, sind das noch junge Leute, die irgendwelche Beziehungen haben und so etwas. Ausländer arbeiten nur als Arbeiter. ... Das kann man nicht ändern." (Herr E)

„Dann ist sofort die Wand aufgebaut" (Herr F)

Der folgende Gesprächspartner (Herr F) hat bei „PHOENIX" einen Arbeitsplatz gefunden, ist dem Verein formell aber nicht als Mitglied beigetreten. Darüber habe er aber auch nicht nachgedacht. Da er sich hier ohnehin seit mehreren Jahren durch seine Arbeit auf vielfältige Weise einbringe, erscheine ihm dies auch als irrelevant. „Ja aber ich finde, das ist nicht nötig. Ich arbeite hier, und ich mache das alles, was man braucht hier." (Herr F)

Zuerst habe er hier ebenfalls in einem Ein-Euro-Job begonnen, mittlerweile aber einen richtigen Vertrag für zwei Jahre erhalten. Der Verein sei ihm wichtig, weil er hier mit den Menschen, zu denen er sich durch die Herkunft verbunden fühle, gut zurechtkomme. Dass er die deutsche Staatsangehörigkeit besitze, spiele dabei keine Rolle für ihn, denn er könne ja russisch sprechen. Das gute Verhältnis untereinander stehe im Vordergrund. Aufgrund gesundheitlicher Schwierigkeiten bleibe ihm eine Rückkehr in seinen ursprünglichen Beruf, den des Tischlers, leider verwehrt.

> „Ja für mich bedeutet das viel. Erstmal die Umgebung hier ... und hier kann ich das gut verstehen, dass alle miteinander – also unsere Verhältnisse miteinander – gut klar kommen. Und natürlich kann ich auch als Deutscher Russisch sprechen, egal für mich. Aber Hauptsache das Verhältnis, das ist wichtig." (Herr F)

Hier sei ihm Arbeit glücklicherweise möglich. „Trotz meiner Probleme kann ich hier etwas bringen für die Gesellschaft und alles, ja." (Herr F) Dafür könne sogar eine Menge getan werden. Es gehe darum, Verbindungen zwischen der autochthonen und der allochthonen Bevölkerung zu schaffen.

> „Ja, für die Gesellschaft? Viel, ich meine viel. 'PHOENIX' sehe ich als Brücke zwischen Leuten, die schon hier wohnen, hier geboren sind, Einheimischen und uns als hierher Gekommene. Obwohl wir auch Deutsche sind, aber manchmal so versteht man sich nicht so gut miteinander. Und hier ist die Aufgabe von 'PHOENIX', das ist diese Brücke." (Herr F)

Unabhängig von der Staatsangehörigkeit sei das gegenseitige Verständnis mitunter eher schlecht. Hier zu verbinden, sei die Aufgabe des Vereins. „Aufbauen und dann helfen, dass Leute sich miteinander verstehen, dass man das – über Integrationsarbeit wird viel geredet, Fernsehen, Massenmedien – aber ich sehe die Integrationsarbeit hier." (Herr F)

Die Eltern des Interviewten, ebenfalls deutsche Staatsbürger, seien bereits einige Zeit vor ihm in die BRD gekommen. Bei „PHOENIX" gebe es jedoch Menschen unterschiedlicher Staatsangehörigkeit, welche aus verschiedenen Motiven hierher gekommen seien. Einige hätten beispielsweise die russische Staatsangehörigkeit, andere die moldawische, während die meisten Menschen aus Kasachstan die deutsche Staatsangehörigkeit hätten und sogenannte Vertriebene gewesen seien. Es sei aber positiv, dass im Verein diese verschiedenen Menschen zusammenkämen.

Sein Engagement im Verein beurteilt er eher als persönliche Angelegenheit denn als politische. Letztgenanntem Bereich habe er stets Argwohn entgegengebracht. Das sei bereits in Russland so gewesen. Zurückhaltend, fast ängstlich sei er diesbezüglich auch hier geblieben. „Nein, als Erstes ist es Persönliches. Aber ich bin nicht so politisch eigentlich, ziemlich skeptisch zu dieser Sache. In Russland auch, ich war in Russland gewöhnt, habe mich nicht viel getraut, hier auch." (Herr F)

Durchaus sieht er das politische Engagement des Vereins und nennt ein Mitglied, welches sich im Integrationsrat der Stadt einbringe. „Und das hat auch so ein bisschen mit Politik zu tun. Aber es ist nicht zu übersehen, dass ich, wenn ich hier arbeite, dann muss ich das auch alles mitmachen. Nein, das ist – ich finde, ich mache das, was ich kann. Dann mache ich lieber das besser. Dann bringe ich meinen Teil für diese Integrationsarbeit." (Herr F) Er trage die politische Arbeit durch seinen Beitrag also quasi mit, beschränke sich jedoch auf seinen Aufgabenbereich, in dem er seine Kompetenzen sehe, die er optimal einzubringen versuche. Dies sieht er selbstverständlich als seinen Beitrag auf dem Weg zur Erfüllung der oben genannten Aufgaben des Vereins.

Seit 2001 lebe Herr F in der BRD, zunächst in einem Wohnheim in Köln, später in einer üblichen Wohnung. Die Stadt biete viele Möglichkeiten. Er habe zahlreiche Verwandte in anderen Bundesländern. Dort seien die Entwicklungsmöglichkeiten, besonders für Kinder und bezüglich der Arbeitsbedingungen, weniger gut. Doch letztlich seien sie, da sie vorher in Omsk gelebt hätten, auch an das Großstadtleben gewöhnt. Anfangs habe es sich hier um eine schwere Zeit gehandelt und vor allem mit der Sprache Probleme gegeben. Verstehen habe er im Prinzip zwar können, doch in Russland sei in Lehrgängen die Sprache zuvor nicht richtig vermittelt worden. „Hier hört man etwas ganz anders. Und das war schwierig. Erste Wochen, Monate waren das wirklich Probleme. Und jeden Tag muss man zu irgendwelchen Behörden mit Wohnungen, Staatsbürgerschaft und so weiter. Das ist viel ... und dann Sprachkurse" (Herr F).

Seitens der Behörden sei man zwar freundlich gewesen, jedoch habe die Geduld im Umgang gefehlt. Das sei negativ zu spüren gewesen. Eventuell könne man daran sehen, dass die Immigration nicht mehr so gerne gesehen sei. Als seine Eltern zu Beginn der 1990er Jahre eingereist seien, sei das noch anders gewesen, aber am Anfang des folgenden Jahrzehnts, habe die Menge zwischenzeitlich Zugewanderter zu einer Assoziation mit Negativem geführt.

> „Ach, irgendwie mit irgendwelchen schlechten Gedanken. Das fühlt man. Die müssen ihre Arbeit machen, aber nicht so gerne. Und wenn du natürlich nicht so gut mit Deutsch klarkommst, dann kannst Du nicht antworten und so. Das ist schon schwer. Jetzt habe ich kein Problem damit. Ja, aber damals war das echt nicht so einfach." (Herr F)

Welche amtlichen Stellen anzusteuern waren, habe der Gesprächspartner durch seine Eltern gewusst, die ihm anfangs geholfen hätten. Zudem seien Informationen unter Teilnehmenden von Sprachkursen und sonstigen Bekannten weitergegeben worden. Einrichtungen wie „PHOENIX" erleichterten derartige Informationsbeschaffung ebenfalls. Der Verein versuche beispielsweise mit Hilfe von Infomaterial aufzuklären, wodurch Menschen aufmerksam gemacht würden.

> „Ja, wie gesagt, das ist auch diese Aufklärungsarbeit. Das ist wichtig ... mit Broschüren und so. Und wenn die Leute das hören, dann kommen sie. Und dann erklärt man

das. ... Wenn du da sozusagen ein Klient von der 'JobBörse' bist, dann helfen die Leute, die Papiere bearbeiten, die man braucht. Damit das gut zum Arbeitsmarkt kommt ja, das was fehlt, irgendwelche Übersetzungen. Oder da muss man etwas machen, das fehlt noch, das fehlt. Dann gehe ich zu diesen Behörden. Dann helfen unsere Mitarbeiter. Ja so ist das. Das ist schon besser. Ja, dann helfen die, Arbeit zu finden. Das ist gut." (Herr F)

Das Thema Arbeit sei zur Zeit von größter Wichtigkeit für den Verein. Daneben spielten aber auch die Themen Jugend und Schule eine Rolle in der Beratungsarbeit des Vereins.

> „Ja, natürlich ist Arbeit das Wichtigste, Schwerpunkt sozusagen zur Zeit besonders. Wenn das Arbeiten, dann sieht man das anders alles. ... Aber natürlich gibt es noch Probleme mit Jugendlichen, die Schule. Hier kann man auch irgendwelchen Rat bekommen, kriegen. Alles, was es gibt hier, über Schulen auch, lernen, das auch. Leute, die ständig in diesem Bereich arbeiten, kann man auch Rat bekommen." (Herr F)

Außerdem werde Kindern eine sinnvolle Freizeitgestaltung nach der Schule geboten, etwa Malen oder Russisch-Sprachkurse. Zwar habe die Organisation ab und zu Schwierigkeiten, beispielsweise mit MitarbeiterInnen, was mitunter Finanzprobleme nach sich ziehe. Doch das könne dann zumeist, etwa mit zuständigen Behörden, abgeklärt werden. Alles in allem schätzt er die Zukunftsaussichten für den Verein positiv ein.

> „Dann, wenn die Leute da sind, dann kann man weiter die Projekte führen. ... Aber sonst, sonst finde ich, das ist gut, das für Zukunft. Natürlich, wir alle hoffen, dass es funktioniert. Weil 'PHOENIX' ist sozusagen eine Sache, die für diese Jahre schon einen Ruf hat. Deswegen denke ich mal, hat die Stadt auch ein Interesse, das zu halten. Weil die helfen wirklich den Leuten. Zum Beispiel diese 'JobBörsen', die schicken das von ihrer 'JobBörse' zu unserer, weil da versteht man das besser. Zum Beispiel gibt es Leute, die kaum Deutsch können. Und dann können unsere Mitarbeiter das erklären. Das ist gut. Wenn das hält, das ist gut für Stadt. Deswegen denke ich mal, dass auch diese Seite schon gute Chancen hat." (Herr F)

Für seine eigene Zukunft hofft er, weiter beim Verein arbeiten zu können, notfalls wieder in einem Ein-Euro-Job, da die Chancen auf dem sogenannten ersten Arbeitsmarkt sehr schlecht seien. Andere, die ehrenamtlich für den Verein tätig seien, zögen diese Möglichkeit, ihre Kenntnisse sinnvoll einzubringen, der heimischen Langeweile vor, mitunter in der Hoffnung, dass sich daraus eine Arbeitsmöglichkeit ergeben könnte. „Ja das ist auch die Sache, dass die nicht so einfach herumsitzen zu Hause. Das ist auch langweilig. Und manchmal wirst du da verrückt." (Herr F)

Einige, beispielsweise Kulturschaffende, bekämen immerhin über Projektfinanzierungen oder Ähnliches ein kleines Honorar zusammen. Es käme eben auch auf die Fähigkeiten an, die man einbringen könne. Mit Behörden und der städtischen Verwaltung gebe es eine gute Zusammenarbeit. Er glaubt, dass auf Seiten der Stadt durchaus ein Interesse an der Mitarbeit des Vereins bestehe. Gute Projekte seien angelaufen, in denen natürlich nicht alle Arbeit finden könnten, aber immerhin entstünden so für einige sichere Arbeitsmöglichkeiten.

Nach den Jahren in Köln glaubt er, dass er sich, erneut vor die Wahl gestellt, wohl eher nicht wieder für einen Umzug hierher entscheiden würde. Finanziell sei er abgesichert, aber, was das Gemüt betreffe, bedrückt, weil es hier schwierig sei, Freundschaften zu knüpfen. „Ja, das war jetzt viel gelebt, und es ging mir auch nicht so gut. Sehr, sehr viel fehlt uns. Wir fühlen uns nicht so komplett. Gut, ja, zum Beispiel okay unsere wirtschaftliche Seite ist sicher. Ja, aber was unsere Seele angeht, das ist nicht so gut." (Herr F)

Zwischenmenschlich habe sich eine ganze Menge verändert, auch unter den russischsprachigen MigrantInnen. „Die sind viel, viel verändert. Sind wir auch, natürlich, klar. Aber das ist auch manchmal kompliziert." (Herr F) Es sei eigentlich logisch, verunsichere ihn aber bezüglich seiner damaligen Entscheidung. Eine Rückkehr, noch ein Neuanfang stünden allerdings auch nicht zur Debatte. Dort sei ebenfalls keine bessere Situation zu erwarten. „Aber natürlich, das kommt nicht in Frage, dass ich unbedingt zurück muss. Da kann man natürlich auch nichts besseres finden. Das ist auch nicht so einfach. Von Anfang an wieder anfangen? Nein, das klappt nicht mehr." (Herr F)

Sollten die Kinder sich jedoch eines Tages entscheiden, nach Russland umzuziehen, weil es ihnen hier nicht gut gehe, möchte er sie nicht behindern. In der hiesigen Gesellschaft sieht er eine egoistische Tendenz, die er kritisiert. „Aber bei uns damals war 'Wir' am Anfang." (Herr F) In einem Praktikum habe er hier hingegen eine negative Erfahrung machen müssen.

> „Ja ich finde das nicht so gut. Ja du willst etwas mitsprechen, mitreden. Aber: 'Ich habe Pause. Ich will nicht reden.' Das war manchmal so für mich schwierig. Ich habe nichts gefunden, was uns verbinden kann. Ja das ist das Problem. ... Mit der deutschen Gesellschaft ist es schwierig, etwas Gemeinsames zu finden. Alle, alle suchen das: 'Oh, du bist komisch.' ... Ja ich finde das nicht so gut." (Herr F)

Diese Schwierigkeit bestehe mit anderen Russischsprachigen weniger. Ähnliches erlebten die Kinder in der Schule. Der Kontakt werde seitens der autochthonen Bevölkerung aus ihm unbekannten Gründen verweigert. Unter Kindern sei es noch gravierender, bis hin zu auftretenden Gewalttätigkeiten.

> „Das ist immer so. Die kommen klar mit Migranten, ... besser als mit der deutschen Gesellschaft, weil die gleiche Probleme haben. Der ist vor ein paar Jahren hier aus irgendwelchen Gründen her gekommen und spricht kaum Deutsch. Der kam – ja

> okay, wir haben etwas Gemeinsames. Dann macht das Kontakt. Aber hier: 'Ja du bist nicht cool.' Irgendetwas beurteilst du sofort. Und das war es." (Herr F)

Auf diese Weise könne ein Kind die Situation aber noch nicht reflektieren und eine Änderung sei schließlich nicht leicht herbeizuführen. Die Kluft werde besonders angesichts von Sprachproblemen sichtbar.

> „Ja, das ist ... wirklich leider so. Okay, mit mir geht das. Ich kann gut Deutsch. Aber wenn zum Beispiel meine Frau geht – manchmal nicht so gut mit Deutsch – dann ist es doppelt schwer. Ja dann steht sofort diese Wand. Sie versteht das gut, aber ist nicht so gut, schämt sich entweder so oder noch etwas für dies und das oder so etwas. Ja, dann ist sofort die Wand aufgebaut. Ja, das ist so. Da kann man nichts machen. Aber ich verstehe das. Das ist in Russland auch so. So läuft das. Dann kommt das Fremde. ... Das erzählen viele Leute. Nur ... in dieser Situation jetzt, dann versteht man vielleicht die andere Seite auch. Ja das ist anders. " (Herr F)

III 2.3 Zur Situation Illegalisierter

„Risiko" (Frau G)

Die Gesprächspartnerin hat zunächst in einem südamerikanischen Land gelebt und sich dann zeitweilig ohne die nötigen Papiere in Spanien und Köln aufgehalten, wo sie mittlerweile – nun aufenthaltsrechtlich akzeptiert – wieder lebt.

Zunächst sei sie auf Einladung einer Freundin, über die angegeben wird, dass sie finanziell ausreichend ausgestattet sei, für mehrere Wochen als Touristin nach Köln gekommen. „Ich bin angekommen, weil man hat mich eingeladen, durch eine Freundin. ... Die hat mir einen Brief ... geschickt. Durch diesen Brief konnte ich wie eine Touristin kommen. Ich bin nur einen Monat gekommen. Ich war nur einen Monat hier und dann zurück ... Aber dieses erste Mal ganz normal, ja?" (Frau G)

In der letzten Reisewoche habe sie bei dieser Gelegenheit auch eine Verwandte in Spanien besucht. Über diese hätten dort Aussichten bestanden, einen Job zu bekommen, und es habe daher nahegelegen, nach dem Ende der Reise wieder zurück nach Europa zu kommen.

„Aber von dort nach Spanien kommen ist fast unmöglich, ist sehr schwer. Sie sagte mir: 'Du musst ... kommen' ... Ich sagte: 'Ja okay, so ich komme nochmal durch Deutschland, wie eine Touristin, aber ich gehe sofort nach Spanien.'" (Frau G) Etwa zwei Monate nach der ersten Tour seien mit Hilfe der bereits genannten Freundin und einer weiteren die Formalitäten für eine erneute touristische Reise nach Deutschland erledigt gewesen.

„Und mit diesem zweiten Brief war ich in Deutschland-Embassy ... Und ich habe gesagt: 'Ja, ich möchte nochmal nach Deutschland kommen' – zwei Monate später – 'Ich möchte nochmal eine Verwandte besuchen. Und ich möchte nochmal ein bisschen Tourismus machen.' Und sie haben gesagt: ... 'Sie kommen in einer Woche und wir haben ein Angebot.' Und dann eine Woche später hatte ich nochmal ein 'Ja ... sie können nochmal nach Deutschland fahren.' Das war ein bisschen komisch, weil normalerweise ein Visum – und dann nur zwei Monate später nochmal ein Visum? Aber sie haben 'Ja' gesagt." (Frau G)

Bei dieser zweiten Reise habe sie in Köln nur kurz Zwischenstation gemacht und sei daraufhin nach Spanien weitergereist, wo sie beinahe ein Jahr geblieben sei und in einem Büro gearbeitet habe, bis die Situation begonnen habe, auf die Beteiligten heikel zu wirken: „Aber am Ende war die Chefin ein bisschen nervös, und ich auch." (Frau G)

Eine Verwandte, welche in Köln lebte, habe dies als neuerliches Ziel vorgeschlagen, da sie hier in einer Wohngemeinschaft unterkommen und als Babysitterin tätig werden könne. „Und ich habe mit einer Verwandten gesprochen und gesagt: 'Ich möchte nochmal nach Deutschland.' Antwort: 'Vielleicht kannst du bei mir wohnen, in meiner WG und du kannst auch auf die Tochter von einer Freundin aufpassen. So hast du dann einen Platz zum Leben und einen Job.'" (Frau G)

Die unerlaubte Reise von Spanien nach Deutschland sei allerdings riskant erschienen. Mit Hilfe eines Freundes, der angereist sei, um sie abzuholen, sowie weiterer FreundInnen, seien die Möglichkeiten einer Bahn- oder Busfahrt sowie einer Flugreise verworfen worden, bis über weitere freundschaftliche Kontakte die gewagte Reise in einem privaten PKW habe ermöglicht werden können.

„Wir waren nicht sicher wie. So haben wir uns in Barcelona getroffen. ... By Zug oder by Bus? ... Weil vielleicht fragen die nach einem Visum oder vielleicht nicht. So by Flugzeug war ein bisschen schwer. Aber in Barcelona haben wir wieder eine Freundin getroffen. Sie sagte uns: '... ich bin by Zug gekommen und viele Male haben die mich kontrolliert.' Und ein anderer Freund hat uns gesagt: ... 'Bitte fahrt auch nicht mit Bus.' Okay, was soll ich jetzt machen? ... Aber ich hatte kein Visum. ... Risiko an der Linie zwischen Frankreich und Spanien und dann zwischen Frankreich und Deutschland. ... Und dann haben wir gemerkt, es gibt auch viele Kontrollen in Frankreich, im Land drin. Und zwei Mal wurde das Auto vor uns kontrolliert, aber wir nie. Und dann sind wir nach Köln gefahren." (Frau G)

Dort habe sie in einer Wohngemeinschaft gelebt. Die anderen in der Wohnung Lebenden seien über die illegalen Umstände informiert gewesen. Die Jobpläne hätten ebenfalls umgesetzt werden können. Als Babysitterin für eine Freundin habe sie über immer weitere Bekanntschaften Jobs ergattern können: „Die Leute waren total nett. Sie wussten auch, dass ich kein Visum hatte. ... 'Du kannst hier leben.' Ich habe gearbeitet als Babysitterin, mit der Freundin von meiner Verwandten ... und Freundinnen von Freundinnen. Ich muss sagen, die Leute waren ganz glücklich mit meinem Job als Babysitterin." (Frau G)

Als sie schließlich schwanger geworden sei, sei sie noch über ein halbes Jahr in Köln geblieben. Die Auskunft einer Klinik habe besagt, sie könne das Kind hier bekommen, obwohl sie keine Papiere habe, müsse die Kosten aber selbst übernehmen und es könne bei Komplikationen zu Problemen kommen. In einer Frauenberatungsstelle habe man ihr dann geraten, für die Geburt nach Spanien zu fahren, da in Köln bei diesem Anlass städtische Institutionen auf den illegalen Status aufmerksam werden und für das Kind so Schwierigkeiten entstehen könnten.

> „Dann habe ich eine Frau von einem Büro gefragt, das Frauen hilft. Sie hat uns empfohlen: 'Ja, sie muss nach Spanien fahren, weil sie können ihr Kind hier gebären, aber dann wissen die Leute von der Stadt, dass sie ohne Visum hier war. Auf jeden Fall – und dann später wird das sehr schwer für sie. Sie wird nie richtige Papiere haben danach.'" (Frau G)

Erneut mit Hilfe einer Bekannten sei sie daraufhin wieder nach Spanien gereist. „Eine Freundin hat mir gesagt: 'Vielleicht kann ich dich nach Spanien ...' Das war ganz nett. Und ich habe keine Krankenkasse oder so. Aber es gebe ... Platz für arme Leute. Sie fragen nicht über Papiere oder so." (Frau G) Dort habe sie im Krankenhaus bezahlen müssen, aber nach Papieren und Krankenversicherung sei nicht gefragt worden. „Und dann ist mein Kind in Spanien geboren, und ich bin elf Monate in Spanien geblieben. Und dann habe ich meinen Mann in Spanien geheiratet. Und dann hatte ich eine Spanien-Residenz. Mit diesem Pass bin ich nach Deutschland gekommen by Flug mit meinem Kind. ... Mein Kind hat die spanische Nationalität." (Frau G)

Laut Schilderung war das Handeln ganz auf die praktische Bewältigung der Lebensumstände gerichtet. Versuche, die Rahmenbedingungen zu ändern, zur Verbesserung der Lebenssituation gar an die Öffentlichkeit zu treten, kommen nicht vor. Die Organisation des Alltagslebens kann Illegalisierten nur dank verwandtschaftlicher und freundschaftlicher Hilfe gelingen. Die Arbeitskraft wird offenbar durchaus benötigt und nachgefragt. Aber es muss auf Netzwerke zurückgegriffen werden können. Nur so können Unterkunfts- und Arbeitssuche erfolgreich verlaufen. Dies betrifft auch den Zugang zum System der medizinischen Versorgung. Doch es zeigt sich auch, wie Kompetenzen entwickelt werden, mit den Gegebenheiten umzugehen.

„Große Vorsicht" (Herr H)

Das nächste Interview wurde mit Herrn H geführt, der aus der Türkei stammt. Er lebe ohne Papiere seit circa fünf Jahren in einer Wohngemeinschaft in Köln und gehe sogenannter Schwarzarbeit nach. Positiv sieht er es, dass weitere Menschen mit ihm in der Unterkunft zusammen leben, in welcher er sich hauptsächlich aufhält: „Für mich ist das ganz gut. Ja, ich gehe auch nicht viel nach draußen – manchmal – auch nicht viel." (Herr H)

Nach Köln sei er gekommen, weil eine Verwandte bereits hier gewesen sei. In seine Wohngemeinschaft sei er über freundschaftliche Kontakte gelangt. Zunächst habe er in einer befreundeten Wohngemeinschaft gelebt und dann erst einmal probeweise hier einziehen können. „Ja, wir haben uns zusammen kennen gelernt. Also sie hat dann in der anderen WG Bescheid gesagt. Wir haben einen Termin gemacht. Wir haben also kurz geredet. Ja dann haben die gesagt: 'Ja okay.' ... Ja, dann war ich schon hier." (Herr H)

Bereits Anfang der 1990er Jahre habe er im Saarland einen Antrag auf Asyl gestellt. Etwa sieben bis acht Jahre später sei dieser abgelehnt worden: „Dann musste ich irgendwohin weggehen." (Herr H) Als nächstes habe er bei einer Verwandten in Frankreich unterkommen und erneut Asyl beantragen können, welches aber nach ein bis zwei Jahren ebenfalls wieder verwehrt worden sei. „Ja, da musste ich wieder weg. Dann bin ich wieder zurück nach Deutschland gekommen. ... Ich habe hier auch so viel versucht. Aber wir haben es nicht geschafft. Also was heißt nicht?" (Herr H)

Wohnung und Jobs zu finden, habe sich als besonders schwierig herausgestellt. „Ja, aber ohne Papiere, da kannst du nichts machen, ein bisschen, aber nicht viel." (Herr H) Auch wenn er eine Verwandte hier habe, sei es schwierig, da sie beide hier sonst nur wenige Menschen kennen würden. Dass sich an der Situation zukünftig etwas ändern könnte, erscheint ihm äußerst unwahrscheinlich zu sein. Versuche, etwas zu ändern, sollen zwar gemacht werden, aber es sei unklar, was getan werden könne. Den Umständen entsprechend habe er es noch glücklich getroffen, besonders ob der Hilfe durch FreundInnen und ihrer Beziehungen, wodurch er auch an Jobs komme.

„Ja ich meine hier die Leute haben schon viel geholfen. Die haben ein bisschen Kontakt, Unterstützung. ... Ja, also ich bin sehr froh hier in meinem Umfeld. Das ist für mich ganz super, so sehr gut. Sonst könnte ich hier nicht bleiben. Es ist wichtig, ein bisschen zusammen, arbeiten, das ist gut, ja." (Herr H) Köln unterscheide sich nicht großartig vom Saarland: „Köln, Saarland, das ist das gleiche." (Herr H) Besonders wichtig sei es aufzupassen, vor allem außerhalb der Wohnung.

„Es ist ein bisschen schwierig, manchmal ist es ein bisschen schwierig. Es kann etwas passieren, also gehe ich auch nicht alleine, also vielleicht mit Freunden oder Freundin. ... Ja, große Vorsicht." (Herr H)

Die Kontakte mit den hiesigen Institutionen bei der Asylantragstellung seien von Zweifeln seitens der Behörde geprägt gewesen: „Ja die haben einem nicht so geglaubt. In der Türkei gebe es keine Probleme. Also ich komme aus der Türkei. ... Ja, da habe ich alles gesagt. Aber wir haben alles versucht. Aber nein, du musst wieder nach Hause gehen." (Herr H) Es müsse wohl etwas Drastisches passieren, damit einem dort geglaubt würde.

Gesundheitliche Versorgung durch Ärzte habe der Gesprächspartner glücklicherweise bislang kaum gebraucht. Manchmal sei er aber schon bei einem Arzt gewesen, der selbst habe bezahlt werden müssen, wofür Freundinnen und Freunde mit aufgekommen seien. Mit ihrer Hilfe sei auch zuvor die Situation mit dem Arzt abgeklärt worden. Außerdem sei der Interviewte bereits einmal bei einer Anlaufstelle gewesen, die in solchen Fällen medizinische Hilfe bietet. Der Zugang zur Gesundheitsversorgung in Köln könne also gelingen. Wichtig sei es aber, dass man sich auskenne.

Gerne würde er sich mehr politisch engagieren:

> „Ja, also das will ich gerne machen. ... Wir versuchen zusammen einen Weg zu finden oder eine Lösung. ... Auch ein bisschen, da muss man erst einmal gucken. ... Also, ja ist auch nicht viel, aber ich meine es ist ja manchmal ein bisschen schwierig. So, ja manchmal kann ich einfach mitgehen. ... Ja wir gehen manchmal zusammen zur Demo oder einer Veranstaltung. Wir gehen auch zusammen hin, also hier die Leute aus der WG." (Herr H)

Es sei nicht einfach, zum Beispiel zu Demonstrationen von Unterstützungszusammenhängen zu gehen. Um die Situation zu ändern, sei dies ohnehin alles eher wenig effektiv. Er sieht aber keine Möglichkeit, seine persönliche Lage zu verändern, und empfindet die Ausweglosigkeit der Situation als bedrückend:

> „Wenn ich hier nicht so bleibe, dann muss ich nach Hause gehen. Dieser Militärdienst macht es ein bisschen schlecht. Deswegen ist es ein bisschen schwierig. Also seit langer Zeit wohne ich hier in Europa, in Deutschland oder irgendwo anders. In Frankreich habe ich so gelebt. Da muss ich wieder zurück. Das ist echt – da fühlt man sich nicht gut. Das ist ein bisschen gefährlich, dieser Militärdienst." (Herr H)

Dazu komme eine Unsicherheit, bedingt durch die Ungewissheit, wie lange er sich hier noch aufhalten kann. Täglich könnte der Aufenthalt beendet werden. Diese Situation sei nicht leicht auszuhalten. „Ich denke, es ist auch ein bisschen schwierig. Es kann – wenn jemand so lebt, da muss man immer überlegen oder denken, das kann jederzeit passieren. Aber ich weiß, bis jetzt ist es bei mir nicht passiert. Also okay, wenn du nach draußen gehst, weißt du nicht, da muss man so einfach ein bisschen vorsichtig sein." (Herr H)

Nur weil er hier nicht allein sei, könne er es schaffen, hier zu leben. Das empfindet er als großes Glück. Andere Menschen, die ebenfalls ohne Papiere in Köln leben, kenne er kaum. Er schätzt zwar schon, dass in der BRD viele Menschen ohne Papiere leben, aber man bekomme sie kaum zu Gesicht. „Ich denke, ja es gibt viele. Aber ich sehe nicht viele." (Herr H)

Seine Lebensperspektive ist unsicher. Sie besteht in der Hoffnung, auf diese Art weiter leben zu können, ohne, dass ein Unfall passiert. Ein erneuter Asylantrag sei ohnehin aussichtslos, besonders da die Gesetzgebung es mittlerweile kaum noch möglich mache, Asyl zu erhalten. „Das geht alles nicht. Asyl ist schon alles – ja es gibt kein Asyl mehr. Die Gesetze sind alle verschärft." (Herr H)

„Das sind Überlebensstrukturen" (Frau I)

Die folgende Gesprächspartnerin (Frau I) habe zum ersten Mal direkt mit Personen ohne offiziellen Aufenthaltsstatus zu tun gehabt, als damals das „Wanderkirchenasyl" in Köln gestartet sei. In dieser schwierigen Situation sei es darum gegangen, Familien unter die Arme zu greifen, die in Kirchengemeinden Zuflucht gefunden hatten. Jedoch seien die Bedingungen nicht optimal gewesen. Unter anderem, da alte und kranke Menschen, Kinder und sich gegenseitig unbekannte Familien auf engem Raum haben klar kommen und Kinder drinnen bleiben müssen, seien viele Probleme entstanden. Vom Netzwerk „Kein Mensch ist illegal" seien Personen vor Ort gewesen. Eine Menge Koordinationsarbeit sei angefallen, besonders als sich das Projekt zuerst auf Landesebene, dann bundesweit ausgedehnt habe. Für Menschen, welche sich widerrechtlich hier aufhielten, habe die Interviewpartnerin in diesem Rahmen mit einem regelmäßigen Angebot begonnen.

„Ich habe dann irgendwann – also Beratung ist übertrieben – aber Informationstermine einmal wöchentlich gestaltet, sozusagen für Leute, die in der Illegalität leben." (Frau I) Kurz nachdem sich „Kein Mensch ist illegal" in Kassel formiert habe, hätten sich Familien gemeldet, welche sich in Not befunden hätten, „denen das Wasser bis zum Hals stand." (Frau I) Sie hätten keine rechtlichen Möglichkeiten mehr gehabt. „Und da ... es da einfach dringend war, Schutzräume zu finden, fiel halt allen gemeinsam nichts besseres ein. Und das war eigentlich der Start mit zwei Familien." (Frau I) So habe das Projekt begonnen und sei rasch auf mehrere hundert Beteiligte im gesamten Bundesgebiet angewachsen. Plötzlich seien zahlreiche Illegalisierte sichtbar geworden.

> „Aber es war auf jeden Fall innerhalb von einem halben Jahr oder einem Jahr war das ein Mammutprojekt von – ja, was wirklich über ganz Deutschland verteilt war. Und es krochen auf einmal Illegalisierte aus allen Ecken und hatten dann auch den Mut, als erstmal zwei angefangen hatten, zwei Familien, hatten dann auch den Mut, sich da anzuschließen. Aber es war ja auch so ein bisschen der Mut der Verzweiflung, weil es gibt nichts anderes mehr." (Frau I)

Von Beginn an sei klar gewesen, dass die Aktion öffentlich zu verlaufen habe. Bei so einer breiten Beteiligung sei eine Geheimhaltung ohnehin unmöglich gewesen. Doch das Thema sollte damit auch bewusst ans Licht der Öffentlichkeit gezogen werden.

> „Nein, also wir haben von Anfang an gesagt: 'Wir müssen es öffentlich machen.' Weil es einfach ja auch eine – ja Illegalität an sich ist ein Thema, das immer in der Heimlichkeit, in der Anonymität, in der weiß ich nicht was gehandelt wird. Weil, ich meine vom Gesetz her, macht man sich ja auch strafbar, wenn man Illegalisierte unterstützt. Und es ist natürlich auch oft ... so, dass Leute das dann im Heimlichen machen. Aber solange es keiner mitkriegt, wird man auch die Problematik vom Leben in der Illegalität nicht in die Gesellschaft transportiert kriegen. Und deswegen war es einfach wichtig. Gerade weil es auch so viele waren, hätte man es auch gar nicht heimlich halten können. Aber es war auch einfach allen Beteiligten wichtig, laut und deutlich kundzutun: 'Hallo, hier gibt es ein Problem!'" (Frau I)

Die hergestellte Öffentlichkeit habe beim „Wanderkirchenasyl" den einzigen Schutz geboten, schließlich mache man sich bei einer derartigen Unterstützung eigentlich strafbar. Doch Aufmerksamkeit könne nur bedingte Zeit lang wach gehalten werden. Mittlerweile sei aber eine Menge geschehen und das Thema Illegalität auch in städtischen Verwaltungen angekommen. Verschiedene Städte hätten Studien dazu durchführen lassen und es sei offiziell thematisiert worden. Lösungsansätze würden erstmals angedacht. Ein schleichender Prozess habe immerhin begonnen, bei dem allerdings stets am Rande der Rechtmäßigkeit operiert werden müsse. In Köln gebe es den „Runden Tisch für Flüchtlingsfragen" (Frau I) mit VertreterInnen der Verwaltung, Ratsfraktionen, freien Träger von Flüchtlingsorganisationen, der großen Kirchenverbände, der Ausländerbehörde, Wohnversorgungsbetriebe und Polizei. Hier sei die Durchführung einer Studie zum Thema Illegalisierte in Köln beschlossen und dem Stadtrat vorgeschlagen worden. Dieser habe zugestimmt und somit sei diese möglich geworden. Heute kreise die Debatte um den Umgang mit den Ergebnissen dieser Studie. Die Hauptstränge behandelten beispielsweise die Problemfelder Arbeit, Gesundheitsversorgung und Unterkunft.

Ein Ansatzpunkt für den Umgang mit dem Thema sei die, eigentlich allen Beteiligten bekannte, aber selten erwähnte Tatsache, dass sämtliche Beratungseinrichtungen in der Stadt auf irgendeine Weise mit der Klientel konfrontiert seien. „So, und wenn man das Thema ernst nimmt, dann muss man sich natürlich auch überlegen, welche Möglichkeiten gibt man Beratungsstellen an die Hand, die mit Illegalisierten zu tun haben, dann auch wirklich genau die Leute unterstützen zu können." (Frau I)

Außerdem müsse dies alles, wie auch die Gesundheitsversorgung, finanziert werden. „Unterbringung für Illegalisierte und sie trotzdem illegalisiert lassen, ist ein heißes Thema, weil das darf man einfach nicht. ... Und an diesen ganzen Einzelpunkten wird gerade verhandelt." (Frau I)

Derartige kleine Fortschritte seien jedoch nicht prinzipiell hilfreich, denn Beratungsstellen müssten ohne rechtliche Absicherung aus dem Stegreif handeln, auch wenn in der Stadt ein Gentleman's Agreement bestehe, Beratungsstellen verfolgungstechnisch unangetastet zu lassen. Die Gesprächspartnerin kenne Fälle, in denen eine Herstellung eines sicheren Aufenthaltsstatus' oder erneute Sicherung desselben angestrebt werden könne.

> „Und es gibt da schon bei einigen Sachbearbeitern der Ausländerbehörde mittlerweile auch eine bestimmte Sensibilität. So, wo man auch Fälle erstmal anonymisiert durchsprechen kann und dann gemeinsam Möglichkeiten überlegen. Es gibt andere, wo das – andere Sachbearbeiter bei der Ausländerbehörde – wo das nicht so gut geht. Aber da gibt es schon auch immer wieder Möglichkeiten, dann einen legalen Status wiederherzustellen. Aber das ändert nichts an dem Grundproblem. Weil im Prinzip improvisieren die Beratungsstellen im freien Fall." (Frau I)

Dies alles bedeute halt immer noch keine Gewähr und ändere letztlich nichts. „Aber so im Prinzip ist das auch wieder so ein Nischendasein. Es ist wieder so ein Geklüngel." (Frau I). Wünschenswert findet die Interviewte hingegen einen Zustand ohne Illegalisierte: „Meiner Meinung nach, dürfte es überhaupt keine Illegalisierten geben." (Frau I) Diese benenne sie auch bewusst als Illegalisierte, weil Betroffene schließlich selbst keine Schuld für ihre Statuslosigkeit treffe, sondern es mit ihnen gemacht werde.

Anlässlich von Demonstrationen in Köln, wie beispielsweise der für ein uneingeschränktes Bleiberecht am 3. Oktober 2009, werde seitens der Verfolgungsbehörden normalerweise nicht regelrecht nach Papierlosen gesucht.

> „Es gibt am Bahnhof Kontrollen, auch regelmäßig Kontrollen gegen Migrantinnen, aufgrund von Hautfarbe, aufgrund von Haarfarbe, aufgrund von äußerem Erscheinen. Da gibt es schon Passkontrollen. Und da werden auch regelmäßig Illegalisierte aufgegriffen. Und ich denke, das wird bewusst gemacht, weil der Bahnhof halt auch so ein Einfallstor ist oder so ein Aufenthaltsort oder wie auch immer. Man kann Illegalisierten nur raten, sich auf keinen Fall am Bahnhof aufzuhalten, weil da ist die Gefahr am größten, kontrolliert zu werden. Und das ist auch bewusst gemacht. So also

es gibt da das System hier, dass Köln so toll und souverän mit dem Thema umgeht. Das ist auch nicht, das kann man echt nicht sagen, zumindest nicht pauschal." (Frau I)

Die öffentliche Situation sei problematisch, denn die autochthone Bevölkerung schiebe bei Problemen den schwarzen Peter an Allochthone weiter, wo er wiederum von den rechtlich Bessergestellten an die je darunter positionierte Gruppe weitergereicht werde. Immer noch gebe es Initiativen, die die Problematik mit all ihren Facetten in die Öffentlichkeit zu bringen versuchten, aber Lösungsaussichten gebe es kaum.

„Das öffentliche Klima verändert sich natürlich irgendwie, je schlechter es den Leuten hier geht. Und es wird immer nach unten getreten. Also die Deutschen geben den Nichtdeutschen die Schuld. Die Nichtdeutschen mit Aufenthalt geben den Nichtdeutschen mit ungesichertem Aufenthalt die Schuld. Und so wird halt immer weiter nach unten getreten. Und es ist halt irgendwie so ein Stück weit auch immer so eine blöde Blitzableiterargumentation, wie es sie ja in vielen Bereichen gibt. So das Klima ist glaube ich schwierig. Aber es gibt natürlich immer noch Initiativen, die auch mit und für Illegalisierte sich engagieren und auch probieren, das Thema mit all seinen Problematiken in die Öffentlichkeit zu tragen. Und ich denke halt ein Stück weit ist es auch Thema, wenn es auch nicht viele Lösungsansätze gibt. Aber die wird es auch erst geben, wenn sich die Gesetzgebung ändert. Und da gibt es halt kein öffentliches Interesse dran. Und deswegen können wir da erstmal noch lange drauf warten, vermute ich mal." (Frau I)

Die jetzige Debatte auf Stadtebene „ist eine Öffnung ... auf einer professionellen Ebene, sage ich jetzt mal, aber mehr unter dem Stichwort Sozialarbeit und Kommunalpolitik. Und so aber auf der hohen, politischen Ebene, wo eigentlich etwas geändert werden könnte in Sachen Gesetzgebung, da tut sich nichts." (Frau I)

Schwierig sei die Vermittlung der Thematik ebenso, weil in der Bevölkerung das Wort illegal schnell mit kriminell assoziiert werde, wodurch man vor Unterstützung zurückschrecke. Das sei ein Problem für eine öffentliche Vertretung der Interessen von Illegalisierten. Dazu kämen noch Versuche rechtsextremer Gruppierungen, die Themen Illegalität, Flucht und Migration für ihre Demagogie dienstbar zu machen.

Aber, dass nun in Verwaltung und Öffentlichkeit über diese Themen geredet werde, sei positiv zu bewerten, auch wenn es immer wieder zu verfahrenen Situationen komme, weil die Behandlung einiger Fragestellungen aufgrund der Gesetzeslage unmöglich gemacht werde. Natürlich sei es wünschenswert, dass Betroffene selbst zahlreich auf die Straße gingen, aber ebenso sei Zurückhaltung angesichts der Lage absolut verständlich.

„Und natürlich sind die Illegalisierten organisiert. Es gibt ja schon auch Strukturen, über die ich jetzt nicht weiter reden will. Aber das sind Überlebensstrukturen, nicht unbedingt politische Strukturen. Und von daher ist es, wie es ist und wird auch noch eine Weile so bleiben, vermute ich einmal. Aber ich finde es trotzdem wichtig, dass man Zivilcourage zeigt und sich alleine dadurch, dass man sich mit den Leuten abgibt, auch nicht kriminalisieren lässt." (Frau I)

Arbeitsrechtliche Klagen könnten über einen Anwalt als Gruppe oder einzeln anonym eingereicht werden. Manchmal werde diese Möglichkeit wahrgenommen. „Von einzelnen ja, also ich weiß es von einzelnen. Das natürlich liegt, liegt im Thema der Sache irgendwie. Einen Überblick gibt es da nicht. Aber es wird schon auch wahrgenommen, doch auf jeden Fall." (Frau I)

In anderen europäischen Ländern habe sich da schon eher mal etwas gerührt bezüglich der Einforderung von Arbeitsrechten. „Und es gibt ja auch so Bewegungen in Belgien – in ja Belgien – Frankreich, Spanien irgendwie. Da ist es ja schon auch immer wieder mal Thema." (Frau I) In Spanien seien zum Beispiel derartig viele Illegalisierte in der Gemüseproduktion beschäftigt, dass ihr Ausfall hier am Fehlen von preiswertem Gemüse prompt bemerkt würde. „Von daher, das muss sich einfach mal jeder klar machen. Und diese Zusammenhänge zu transportieren, die finde ich einfach auch ganz, ganz wichtig. Eigentlich baut auch die wirtschaftliche Situation ganz viel auf prekarisierte Arbeit." (Frau I)

Der ökonomische Kontext dürfe nicht übersehen werden. Denn Arbeitskraft

> „kriegt man nur so billig, indem man die Leute in Situationen hält, die sie dazu veranlassen, auch für so billig bis gar nichts zu arbeiten. So, also das würde ich ja – unsereins würde ja einen Vogel zeigen. Aber wir haben es auch nicht nötig und sind nicht in der Situation. Und von daher glaube ich schon, dass das auch etwas mit Regulation von Wanderbewegungen zu tun hat. So und da einfach ganz klar auch wirtschaftliche Interessen hinter stehen. Und, dass es schon auch ein öffentliches Interesse gibt, aber mehr auf der wirtschaftlichen Ebene. Es ist so: einen bestimmten Stamm an Illegalisierten zu halten, weil damit auch ganz viel einfach verdient wird. Klar, das ist ein wichtiger Aspekt." (Frau I)

„Ein Maulverbot" (Frau J)

Vor allem antirassistische Initiativen, die sich mit dem Thema der Illegalisierung beschäftigten oder Kontakte zu Personen ohne Papiere pflegten, hätten sich sich gegen Ende der 1990er unter dem Motto „Kein Mensch ist illegal" vernetzt und in einem Aufruf an zivilgesellschaftliche Kräfte appelliert, Illegalisierte mit Unterkunft, Arbeitsgelegenheiten und bei Arbeitskämpfen zu unterstützen. Auch in Köln seien Menschen unter diesem Label in einem Netzwerk zusammengekommen. Schon nach wenigen Planungstreffen hätten etwa zwanzig von Illegalisierung Betroffene die verkündete Solidarität eingefordert, woraufhin verstärkt Treffen des Netzwerkes stattgefunden hätten.

„Ja, dann haben wir zusammen überlegt, was wir machen können und sind dann dazu gekommen, dass wir eine Protestaktion zusammen machen wollen gegen eben die Illegalisierung, gegen die Abschiebepolitik von Deutschland in die Türkei. Und haben aber überlegt, von welchem Ort aus wir das machen können, weil die Leute sind ja hochgradig gefährdet gewesen. Also wir hätten ja nicht einfach mit denen eine Demo machen können." (Frau J)

Letzteres hätte ohnehin nicht ansatzweise die vorhandenen Probleme gelöst. Daher habe man Kontakt zu örtlichen Kirchengemeinden gesucht. Sowieso sei das Netzwerk „Asyl in der Kirche" von Beginn an eingebunden gewesen. Bereits wenige Monate nach dem ersten Treffen des kölner Netzwerkes hätten drei Familien, aufgrund der Zusage der Antoniterkirche, die Proteste gegen Illegalisierung und Abschiebungen zu unterstützen, für eine Woche dort unterkommen können. Geplant sei es zunächst gewesen, vier Wochen lang abwechselnd in einer Kirche in der Innenstadt Aufenthalt zu gewähren. Mit dem Auftauchen der Flüchtlinge habe die Arbeit des Netzwerkes „Kein Mensch ist illegal" rasanter begonnen, als die ProtagonistInnen es sich zunächst vorgestellt hätten.

„Das war sozusagen der Beginn, ... weil wir damit wirklich in die Arbeit gekommen sind. Und das, was sozusagen auf dem Papier war – wir hatten im Oktober uns so eine Geschwindigkeit vorgestellt, dass wir im März unsere erste Veranstaltung machen. Und das war dann aber alles mit dem Auftauchen der Flüchtlinge völlig obsolet. Das war gar nicht mehr realisierbar ... Und es musste ja auch alles organisiert werden." (Frau J)

Eigentlich habe man monatliche Treffen anberaumt, sich dann aber fast täglich gesehen, nicht zuletzt auch, weil die Gefahr der Entdeckung durch Ermittlungsbehörden via Abhörmaßnahmen bedeutet habe, dass man sich nicht am Telefon über die Aktivitäten habe unterhalten können. Um die Entdeckungsgefahr noch zu minimieren, sei kurzfristig der Einzug der Betroffenen in die Kirche auch noch einmal verschoben worden. Der Moment des Einzugs sei den Beteiligten heikel erschienen, aber die Interviewte vermag nicht einzuschätzen, ob die Situation zu diesem Zeitpunkt für die Betroffenen eine größere Entdeckungsgefahr bedeutet habe als sonst auch im Alltag. Es habe sich herausgestellt, dass es in der Stadt ein breites Unterstützungspotential gegeben habe und besonders politisch links orientierte Menschen die „Protestaktion für ein Bleiberecht" (Frau J), welche unter dem Begriff Kirchenasyl bekannt geworden sei, unterstützten.

Nach den ersten vier Wochen hatte sich die Gesetzeslage natürlich nicht verändert und immer mehr Flüchtlinge – wöchentlich etwa zwanzig Menschen vornehmlich aus NRW, aber auch aus anderen Bundesländern – hätten sich an die AktivistInnen gewendet. Es sei eine Demonstration organisiert worden, die, mit ihren deutlich über 1.000 Teilnehmenden, sogar im Fernsehen Erwähnung gefunden habe. Von da an sei der Bekanntheitsgrad der Aktivitäten deutlich angestiegen.

> „Als es da diesen ersten Bericht in der Tagesschau gab, hat das so einen Sprung – also gab es so einen ja Sprung, dass es ganz viele Berichte gab, dass irgendwie auch das ZDF gekommen ist, in die Kirche und und und. Und es gab natürlich auch von Seiten der Kirchengemeinden auch noch eine sehr hohe Aufmerksamkeit auch dadurch. Das war dann halt so, dass – es kamen immer mehr Flüchtlinge an, die irgendwie untergebracht werden wollten, sich beteiligen wollten. Und es war für alle Beteiligten ein irres Problem." (Frau J)

Der rasche Zulauf von Papierlosen, die sich hätten beteiligen wollen und Unterkunft suchten, habe besonders die räumliche Lage schwierig gemacht, aber immer mehr Kirchengemeinden seien hinzugekommen, die jeweils fünfzehn bis dreißig Menschen Zuflucht geboten hätten. „Und die Aktion wurde einfach relativ schnell größer. Auch größer, als wir das am Anfang überhaupt überlegt hatten." (Frau J)

Das Kirchenasyl unterstützten zudem VertreterInnen der „Sans Papiers" aus Frankreich. Sie hätten ihre Erfahrungen mit ähnlichen Aktionen einbringen und auch bei Besuchen in Köln Aktionsvorbereitungen stützen sowie helfen können, Vor- und Nachteile abzuwägen. „Aber es hatte das ja in Deutschland in der Form noch gar nicht gegeben. Also hatten wir ja von hier keine Vorbilder und wussten jetzt auch nicht, wie welche Akteure handeln würden." (Frau J)

Der Protest habe sich zunächst im Bundesland ausgebreitet, dann bundesweit, bis schließlich an die 500 Illegalisierte und von Illegalisierung Bedrohte beteiligt gewesen seien. Einerseits sei durch politische Aktionen, Demonstrationen et cetera dem Protest Ausdruck verliehen, andererseits mit den zuständigen Stellen um eine Lösung für alle Betroffenen verhandelt worden. Doch nach etwa einem Jahr hätten die Aktivitäten an Schlagkraft verloren, da man sich an Stelle der, zunächst geforderten, gemeinsamen Lösung doch auf eine erneute Prüfung der Einzelfälle eingelassen habe. Diese kulant durchzuführen, sei das einzige Entgegenkommen der amtlichen Stellen gewesen.

> „Also wir hatten immer so als Mindestmaßstandard hatten wir gesagt, wir wollen eine Gruppenlösung für alle an der Aktion Beteiligten. Weil alle an der Aktion Beteiligten auch in besonderem Maße gefährdet wären bei einer möglichen Abschiebung in die Türkei. Weil es innerhalb dieser Phase sehr viele – sehr viel das Thema Menschenrechtsverletzungen in der Türkei aufgegriffen worden war. Also es war ja auch so eine Stärke dieses Kirchenasyls, dass sich die Illegalisierten ja politisch äußern konnten. Das haben sie auch gemacht. Das haben sie auch gemacht. Also sie haben das mit Transparenten gemacht. Sie haben – also sie haben sich sehr

aus dem Fenster gehängt innerhalb dieser politischen Aktivität. Und zwar so aus dem Fenster gehängt, dass sie im Falle einer Abschiebung massiv bedroht worden wären in der Türkei. Und deshalb haben wir gesagt: 'Also das Mindeste, was wir erreichen müssen, ist eine Gruppenlösung für alle.' ... Und das Innenministerium hat sich aber überhaupt nicht darauf eingelassen, auf eine Gruppenlösung, sondern ist sehr viel weiter 'runter gegangen, hat eben eine wohlwollende Einzelfallprüfung vorgeschlagen." (Frau J)

Letztlich sei diese Regelung aus Erschöpfung und Ermangelung einer Perspektive angenommen worden, aber ebenfalls, weil durch wiederholte Festnahmen von Menschen aus dem Kirchenasyl und der Androhung der Abschiebung massiv Druck ausgeübt worden sei.

„Das ist das, was gar nicht so gerne gesehen wird, aber es war halt so, dass einige Leute aus dem 'Wanderkirchenasyl' festgenommen worden waren. Also es gab immer wieder Festnahmen. Aber das war so die eindrücklichste Festnahme: Es sind vier Leute festgenommen worden und das Innenministerium hat erklärt: 'Wenn ihr euch nicht auf die Einzelfallprüfung einlasst, dann werdet ihr abgeschoben.' Das war eine Geiselhaft. ... Also da gab es auch nochmal kräftig Proteste ..., was diese Geiselhaft anbetraf." (Frau J)

Trotz prominenter Stimmen, die sich gegen ein derartiges Vorgehen erhoben hätten, sei es dabei geblieben, und es hätten jahrelange Verfahren begonnen, welche zum Teil erst vor wenigen Jahren damit geendet seien, dass die Betroffenen hätten bleiben dürfen. „Und es ging um ihre Haut, ja also. Und danach ging eigentlich die ganz schwere und ganz langwierige Einzelfallarbeit los. Also deren Arbeit eigentlich auch ein Teil dieser Kirchenasylarbeit ist." (Frau J) Über die Jahre seien die betreffenden Flüchtlinge im Kirchenasyl untergebracht gewesen und von PatInnen in ihren neuen Asylverfahren begleitet worden.

Seither komme es in NRW, auch in Köln, immer mal wieder zu Kirchenasylen, meist nicht weiter mit öffentlichen Protesten verbunden. „Es gab auch danach noch Kirchenasyle hier in Nordrhein-Westfalen. Also in Nordrhein-Westfalen sowieso, aber auch in Köln gab es danach auch noch Kirchenasyle von Flüchtlingen. Also es waren dann aber eben keine – das war nicht verbunden mit einer Protestaktion." (Frau J)

Letztlich sei es gemessen daran, dass der allergrößte Teil der beteiligten Flüchtlinge doch noch einen legalen Status habe erreichen können, ziemlich erfolgreich gewesen. „Also man darf es auch gar nicht klein denken, weil es war die größte Legalisierung überhaupt, die es gegeben hat." (Frau J)

Doch die zermürbende Taktik der Einzelfallprüfung habe nicht nur die Sichtbarkeit des Ergebnisses der Proteste – schließlich die bisher einzige größere Legalisierungswelle in der BRD – verwischt, sie habe, weil sie auf Grundlage der bestehenden Gesetze abgelaufen sei, auch gezeigt, dass die Frage des Bleiberechts gleichermaßen davon abhänge, wie viel Unterstützung jemand erhalte, ob fähige MedizinerInnen gefunden und bezahlt werden können, die falladäquate Gutachten erstellen und gegebenenfalls entsprechende therapeutische Hilfen bieten können. Ebenso verhielte es sich in Bezug auf rechtlichen Beistand, der in der Lage sein sollte, die menschenrechtliche Situation im Herkunftsland zu recherchieren und zu beurteilen, wie dort das hiesige politische Engagement der Flüchtlinge gesehen wird.

> „Also letztlich bräuchtest du einen Riesenapparat für jede Familie, um sie überhaupt durch dieses Asylverfahren durchzubekommen. Und dann auch dieser Ausschluss von ganzen Gruppen, wir hatten zum Beispiel viele Kriegsdienstverweigerer, junge Männer, die nicht in den Kriegsdienst wollten. Also da waren ganz viele Pazifisten dabei. Die haben keine Schnitte. So und die haben aber auch keine Chance diese Asylverfahren in irgendeiner Weise zu bestehen. Das ist völlig irrsinnig. Und das war eigentlich auch so der Beweis, also dass dieses Asyl- und Ausländerrecht hier in ganz vielen Punkten einfach so etwas von drecksmiserabel ist. Nebst, dass die Leute ein Maulverbot haben und sich eigentlich gar nicht politisch hier beteiligen können oder sich selber einsetzen können für ihre Rechte." (Frau J)

Derartig als Protest angelegte, finanzaufwändige und kräftezehrende Kirchenasyle wie das „Wanderkirchenasyl" habe es seitdem zwar nicht mehr gegeben, aber immer wieder komme es in unterschiedlicher Ausprägung dazu. Im Gegensatz zur rheinischen, die sich auch sonst nicht positiv dazu geäußert habe, „sondern eigentlich immer nur dagegen war" (Frau J), habe die westfälische Landeskirche das „Wanderkirchenasyl" finanziell unterstützt.

Die Möglichkeiten für Illegalisierte in der Stadt schätzt die Gesprächspartnerin aufgrund des vorhandenen Angebots an Unterstützungs- und Beratungsstellen, welche diese Klientel entweder implizit oder erklärtermaßen in ihre Praxis mit einbeziehen, als vergleichsweise gut ein. „Ich glaube, dass man hier ganz gut klarkommen kann in Köln." (Frau J) Positiv erwähnt sie den medizinischen Dienst der „Malteser", der ein Minimum an Gesundheitsversorgung biete. Darüber hinaus gebe es aber ebenfalls zahlreiche ÄrztInnen, welche ihre Dienste unentgeltlich zur Verfügung stellten. Außerdem bestünden Beratungseinrichtungen deren Bezug zum Thema nicht gleich erkennbar sei, wie bei einer „Schwulenberatungsstelle ... die haben selbst ganz viel mit illegalisierten, jungen Männern zu tun, die in der Prostitution arbeiten." (Frau J) Erreichen könnten viele Beratungsstellen jedoch vornehmlich als Flüchtlinge Hergekommene.

Undokumentierte Arbeitskräfte, die ja in der Regel auch keinen Asylantrag stellten, gerieten hier eher nicht ins Blickfeld.

„Also die erreichen mit Sicherheit nicht die Illegalisierten, die als Arbeitsmigranten nach Deutschland gekommen sind. Weil die haben überhaupt keine Bezugspunkte. Die haben ja nie einen Asylantrag gestellt. Von daher waren die ja nie als Flüchtlinge hier. Also letztlich hängt, glaube ich – also wohin man sich wendet als Mensch ohne Papiere, hängt vielleicht ein bisschen davon ab, mit welcher Motivation man nach Deutschland gekommen ist. Also wenn ich hier als Arbeitsmigrant hergekommen bin und dann keine Papiere hatte, ist vielleicht so ein Migrationsdienst der richtige Ansprechpartner und nicht die Flüchtlingsberatungsstelle, zu der ich gar keine Nähe habe." (Frau J)

Möglichkeiten wie ein Kirchenasyl tangierten also eher Menschen, die, unter Ausschöpfung aller möglichen Hilfen im ausländer- oder asylrechtlichen Verfahren, noch Aussichten auf einen Ausgang zu ihren Gunsten hätten. So könne etwa bis zur Wiederaufnahme des Asylverfahrens Schutz vor einer vorzeitigen Abschiebung gewährt werden, „damit die nicht vor Ende dieses neuen Asylverfahrens im Flugzeug sitzen, abgeschoben werden. Da kann halt ein Kirchenasyl helfen oder wenn neue Gründe dazu gekommen sind, durch politische Aktivitäten, durch Krankheit, durch irgendetwas. Oder durch eine Verschlechterung der Situation im Herkunftsland, also das gibt es ja auch." (Frau J)

Kirchenasyl helfe demnach weniger bei Fällen von Arbeitsmigration. „Also es gibt ja keinem Menschen ein Asylrecht, sondern nur sehr mittelbar, quasi." (Frau J)

Die örtlichen Ausländerbehörden verfügten über einen Spielraum in der Anwendung von Gesetzen, so beispielsweise bei der Frage der Ausstellung einer Duldung. Folgender Fall wird im Interview als Beispiel angeführt: Ein Soldat aus Äthiopien habe sich bei der Bundeswehrakademie beworben. „Und für ihn war das aber ein Teil seiner Flucht" (Frau J), um aus dem Land herauszukommen, denn er habe „einfach nicht auf andere Äthiopier schießen" (Frau J) wollen. In der BRD angekommen, habe er politisches Asyl beantragt. Die Flucht sei geplant und vorbereitet gewesen. Während die Ehefrau sich in Italien „im Rahmen von einer, von so einer ... Putzstellenmigration" (Frau J) über Wasser gehalten habe und das Kind im Herkunftsland bei Verwandten versteckt gewesen sei, sei sein hier gestellter Asylantrag abgelehnt worden. Im Falle einer Abschiebung hätte den Mann eine jahrelange Haft oder gar eine Todesstrafe erwartet. Daher sei eine Gemeinde für ein Kirchenasyl gesucht und gefunden, ein regelrechter Hilfsapparat in Bewegung gesetzt worden, woraufhin die kölner Ausländerbehörde beschlossen habe, ihren Spielraum zu nutzen und eine Duldung zu gewähren. Dazu habe allein die Ankündigung eines Kirchenasyls sowie das Angebot entschlossener Hilfe ausgereicht.

„The best of Rechtsanwälte wurden eingeschaltet für den Fall. Klar, also das war jetzt so ein – also es wurde alles eingeschaltet. Nur ein Einzelfall, es hatten sofort

> mindestens zwanzig Leute damit zu tun, Profis damit zu tun, die nur jetzt irgendwie nunmehr daran gearbeitet haben, ihn zu legalisieren. Und was macht die kölner Ausländerbehörde? Nutzt ihren Ermessensspielraum und sagt: 'Also wenn das so ist und der jetzt in das Kirchenasyl soll. Also wir sind auch der Meinung, dass dem Gefahr an Leib und Leben droht.' Und gibt dem eine Duldung ... Also der musste keinen Tag in das Kirchenasyl. Die Ankündigung alleine hat gereicht, damit er eine Duldung bekommt, bis zum Ende seines Verfahrens. Und der ist durchgekommen." (Frau J)

Es gebe „diesen ganzen Bereich des humanitären Bleiberechts, das die Ausländerbehörde sehr wohl großzügig nutzen kann. ... Es gibt diese Spielräume. Und die gilt es für jede Kommune zu nutzen. Also ich hatte auch so einen anderen Fall" (Frau J), der letztlich glimpflich geendet sei. Eine, kurz vor der Abschiebung stehende, Schwangere ohne Aufenthaltstitel sei verhaftet worden, noch bevor sie ein Kirchenasyl habe antreten können, um die kurzzeitige Duldung zu erreichen, die während der letzten drei Schwangerschaftsmonate bis zum Ablauf des sechsten Lebensmonats des Kindes gewährt wird. Dann sei sie aber im letzten Moment freigekommen, weil ein Haftrichter seinen Ermessensspielraum genutzt hat, nachdem das Hilfs-Netzwerk ihm noch einen dringlichen Appell hat zukommen lassen können.

> „Also es gibt Ermessensspielräume. Und ich sage mal, die werden halt dann genutzt oder eher genutzt, wenn da plötzlich – wupp – ja also die gesammelte Infrastruktur ... schaltet sich ein und sagt: 'Wir haben gegebenenfalls irgendwie eine Unterbringung dort und dort.' Also wenn sozusagen mit geballten Kräften etwas in Bewegung gesetzt wird, dann sind diese Leute – ja können dann hier gehalten werden." (Frau J)

Derartige Einzelfälle seien stets mit hohem Aufwand der unterstützenden Strukturen verbunden. Im Falle der Schwangeren habe letztlich eine Legalisierung stattfinden können, weil der Vater des Kindes, der sie bei den Behörden verraten habe, um den Unterhaltszahlungen zu entgehen, dem Kind ein Recht auf die deutsche Staatsbürgerschaft vererbt habe. Die Gesprächspartnerin werde des Öfteren damit konfrontiert, dass Männer sich ihrer Frauen auf diese oder ähnliche Weise zu entledigen suchten.

> „Ja also aber das ist, das macht auch nochmal deutlich, was es für Ausbeutungs-, also was die Illegalisierung für Ausbeutungsverhältnisse letztlich festmacht. Ich habe das gar nicht selten, dass Frauen illegal werden, weil die Männer sie loswerden wollen. Also Heiratsmigrantinnen, die hier geheiratet haben, also vielleicht als Studentin hierher gekommen sind und und und." (Frau J)

Insgesamt gebe es kaum Wege, Menschen ohne Papiere einen rechtmäßigen Aufenthalt zu gewähren.

> „Es gibt superwenig Möglichkeiten den Status zu wechseln vom illegalen Status zum legalen Status. Es ist ganz – aber ich glaube, dass man, also ich glaube, dass das

> Leben in der Illegalität für viele eine Alternative ist, für ein Leben, das sie nicht leben wollen im Herkunftsland. Und ich glaube, dass es in vielen Ländern also nicht – als Legaler nicht besser ist wie als Illegaler hier in Deutschland. Also man muss ja immer sich fragen: Welche Alternativen haben die Leute? Also haben die so tolle Perspektiven im Herkunftsland?" (Frau J)

Trotz einer Diabetes-Erkrankung sei beispielsweise ein Mann nach Guinea abgeschoben worden, obwohl dieser sich dort die benötigten Medikamente nicht habe leisten können. „Also obwohl ich der Meinung war, der hätte nicht abgeschoben werden dürfen." (Frau J) Eine Wochenration der Medizin habe er mitbekommen, danach hätte er auf dem Trockenen gesessen. „Nur es gibt überhaupt kein Gesundheitssystem in Guinea. ... Der wäre einfach gestorben, ohne seine Medikamente." (Frau J)

Umgehend habe sich in Köln über private Kontakte ein Netzwerk in Bewegung gesetzt. Es „sind meistens private Netzwerke, die helfen bei Illegalisierten." (Frau J) Dieses habe es mit gemeinsamer Anstrengung geschafft, rechtzeitig Medikamente für etwa acht Monate zusammen zu bekommen und sogar nach Guinea zu schaffen.

> „Es sind die inoffiziellen Wege, die dann von allen beschritten werden. ... Und die Illegalisierten haben selber ihre Netzwerke und ihre Strukturen und schaffen ja selber irre viel. Also über ihre Netzwerke, über ihre Möglichkeiten, die sie haben. Also ich kenne ja einige Illegalisierte, die sich gut durchschlagen hier in Köln. Also schwierig ist es eben mit Kindern. Schwierig ist es, wenn ich krank werde. Schwierig ist es in den Sommerferienzeiten, wo es dann keine Jobs mehr gibt. Oder wo die Putzstellen irgendwie sich in Luft auflösen, aber leider die Mietzahlungen ja trotzdem weiter laufen. Also diese ganze Prekarisierung der Arbeit ist natürlich bei Illegalisierten ein Riesenproblem." (Frau J)

Weil die Netzwerke der Papierlosen selber nicht genügend berücksichtigt worden seien, findet die Interviewte die angefertigte Studie von Bommes et al. (2007) zu Illegalisierten in Köln nicht besonders gelungen. Sie sei aber finanziell auch zu gering veranschlagt gewesen, so „dass über eine Literaturstudie hinaus und die Gespräche mit einigen Experten hinaus, eigentlich wenig hat stattfinden können, ja." (Frau J)

Besonders enttäuschend sei, dass im Hinblick auf die in NRW geltende Schulpflicht auch für papierlose Kinder trotz der Erwähnung dieses Sachverhalts in der Studie auf kommunaler Ebene wenig in Bewegung gekommen sei. Hier dränge sich örtliches Verwaltungsrecht zu unrecht in den Vordergrund. Da die Schulanmeldung nach wie vor über das Melderegister laufe, gebe es weiterhin Probleme. Es müsse endlich mehr Spielraum geschaffen werden. Ihren bereits vorhandenen Spielraum zugunsten von Illegalisierten ausnutzen, könne die Kommune des Weiteren durch Verbesserung der Gesundheitsversorgung sowie die Ermöglichung des Kindergartenbesuchs und die Gewährleistung der Schulpflicht inklusive Sprachstandserhebung für Kinder ab vier Jahren.

„Also es gibt ganz viele Bereiche, wo man ganz praktisch helfen könnte. ... Also und das sind lauter Dinge, die könnte eine Kommune wunderbar selbst entscheiden ..., wenn sie denn bereit wäre, etwas zu reißen." (Frau J) Dies sei allerdings nicht der Fall, obwohl ein Konzept für die Beratung von Illegalisierten vorliege, das die Erwartungen der Beratungsstellen an die Stadt enthalte.

III 2.4 Zur Sicht der Stadtverwaltung

„Rahmenbedingungen setzen und gestalten" (Frau K)

Die Gesprächspartnerin arbeitet in der Stadtverwaltung, die sich auch mit der „Förderung des interkulturellen Zusammenlebens und der Integration, soziale, kulturelle, am Arbeitsmarkt" (Frau K), beschäftige. Außerdem gehörten zu den Aufgaben

> „zum Beispiel die Erstellung des kölner Integrationskonzeptes, ... die Förderung von interkulturellen Zentren, ... die Geschäftsführung für das politische Interessenvertretungsgremium, den Kölner Integrationsrat, ... Einzelfallbearbeitung in der Antidiskriminierungsarbeit. ... Die Antidiskriminierungsbeauftragte der Stadt Köln ist hier angebunden. Und das ganze Feld der Antidiskriminierungsarbeit wird hier bearbeitet, einschließlich der Projektförderung." (Frau K)

Was darunter jeweils verstanden werde und wie die Begriffe sich veränderten und inhaltlich gefüllt würden, orientiere sich an der wissenschaftlichen Entwicklung.

> „Das entwickelt sich ja auch. Man kann es ganz gut verfolgen innerhalb der Verwaltung, wie so Nomenklatur sich verändert hat im Laufe der Jahre der Zuwanderung nach – also jetzt in der neueren Zeit. Früher hieß es – gab es Berichte und Untersuchungen zur Integration oder zur Förderung des Zusammenlebens für Gastarbeiter oder Gastarbeiter und ihre Familien. Die Programme hießen Ausländerprogramm. Heute heißen sie Integrationskonzept oder interkulturelles Maßnahmenprogramm." (Frau K)

„Interkulturelles Zusammenleben" (Frau K) heiße, die Realität der Immigration und kulturellen Vielfalt im öffentlichen Bewusstsein zu verankern, „diesen Gedanken erstmal zur Selbstverständlichkeit werden zu lassen." (Frau K) Dass hier Widerstände bestünden, sei nicht verwunderlich, wie bei allen Neuerungen. Es gelte, die positiven Seiten der Entwicklung aufzugreifen und auftretende Konflikte handhaben zu können sowie die „Prozesse möglichst, ja sozial verträglich auszugestalten in ihren Rahmenbedingungen. Denn das ist das, was wir tun können, Rahmenbedingungen setzen und gestalten." (Frau K)

Innerhalb der Verwaltung habe man sich auf folgendes Verständnis geeinigt: „Integration ist dann erreicht, wenn Chancengerechtigkeit erreicht ist und gleichberechtigte Teilhabe“ (Frau K), wobei Diversität berücksichtigt werden müsse. Dies sei die Zielsetzung, von der aber auch klar sei, es werde allgemein, bezogen auf sozial benachteiligte Bevölkerungskreise, letztlich doch nie klappen. „Wobei uns allen klar ist, das ist, wird – ist nicht erreicht und wird auch nie erreicht. Das gilt nicht nur für Migrantinnen und Migranten. Das gilt ja auch für andere soziale Teile der Gesellschaft, die sozial benachteiligt sind.“ (Frau K)

Dennoch gehe es heute weniger um integrative Fragen als um solche gleicher Chancen und des Umgangs mit der gesellschaftlichen Vielfalt in diversen Bereichen. Daher werde einerseits in der eigenen Einrichtung versucht, die Forderungen umzusetzen, andererseits die Öffentlichkeit zu erreichen und auf die dortige Debatte einzuwirken. Momentan werde es zwar nicht getan, aber generell gehe es auch darum, intern sowie mit Außenstehenden, Ziele zu vereinbaren, wie zum Beispiel eine Beschäftigungsquote für MigrantInnen, deren Einhaltung etwa an finanzielle Förderungen gebunden wird. Spezielle Maßnahmen sollten helfen, bestimmte Bevölkerungsgruppen zu erreichen.

> „Bei den Roma und Sinti wird es zum Beispiel seit Jahren schon so gemacht, dass es so etwas wie Nationworker gibt. Er hat einen Romahintergrund. Und der kennt die Kultur. Der ist da drin groß geworden. ... Der hat sich ein Stück natürlich auch entfernt aus dieser Kultur. Aber gleichzeitig ist er Teil dieser Kultur. Das heißt, da ist ein Zugang alleine durch diese Person, durch diesen Menschen, den andere nie haben werden.“ (Frau K)

Durch die Entscheidung zur Förderung gewisser Projekte werde ebenfalls ein Rahmen abgesteckt. Außerdem würden „Kulturmittler und Integrationslotsen in dieser Stadt an bestimmten strategischen Stellen“ (Frau K) eingesetzt. An welchen Orten dies nötig sei, werde mit zahlreichen Fachleuten und Interessierten Laien zunächst diskutiert und schließlich festgelegt.

Momentan gebe es etwa bei den „Zentren für Senioren und Behinderte der Stadt Köln“ (Frau K) eine Anlaufstelle für Türkischsprachige. Zwar müssten MigrantInnen Eigeninitiative mitbringen, aber die Stadt stelle auch einiges bereit, wie etwa eine erste Beratungsmöglichkeit für Neuankömmlinge oder die interkulturellen Zentren, welche Freiraum zur Informationsbeschaffung sowie zum Beisammensein schüfen. Diese Zentren seien teilweise selbst organisiert, teilweise aber auch in der Hand größerer Träger. Die Voraussetzungen für die Einrichtung eines interkulturellen Zentrums seien in einer Richtlinie festgelegt. Unter anderem müsse es „schon so etwas wie einen Zusammenschluss geben in Vereinsform“ (Frau K), welcher als gemeinnützig anerkannt sei und über „bestimmte Räumlichkeiten“ (Frau K) verfüge. Dann könne man sich anerkennen lassen und auf Antrag gegebenenfalls städtische Mittel für Personal-, Miet-, Raumkosten oder Veranstaltungsprogramme erhalten. Grundsätzlich habe die Einrichtung offen zu sein und größtenteils kostenfreie Angebote zu machen. Dennoch werde erwartet, dass durch Seminare oder ähnliches ebenso Gelder eingenommen werden. Diese offen gehaltene Offerte beinhalte eine „Tendenz, sich sehr stark inzwischen zu qualifizieren auch im Hinblick auf die Bedarfe der Nachfragegruppen.“ (Frau K) So ergebe sich ein in Menge und Güte äußerst vielfältiges Angebot. In der Regel handele es sich bei den Trägern um migrantische Organisationen. „Also die sind häufig im Ursprung sind sie sehr stark ethnisch ausgerichtet in den – sowohl von den Selbstorganisationsformen her als auch von den Zielgruppen her. Und im Laufe der Zeit durchmischt sich das dann sehr stark, also auch interethnisch.“ (Frau K)

Dabei handele es sich um eine der Formen, wie das Engagement von BürgerInnen gefördert werde. Des Weiteren gebe es, neben interkulturell ausgerichteten, auch intergenerativ ausgerichtete Unternehmungen. „Und da wird im Moment auch verstärkt geguckt, wie kann man Menschen motivieren, sich da stärker einzubringen, auch über die eigene Ethnie hinaus.“ (Frau K)

Aus der Forschung sei bekannt, dass Personen mit höherem Bildungsgrad sich eher in einem Ehrenamt engagierten, weshalb hier anzusetzen versucht werde, indem gemeinsam mit örtlichen Einrichtungen Qualifikationsangebote ausgearbeitet und durchgeführt würden, um „hier auch so Wege zu finden, die Menschen anzusprechen, auch im Sinne von reinholen und wertschätzen“ (Frau K). So schule man etwa im „Integrationslotsenprojekt ... zusammen mit fünf Trägern“ (Frau K) ehrenamtlich Tätige.

Gleichzeitig gebe es Überlegungen, „Förderung der interkulturellen Kompetenz“ (Frau K) in arbeitsmarktrelevanten Schulungen zu betreiben, als zusätzliche Qualifikation, welche zukünftig bei Bewerbungen bedeutsam werde. Diese Kompetenz helfe in „diesen Kontakten, die ja vielfältig sind, diese Konfliktpotentiale auch mehr im Blick“ (Frau K) zu haben und über Strategien zur Lösung wie zur Vermeidung zu verfügen, „wenn Konflikte da sind im Kundenkontakt oder wie auch immer. Also das ist, denke ich, eine Basiskompetenz, die zunehmend an Bedeutung gewinnen wird.“ (Frau K) Derartige Konfliktpotentiale gebe es beim Aufeinandertreffen von Menschen stets. „Also ich glaube, ... dass so Nachbarschaftsstreitigkeiten über den Gartenzaun hinweg – das ist ja etwas, was, ich glaube, zunimmt.“ (Frau K)

Zudem bestünden „natürlich auch welche, die auf kultureller Prägung basieren, und die durch Missverständnisse entstehen, weil einfach der Umgang mit bestimmten Standardsituationen nicht selbstverständlich ist. Und da ist natürlich Konfliktpotential." (Frau K) Dies sei alltäglich, könne aber häufig abgemildert werden. Aber es sei gleichfalls so, „dass diese Konflikte dazu führen, dass wir Vorurteile aufbauen und beibehalten" (Frau K), welche sich „in Rassismus, Formen von Rassismus ..., latentem Rassismus, ... Diskriminierung" (Frau K) ausdrückten.

Ihrer Ansicht nach sei das alltäglich und hänge damit zusammen, „dass man ja diese Unterschiede nicht als selbstverständlich und als Das-ist-Teil-dieser-Gesellschaft wahrnimmt, sondern, dass die Erwartungshaltung da ist, alle verhalten sich ähnlich." (Frau K)

Außerdem meint sie, dass „wir soziale Probleme haben, im Hinblick auf Integration. Also, ob es darum geht, Arbeit zu haben, ob es darum geht, eine angemessene Wohnversorgung zu haben, ob es darum geht, den Alltag gestalten zu können mit den Mitteln, die man zur Verfügung hat." (Frau K)

Zu der ohnehin vorhandenen Erwerbslosigkeit komme die aktuelle wirtschaftliche Entwicklung, weshalb sie durchaus einen Anstieg xenophober Erscheinungen erwarte. „Und wenn dann solche zusätzlichen Konflikte da noch dazu kommen, ich denke schon, dass das solche Phänomene wie, ja, Ablehnung von – des 'Fremden', in Anführungszeichen, sich verstärken." (Frau K)

Je mehr soziale Probleme zunähmen, desto deutlicher geriete das als anders Empfundene ins Blickfeld und werde mit Bedeutung aufgeladen, obwohl sich an dessen Präsenz zunächst nichts geändert habe. „Wenn die sozialen Probleme wachsen, dann rücken die Anderen stärker in den Mittelpunkt. Sie sind genauso vorhanden oder nicht vorhanden wie vorher, aber sie kriegen eine andere Bedeutung in diesem Gesamtzusammenhang." (Frau K)

Im Rahmen eines Konzeptes bemühe man sich um ein gegenseitiges Abstimmen verschiedener Vorgänge. „Wir haben im Moment, ich glaube, elf Sozialräume im Rahmen dieses Sozialraumkonzeptes, wo es Sozialraumkoordinatoren gibt." (Frau K) Hauptamtlich kümmere sich jeweils jemand darum, lokale Vernetzungsarbeit zu leisten sowie die Struktur der Angebote auf den Bedarf vor Ort anzupassen. „Der guckt, was haben wir an anderen hauptamtlichen Strukturen da? Und was haben wir an ehrenamtlichem Potential? Oder was haben wir überhaupt an Potential in diesem Stadtteil?" (Frau K)

So werde versucht, das Potential für ehrenamtliches Engagement der BürgerInnen zu aktivieren, wobei immer beachtet werden müsse, dass einerseits zwar Eigenverantwortung übernommen werde, andererseits aber auch nicht ehrenamtlich ausgeführt werde, was eigentlich in professionelle Hände gehöre.

Die Gruppe der Illegalisierten sei dabei ein Spezialfall. „Also ich sage, das ist eine Sondergruppe. Da ist es wirklich extrem schwierig. Die brauchen ein

Sprachrohr." (Frau K) Wenn diese sich nämlich öffentlich äußerten, müsse „nach dem Ausländergesetz sofort ... jemand reagieren. Also das ist glaube ich etwas, wo – was man nicht als Normalfall betrachten kann.

Aber zum Beispiel die Gruppe der Flüchtlinge in Köln, ja also – ... Geduldete" (Frau K), für diese gebe es einen städtisch geförderten Ort, der Möglichkeiten der Selbstorganisation biete. Die Mittel dazu seien zwar deutlich begrenzt, aber im möglichen Rahmen gebe es speziell ausgerichtete Angebote für diese Gruppe, welche zudem aber noch andere interkulturelle Zentren nutze.

Besonders der fehlende Arbeitsmarktzugang für Menschen, welche sich lediglich befristet hier aufhalten dürfen, sei schon länger in der Diskussion. Doch die Kommune könne diesbezüglich lediglich auf den Widerspruch hinweisen, dass bestehende Gesetze „eigentlich Menschen daran hindern, sich vollständig zu integrieren" (Frau K), sie jedoch weder ändern noch dagegen verstoßen. „Da gibt es ganz viele Lobbyisten, die das schon lange zum Thema machen, der 'Kölner Flüchtlingsrat' oder wen auch immer." (Frau K)

Der Stadtrat habe zudem, mit dem „Ziel ... auch da gleichberechtigte Teilhabe möglich zu machen" (Frau K), in einer Resolution an das Land appelliert, Menschen ohne EU-Staatsangehörigkeit das kommunale Wahlrecht zu gewähren, sofern sie schon längere Zeit hier ansässig seien.

Der Integrationsrat sei „ein sehr wirksames Gremium" (Frau K), zwar „mit dem Makel behaftet, dass es eben, rechtlich, formalrechtlich eine eingeschränkte Mitarbeitsmöglichkeit hat" (Frau K), dennoch eine positiv zu bewertende Form der Beteiligung. Sie habe „sich wirklich bewährt. Und ich würde es positiv einschätzen, ... weil es ein Lernfeld ist." (Frau K) Nicht-Wahlberechtigten sollten ausgleichend möglichst große Möglichkeiten der Mitsprache eröffnet werden. Zudem könne in diesem Bereich gelernt werden, sich im Handlungsfeld der Politik zu bewegen. Manche Integrationsratsmitglieder säßen nun im Stadtrat. Für einige sei aufgrund des Wunsches, sich stärker beteiligen zu können, die Entscheidung erleichtert worden, sich einbürgern zu lassen.

Bei der Gruppe der Illegalisierten handele es sich um einen juristischen „Sonderfall, was den Aufenthalt hier anbelangt" (Frau K), zu dem es seitens der Verwaltung wenig Berührungspunkte gebe. Lediglich über Lobbygruppen wie den „Flüchtlingsrat" oder bezüglich der Gesundheitsversorgung komme man mit dem Thema in Kontakt.

> „Um das jetzt mal ein bisschen neben die Spur zu bringen, aber das macht es sehr deutlich: Das Thema Kriminalität wird ja häufig auch in Zusammenhang mit Zuwanderung gebracht, also erhöhte Kriminalität bei bestimmten Zuwanderergruppen. Es ist allgemein bekannt und anerkannt, dass die Gruppe der Illegalen, dass

> es auf diese nicht zutrifft. Weil jede Form von krimineller Handlung führt in der Regel zu einer erhöhten Aufmerksamkeit. Und das ist das, was Illegale nicht wollen und nicht brauchen ... das heißt, es ist eine sehr, sehr sozialverträgliche Gruppe in dieser Hinsicht, weil sehr unauffällig." (Frau K)

Diese Gruppe habe aber auch eine Menge Probleme und schon im Integrationskonzept werde gefragt, was, ohne Gesetze zu verletzen, sichergestellt werden könne, um das Leben von Betroffenen nicht unnötig zu erschweren. Bekannt sei, dass das Leben von Illegalisierten durch gering bezahlte, nicht behördlich angemeldete Arbeit unter schlechten Bedingungen und ungesicherte Gesundheitsversorgung bestimmt werde. Letzterer widme sich mittlerweile ein Netzwerk. Durch die Studie von Bommes et al. (2007) sei schon einiges angestoßen worden. Da es sich jedoch um eine Straftat handele, müsse auch gehandelt werden, wenn der fehlende Aufenthaltsstatus entdeckt werde. Allerdings müsse es freilich nicht so sein, dass man sich regelrecht darum bemühe, dies in Erfahrung zu bringen.

So habe das Bundesland klargestellt, dass eine Überprüfung des Aufenthaltsstatus' bei Schulanmeldung nicht erfolgen muss. Da gebe es zwar auch noch Probleme in der Umsetzung, aber das könne auf kommunaler Ebene geregelt werden. Immerhin sei aber etwas ins Rollen gekommen und Schulbediensteten die Unsicherheit genommen worden, indem die Klarstellung von Landesseite an die Schulen schriftlich erfolgt sei. Dahinter stehe der Gedanke, dass Kinder an ihrer Situation unschuldig seien und sich daher daraus möglichst keine Nachteile für sie ergeben sollten. Zweifellos handele es sich um ein problematisches Thema, aber sie glaubt, „dass die Vernetzungsaktivitäten in Köln auch in dem Handlungsfeld ziemlich gut funktionieren. Und der gute Wille auch auf Seiten aller Beteiligten sehr deutlich spürbar ist." (Frau K)

Es hänge aber auch mit den unterschiedlichen Aufgaben der verschiedenen offiziellen Einrichtungen zusammen. So könne etwa der Zoll, der gerade dazu da sei, Schwarzarbeit aufzudecken, nicht untätig bleiben, wenn er dabei den illegalen Status einer Person aufdeckt. In diesem Zusammenhang gerate so etwas eben in den Blick. Allerdings werde versucht, in Bereichen, die gesetzlich nicht so genau definiert seien, unterstützend tätig zu werden.

> „Das heißt, wenn sie den Zoll, die Abteilung Schwarzarbeit losschicken und in Gastronomiebetrieben oder wo auch immer, auf Baustellen oder so, Überprüfungen machen lassen, dann sind da im Zweifel auch Illegale festgestellt. Und da haben sie keine Möglichkeit, irgendetwas dann noch nicht zu tun. Dann sind sie dazu verpflichtet. Das heißt, es kann durchaus passieren, dass in bestimmten Handlungszusammenhängen solche Menschen eben als Illegale auffallen. Das ist die eine Seite. Die andere Seite ist aber natürlich, dass man eben darum bemüht ist, das Los dieser Menschen nicht unnötig noch zu erschweren." (Frau K)

Solange die Gesetze in dieser Form bestünden und es keine umfassenden Legalisierungsmaßnahmen wie in anderen Ländern gebe, bleibe das Problem bestehen. Dass eine pauschale Legalisierung gelingen könnte, glaubt sie aber auch nicht, da die Betroffenen sich in zu unterschiedlichen Zusammenhängen und Situationen befänden. Deshalb stünden die wichtigsten Bereiche, wie gesundheitliche Versorgung sowie (Aus-)Bildung im Vordergrund.

> „Ja, also eine systematische Möglichkeit kann es, glaube ich, auch nicht geben, weil dazu auch die, die Menschen und ihre Situationen zu unterschiedlich sind, in denen diese ... leben, dass es, ich glaube auch, schwer ist, da allgemein drauf zu reagieren, außer bestimmte existenziell wichtige Bereiche abzudecken, wie eben Gesundheitsversorgung oder Beschulung, Bildung." (Frau K)

Die genannte Studie sei vom Wohnversorgungsbetrieb der Stadt in Auftrag gegeben worden, der sich aufgrund seiner Übersicht über die Wohnsituation und Problemlagen vor Ort dem Thema widme. Dieser könne für Illegalisierte allerdings auch nicht durchweg Unterkunft gewährleisten. Die „Möglichkeiten, tatsächlich da unterstützend zu wirken als Kommune, ohne Gesetze zu verletzen, die sind begrenzt." (Frau K) Das „Interkulturelle Referat" widme sich hingegen mehr der Gruppe legaler MigrantInnen und zwar inklusive derjenigen, welche schon seit einiger Zeit hier lebten, aber noch immer keine Gleichberechtigung in allen Lebensbereichen erführen.

IV Auswertung und Resümee

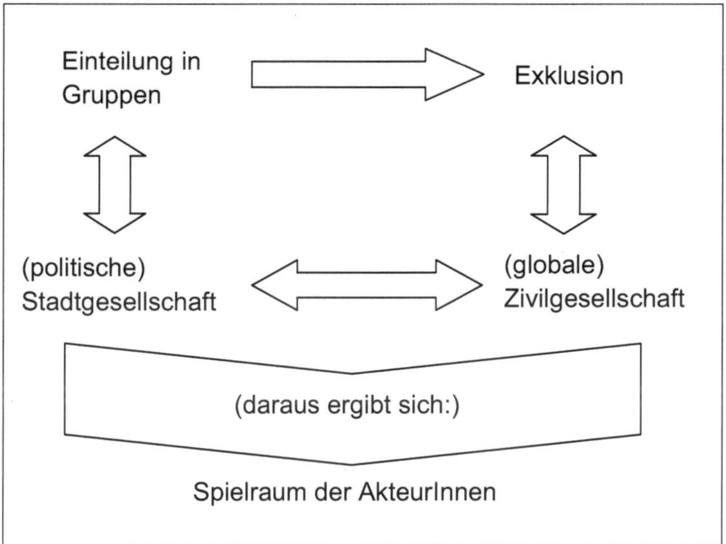

Abb. 1: Dimensionen der Bühnenbegrenzung

Obige Darstellung wurde anhand der zunächst entfalteten, theoretischen Überlegungen[1] erstellt. Sie soll verdeutlichen, mit welchen Dimensionen der Bühnenbegrenzung[2] sich Allochthone bei ihren öffentlichen Auftritten herumschlagen müssen. Während oben die systemische Ebene angedeutet wird, wird der Alltag mit der unteren Ebene, sowohl der Stadtgesellschaft als auch der (globalen) Zivilgesellschaft, assoziiert. Die gesetzlich festgelegte Einteilung in Bevölkerungsgruppen bestimmt zunächst die jeweilige Form der Exklusion. Währenddessen zeitigt sie gemeinsam mit dieser im Alltag ebenfalls Effekte.

1 Vgl. Teil II

2 Vgl. Goffman 1959, 99ff

Sie weist einen entsprechenden Platz in der Stadtgesellschaft zu und bestimmt den zur Verfügung stehenden zivilgesellschaftlichen Spielraum. Gleichzeitig beeinflussen Stadt- wie (globale) Zivilgesellschaft sich über Diskurse nicht nur gegenseitig, sondern sie wirken gleichsam diskursiv auf die juristisch vorgenommene Einteilung in Bevölkerungsgruppen und die daraus resultierende exkludierte Stellung ein. Hieraus ergibt sich ein Spielraum für migrantische AkteurInnen, welcher je nach Diskursverlauf und Exklusionsstellung unterschiedlich ausfallen kann. Es hat sich gezeigt, dass allochthone AkteurInnen, trotz mehrheitsgesellschaftlich dominierter Rollenvergabe, in der Lage sind, die öffentliche Bühne, je nach verfügbarem Platz, auf die verschiedenste Weise virtuos zu bespielen. Trotz gelegentlicher, dramatischer Einlagen bleibt Papierlosen hier häufig lediglich die Rolle des Souffleurs.

Die untersuchten Fälle stellen Beispiele dafür dar, auf welche Weise die Agierenden den gebotenen Spielraum jeweils nutzen.

IV 1 Auswertung der Analyse

IV 1.1 Die Publikationen[3]

a) „DIDF"

In der Arbeit der „DIDF" schlagen sich diverse gesellschaftliche Begebenheiten nieder. Aufgrund der administrativ vorgegebenen Einteilung in Bevölkerungsgruppen argumentiert der Verein gegen die Sortierung von Menschen entlang der genannten Spaltungslinien. Ebenso resultiert aus den Erfahrungen mit Paternalismus eine Ablehnung derartiger Stellvertretungspolitik. Explizit wenden sich die AkteurInnen daher gegen die gesellschaftliche Stellung als politische Objekte. Von Erfahrungen im Alltag ausgehend wird darum eine eigene, aktive, politische Einmischung in hiesige Belange angestrebt. Dabei spielen besonders die Lebensumstände sowie Zugangsmöglichkeiten zu und gerechtere Verfahrensweisen in Bildungs- und Erwerbssystem eine Rolle. Die Ziele der Verbesserung der Möglichkeiten in diesen Bereichen werden durch eine aktive, zivilgesellschaftliche Einmischung angestrebt. Erklärtermaßen soll so eine gezielte Einflussnahme auf die hiesige Politik und ihre Diskurse stattfinden. Es wird erkannt, dass die juristische Sonderbehandlung mit ihrer Schaffung von Bevölkerungsgruppen

---

3 Vgl. Kapitel III 1

und der Zuweisung gesellschaftlicher Plätze eine angemessene und passende Lebensführung im Alltag sowie eine politische Betätigung erschwert oder gar verhindert. Folgerichtig fordert der Verein eine umfassende, rechtliche Gleichstellung. Nur so wird eine Möglichkeit gesehen, nicht länger Spielball der Politik zu sein und eine Umgestaltung und Verbesserung der Lebensumstände im Alltag vornehmen zu können.

Gerade weil auch Nachkommen Eingewanderter auf die gesellschaftliche Sonderstellung festgelegt bleiben, sieht der Verein die Notwendigkeit aktiver Jugendarbeit. So kann eine Plattform für diese Jugendlichen geschaffen werden, mit deren Hilfe eine Vertretung eigener Interessen ermöglicht werden soll. Ähnlich geschieht dies in Bezug auf Frauen, die neben der strukturell vorgegebenen Ungleichbehandlung von MigrantInnen noch mit patriarchalischen Strukturen konfrontiert sind.

Der Verein will hierzulande ansässigen MigrantInnen dazu verhelfen, als Teil hiesiger Gesellschaft anerkannt zu werden und so den vorherrschenden, diskursiven, machtsichernden Unterstellungen etwas entgegensetzen. Orientiert an einer Gleichstellung der allochthonen wie der autochthonen Bevölkerungsteile, zudem an einer globalen, menschenrechtlich unterfütterten Zivilgesellschaft ausgerichtet, geht es um die Vertretung eigener Interessen, die aus der eigenen Lebenslage erwachsen. Die Vereinsmitglieder engagieren sich daher auf vielfältige Weise, bis hin zur Mitarbeit in Einrichtungen der Einwanderungsgesellschaft, was ausdrücklich gewollt ist. Des Weiteren sollen so Austausch mit anderen und deren gesellschaftspolitische Aktivierung ermöglicht werden.

Das Agieren von „DIDF" illustriert anschaulich die Folgen der gesellschaftlichen Einteilung in Gruppen, da sie sich gezielt gegen die anhaltende Unterschichtung immigrierter Bevölkerungsteile richtet. Die Existenz des Vereins kann selbst als eine Folge dieser Umstände gesehen werden, die eine eigene Artikulationsmöglichkeit nötig werden lassen. Die juristische Erschaffung von Bevölkerungsgruppen installiert diese ebenso im Alltag. Sie werden hier nachvollzogen und auf eine je eigene Weise übernommen. So fließen sie in Diskurse ein, die wiederum auf die gesetzliche Gestaltung zurückwirken. Hier versucht der Verein anzusetzen und sich in diese Diskurse einzumischen. Sowohl die strukturell hergestellte Klientelisierung als auch die alltagsweltliche Minorisierung, welche sich gegenseitig bedingen, ergänzen und beeinflussen, werden dabei angesprochen. Mit dem ausdrücklichen Wunsch der Einbeziehung aller, einer menschenrechtlichen, internationalen Orientierung und einer Vorgehensweise jenseits von wirtschaftlichen sowie staatlichen wie formalpolitischen Interessen, wird versucht, den für MigrantInnen eng gezogenen Spielraum der Zivilgesellschaft zu nutzen. In der Tat geht es darum, trotz der vorgefundenen patriarchalen Rahmenbedingungen, eigenen Interessen Ausdruck zu verleihen und ihre Durchsetzung zu erreichen. Über die Beteiligung an (meta-)kommunikativen Abläufen der Gesellschaft wird so versucht, nicht nur bessere Zugangsmöglichkeiten zu den formalen, gesellschaftlichen Funktionssystemen zu erlangen, sondern auch in der Lebenswelt gleichberechtigte Anerkennung zu finden.

Obwohl gleichfalls (Über-)Lebenshilfeaspekte vorkommen, steht doch in der Eigendarstellung von „DIDF" der Versuch im Vordergrund, die gesellschaftlichen Rahmenbedingungen durch Einmischung in zivilgesellschaftliche, politische Diskurse zu ändern und eine juristische Gleichstellung zu erreichen, um auch in der Lebenswelt entsprechende Verbesserungen zu ermöglichen. So wird der Anspruch angemeldet, anerkannt und entsprechend angemessen gesellschaftlich berücksichtigt zu werden. Der Festlegung auf die Rolle des politischen Objekts wird aktiv widersprochen. Eigenes Handeln und eigene politische Artikulation werden dem entgegengesetzt und Vorgaben auf diese Weise umgangen.

b) „PHOENIX"

Die administrativ erfolgende Einteilung in Bevölkerungsgruppen und die damit einhergehende Zuweisung gesellschaftlicher Plätze veranlassen den Verein „PHOENIX" die, der Möglichkeit nach bestehende, Ausnutzung eigener Ressourcen der Klientel anzustreben. Angesichts mit dem Schlagwort Integration verbundener Forderungen seitens der sogenannten Mehrheitsgesellschaft geht es darum, die Klientel positiv darzustellen und das Faktum zu allgemeiner Anerkennung zu bringen, dass sie Teil hiesiger gesellschaftlicher Realität ist. Dabei verlässt man sich vornehmlich auf eigene Ressourcen, welche werbewirksam in Szene gesetzt werden sollen. Es geht darum, den gebotenen Spielraum für eine effektive Lebensgestaltung möglichst zur Gänze auszufüllen, um eine verbesserte, gesellschaftliche Positionierung zu erreichen. Zweckmäßig wird hierbei vor allem in der Alltagspraxis angesetzt, bei der Bewältigung anstehender Aufgaben, der Überwindung von Hürden und der Lösung anfallender Probleme. Besonderes Interesse zeigt auch dieser Verein gegenüber der Förderung der Jugend, beispielsweise bei der Überwindung bildungssystembezogener Hürden. Auf vielfältige Weise kommt es daher zur Beteiligung an zivilgesellschaftlichen Prozessen auf städtischer wie überregionaler Ebene. Dreierlei Wege werden vornehmlich beschritten: Die eigene Klientel soll aktiviert, Öffentlichkeit informiert und konkret Hilfe bei der Lebensbewältigung geleistet werden. Weil die Klientel aus Menschen mit ganz unterschiedlichem (ausländer-)rechtlichen Status besteht, die in der öffentlichen Wahrnehmung jedoch aufgrund der Sprache als einheitliche Gruppe wahrgenommen wird, widmet sich der Verein einer möglichst passgenauen Betreuung, um gebotene Möglichkeiten ausschöpfen zu können.

Die unumkehrbare Realität einer dauerhaften Ansiedlung allochthoner Bevölkerungsteile bedingt, dass endlich die damit einhergehende, gesellschaftliche Diversität anerkannt wird, indem letztlich die administrativ festgeschriebene Herstellung von Bevölkerungsgruppen aufgegeben wird. Dies muss jedoch auch eine Anerkennung verschiedener Lebensweisen und -stile beinhalten und kann nicht durch Assimilation erreicht werden. Daher bietet der Verein ebenso Raum für entsprechende Angebote, die helfen sollen, eigene Vorstellungen auszuleben.

Besondere Aufmerksamkeit erhält die Problematik des Zugangs zum gesellschaftlichen Funktionssystem Arbeitsmarkt. Es werden institutionelle Wege beschritten, um die besonderen Schwierigkeiten der Klientel auszugleichen. Hierbei werden sogar offiziell Aufgaben übernommen, die eigentlich amtlicherseits zu bewältigen wären, von zuständigen Stellen in ihrer Praxis jedoch, zum Beispiel aufgrund ihrer monolingualen Ausrichtung, keine Berücksichtigung finden. Dazu kommen die, im Alltag erkennbaren, Folgen der juristischen Einteilung in verschiedene Gruppen, welche Probleme zeitigt, wie sie etwa in Segregationstendenzen gesehen werden. Daraus resultierende Schwierigkeiten sollen ebenso mit Hilfe der Vereinstätigkeit abgefedert werden. Mittels einer möglichst umfassenden Vermittlungstätigkeit sowie einer Zusammenarbeit mit anderen Einrichtungen und Institutionen wird versucht, die eigenen Interessen einzubringen. Dabei beruft man sich unter anderem auf die regierungsamtlich verkündeten Integrationsforderungen und weist darauf hin, dass diese nur ernst genommen werden können, wenn sich auch die sogenannte Mehrheitsgesellschaft entsprechend bewegt und (Anerkennungs-)Spielräume für die gesellschaftlich vorgefundene Vielfalt eröffnet.

Die besonderen Erfahrungen, die viele Menschen in der damaligen UdSSR gemacht haben, bringen es mit sich, dass eine routinierte Teilnahme an hiesigen demokratischen Abläufen zusätzlich erschwert ist. Sich auf eigene Fähigkeiten verlassen zu können, darauf aber auch angewiesen zu sein, weil gesellschaftliche Anerkennung fehlt, ist eine ungewohnte Situation, die zunächst ein Kennenlernen hiesiger Abläufe notwendig macht und eine Beteiligung an laufenden Diskursen erschwert.

Die Einteilung in Bevölkerungsgruppen und die daraus resultierende Stellung der Exklusion bedingen eine deutliche Einschränkung der Lebensmöglichkeiten. Hier werden gleichsam Möglichkeiten genutzt, welche Stadt- wie Zivilgesellschaft eröffnen, um diesen Nachteil auszugleichen oder überwinden zu können. Anders als im vorangegangenen Beispiel geht es jedoch vornehmlich zunächst einmal darum, sich mit den gegebenen Rahmenbedingungen möglichst zu arrangieren und gegebene Möglichkeiten kennen- und ausschöpfen zu lernen. Eher perspektivisch, zukunftsgerichtet bleibt das Streben nach einer Veränderung dieser Bedingungen. Die Berufung auf offizielle Vorgaben kann dabei gleichsam als Strategie gesehen werden, angemessen gegenüber potentiellen Geldgebern aufzutreten und auf diese Weise angebotene Nischen ausfüllen zu können. Die Förderstruktur möglichst gut zu kennen und auszunutzen, bildet hierbei eine besondere Kompetenz.

Mit aus der Exklusionsstellung sich ergebenden Nachteilen in puncto alltäglicher Lebensführung und erschwerter Möglichkeiten des Zugangs zu gesellschaftlichen Funktionssystemen umgehen zu können, kann als Schwerpunkt der Vereinstätigkeit gesehen werden, wodurch ebenfalls eine Einflussnahme über zivilgesellschaftliche und politische Diskurse stattfindet. Eine solche offensiver vorzunehmen erscheint allerdings zunächst noch nicht angemessen, da nach eigener Einschätzung seitens der Klientel effektiv einsetzbare Kompetenzen in dieser Hinsicht erst noch zu entwickeln beziehungsweise auszubauen seien, was als weiteres Aufgabenfeld des Zusammenschlusses gesehen wird.

c) Illegalisierte

Weil für Illegalisierte keine Möglichkeit einer formalen, öffentlichen Organisierung besteht, können sie sich vornehmlich über stellvertretende Zusammenhänge an die Öffentlichkeit wenden, welche neben dieser Möglichkeit, häufig auch praktischen Beistand leisten. Die Ungerechtigkeit der, aus den rechtlichen Rahmenbedingungen sich ergebenden, fehlenden Existenz als juristische Person und die daraus resultierenden, äußerst schlechten Lebensbedingungen werden bei sich bietender Gelegenheit aufgezeigt, um auf die Problemlage aufmerksam zu machen. Aus den Erfahrungen ergibt sich ebenfalls die Forderung nach einer umfassenden rechtlichen Gleichstellung. Sowohl körperliche als auch psychische Belastungen kommen infolge der besonderen Exklusionsstellung dieser Gruppe zustande. Die äußerst differenten Umstände jedoch, die jeweils zu einem Leben unter unrechtmäßigen Umständen führen, haben ebenfalls ganz unterschiedliche Möglichkeiten der Bewältigung der Lebenslage zur Folge, weshalb gleichsam verschiedenste Kompetenzen entwickelt werden. Die Perspektivlosigkeit der Situation wird ebenso unterschiedlich bewältigt, obwohl sie doch dafür sorgt, dass eine optimistische Zukunftsausrichtung häufig kaum eine Chance hat.

Gemeinsam ist den untersuchten Fällen dieser Gruppe, dass die Umstände eine möglichst unauffällige Lebensführung erfordern und eine Absicherung über private Kontakte und mit Hilfe weniger Vertrauensverhältnisse angestrebt wird. Der fehlende Zugang zu gesellschaftlichen Funktionssystemen führt dazu, dass inoffizielle Wege gesucht und beschritten werden müssen, um beispielsweise Unterhalt, medizinische Versorgung und Bildung erlangen zu können. Auch hier sind unterschiedlichste Kompetenzen gefragt, welche die Einzelnen aufgrund der je individuellen Umstände unterschiedlich entwickeln. Weil die ständige Gefahr des Entdecktwerdens besteht, kommt es zu besonderen Abhängigkeiten im privaten wie beruflichen Bereich, welche häufig dazu führen, dass die selbstbestimmte Entscheidungsfähigkeit über das eigene Leben stark eingeschränkt ist. Des Weiteren sind sowohl die soziale Kontaktaufnahme wie auch der weitere soziale Umgang stark beeinträchtigt, weil stets Vorsichtsmaßnahmen ergriffen werden müssen.

Illegalisierte kommen in der Gesellschaft in der Tat nahezu ausschließlich als Ausgeschlossene beziehungsweise Auszuschließende vor. Die Exklusionsstellung bedeutet, dass ein Zugang zu gesellschaftlichen Funktionssystemen nicht gewährt wird und individuelle Wege gefunden werden müssen, dies auszugleichen. Auch im Alltag zeitigt die gesellschaftliche Sonderstellung deutlich spürbare Folgen, die sich nahezu in allen Belangen auswirken und gravierende Probleme bei der Lebensbewältigung hervorrufen. Nur zeitweise kann es in einigen Fällen gelingen, ein Gefühl von Normalität zu entwickeln. Immer wieder werden Betroffene aber auf die Grenzen dessen aufmerksam gemacht, da sie in allen möglichen Bereichen auf unüberwindbare Hürden stoßen. Weder auf städtischer noch auf globaler Ebene kann es daher gelingen, auf üblichem Wege an die Öffentlichkeit zu treten. Lediglich auf weitgehend anonyme Weise können begrenzt Statements abgegeben werden und eine Teilnahme an zivilgesellschaftlichen Prozessen erfolgen. Daher ist eine Teilnahme an Diskursen lediglich erschwert möglich, weshalb es nur bedingt – in geringem Umfang – gelingt, die Bestimmungen, die auf systemischer Ebene festgelegt werden, zu beeinflussen.

Illegalisierte müssen notgedrungen das Beste aus den Umständen machen, sie können nur in seltenen Fällen versuchen, politisch, öffentlich Einfluss zu nehmen. Der heutige Trend, dass zivilgesellschaftlicher Einsatz zunehmend auf informeller Ebene abläuft, dürfte ihnen dabei entgegenkommen. Da ihre Handlungen und Aussagen jedoch größtenteils im Verborgenen stattfinden müssen, bleiben ihre Einflussmöglichkeiten erwartungsgemäß deutlich begrenzt und weitestgehend auf den Bereich der „Hinterbühne“ (Goffman 1959, 104) beschränkt. Doch auch von hier aus kann eine Teilnahme an der öffentlichen Debatte stattfinden und Meinungen beeinflusst werden. Anders als für die meisten anderen Menschen, ist es jedoch kaum möglich, auf Reaktionen, die auf eigene Diskursbeiträge erfolgen, unmittelbar zu antworten.

d) Schlussfolgerung

Die untersuchten Dokumente bestätigen weitestgehend die vorangegangenen, theoretischen Vorüberlegungen. Obwohl es sich bei allen Gruppen um vielfältig zusammengesetzte handelt, werden diese in der öffentlichen Wahrnehmung aufgrund des gesetzlichen Hervorbringens dieser Gruppen zumeist als homogen betrachtet und entsprechend der angestrebten Vereinheitlichung der Bevölkerungsstruktur behandelt, wogegen sich die Betroffenen aktiv zur Wehr setzen. Die Schlechterstellung, welche aufgrund der, den Aufstieg autochthoner Bevölkerungsteile gewährleistenden, Gesetze zustande kommt, soll abgeschafft, abgefedert und bewältigt werden. Nationale Zugehörigkeitsvorstellungen, welche zwar anhand ökonomischer Erwägungen zunehmend flexibilisiert, aber dennoch beibehalten werden, sollen aufgebrochen werden. Sowohl der administrativen Einteilung in Gruppen als auch der alltäglich erfolgenden Ethnisierungspraxis stellen sich die untersuchten zivilgesellschaftlichen AkteurInnen mit unterschiedlicher Schwerpunktsetzung entgegen. Sich gegenseitig bedingende und beeinflussende, strukturell hergestellte, Minderheiten hervorbringende Klientelisierung und alltagsweltliche Minorisierung werden durch das zivilgesellschaftliche Engagement zu beeinflussen versucht. Die jeweilige Exklusionsform bringt dementsprechend unterschiedliche Benachteiligungen im Alltag hervor, worauf je eigene Reaktionsweisen erfolgen.

Es zeigt sich ebenso, dass die Vorstellung deliberativer Demokratie keinesfalls als erreicht gelten kann und daher zivilgesellschaftliche Partizipationsformen entsprechend der jeweiligen (Ohn-)Machtstellung in ihrer Güte unterschiedlich ausfallen. Über Grenzen hinweg entwickeln zivilgesellschaftliche AkteurInnen daher entsprechend variable Fähigkeiten der Einflussnahme, die sich der vorgefundenen paternalistischen Struktur widersetzen, diese unterwandern. Mitsprache wird gleichsam dadurch ermöglicht, dass migrantische Selbstorganisationen helfen, soziale Situationen verständlich zu machen und entsprechende Transferleistungen entwickeln. Dem entspricht ebenfalls die beschriebene Ausdifferenzierung jener Organisationen, welche einen je unterschiedlichen Erfahrungsschatz einzubringen in der Lage sind. Die hochvernetzten Gebilde, welche Großstädte darstellen, machen dabei eine Beteiligung auch für offiziell gar nicht existierende Einwohnerschaften möglich, da die für sie konstitutive Erfahrung von Fremdheit mitunter Möglichkeiten eröffnet, eigene Vorstellungen in sie einzubringen, obwohl der versperrte Zugang zu gesellschaftlichen Funktionssystemen für einige Teile der Einwohnerschaft eine gleichberechtigte Teilhabe in der Lebenswelt und eine derartige Teilnahme an metakommunikativen Abläufen nicht annähernd sicherstellt.

IV 1.2 Deutung der Interviewdarstellungen[4]

Die Fallbeispiele gewähren einen Blick auf die Situation in Köln. In diesem Kapitel werden sie wieder mit dem größeren Zusammenhang konfrontiert und im, in Teil II aufgestellten, theoretischen Rahmen diskutiert. Dabei wird deutlich, dass Köln als Beispiel gesehen werden kann, dessen Situation in gewisser Weise typisch ist, nicht zuletzt, da sich die GesprächspartnerInnen häufig selbst dahingehend äußern, sich auf einen größeren gesellschaftlichen Zusammenhang beziehen und Themenfelder angesprochen werden, die gesamtgesellschaftliche Relevanz aufweisen. Außerdem zeigt sich in den Gesprächen, dass in die Interpretation der Situation, durch die Interviewten selbst ein transnationaler Erfahrungsschatz eingeht, der nicht nur über den städtischen, sondern gleichfalls über den nationalen Tellerrand hinausweist.

a) „DIDF"[5]

Die erste Interviewpartnerin, Frau A, weist darauf hin, dass es bei der Vereinsgründung von „DIDF" darum gegangen sei, sich jenseits, politisch sowohl von Seiten des deutschen, wie des türkischen Staates in den Mittelpunkt gestellter, konstruierter, religiöser wie ethnischer Schemata, zusammenzuschließen und dabei alsbald die hiesige Gesellschaft in den Blickpunkt zu rücken, nicht zuletzt um Verbindungen zu alteingesessenen Bevölkerungsteilen entlang geteilter Interessen zu schaffen. Ein derartiger Zusammenschluss werde – so die zum Ausdruck gebrachte Hoffnung – überflüssig, sobald die politische Betonung jener Konstruktionen entfiele. Die Organisation soll diesen Prozess vorantreiben. Dabei interessiert in erster Linie die Entwicklung der hiesigen Gesellschaft, aber Entwicklungen in anderen Ländern müssten ebenso bedacht werden, wobei aufgrund der Lebenserfahrung selbstverständlich die Türkei eine exponierte Stellung einnehme. Wer allerdings als Nachkomme eingewanderter Eltern hier aufwachse, habe heutzutage mit anderen Problemlagen zu tun als noch die selbst migrierte Generation, welche etwa noch stärker mit Sprachproblemen konfrontiert gewesen sei.

Sich selbst im Verein zu engagieren, sei nicht zuletzt durch die spezifischen, biografischen Erfahrungen als Nachkomme politischer Flüchtlinge motiviert. Es gilt, gemeinsame Interessen zu verfolgen – auch solche, die sich aus der hier

---

4 Vgl. Kapitel III 2

5 Vgl. Unterkapitel III 2. 1

vorgefundenen Situation, einer Minderheit zugerechnet zu werden, ergeben, – und eine rechtliche Gleichstellung anzustreben.

Um dies zu erreichen, wird eine intensive Jugendarbeit sowie, unter Wahrung der Unabhängigkeit der eigenen Organisation, ein Engagement in mehrheitsgesellschaftlichen, politischen Institutionen betrieben. Besonders wichtig sei es, sich lokal, dort, wo die Klientel lebt, einzubringen. Darum bringt man sich beispielsweise bei Demonstrationen ein und stellt sich gegen die Indienstnahme der eigenen Klientel für die Interessen des türkischen Staates genauso wie gegen hier praktizierten Rassismus. Raum für eigene kulturelle Interessen zu bieten, gehört ebenfalls zur politischen Strategie, welche in der Lebenswelt der AkteurInnen anzusetzen habe, wozu die Organisation in einem Verein eine gute Möglichkeit biete. Den Zielen nicht zuträglich wäre es hingegen, sich ausschließlich nach Gesichtspunkten zu organisieren, welche die ethnischen Konstruktionen nachbilden, sondern es müsse ein Engagement in übergreifenden Zusammenhängen angestrebt werden. Nicht zuletzt aufgrund fehlender vorgabefreier Förderstrukturen sei der Verein aber vor allem auf ehrenamtliche Mitarbeit angewiesen.

Sowohl in der Stadt vorgefundene rassistische und rechtsextreme Ansichten als auch Separierungsversuche, welche zum Teil von der allochthonen Bevölkerung mit vorangetrieben würden, machten es notwendig, diesen Tendenzen etwas entgegenzusetzen. Da hier nicht nur viele sozial benachteiligte, sondern gleichfalls zahlreiche allochthone EinwohnerInnen leben, gibt es für den Verein eine umfangreiche Zielgruppe. Obwohl Gegenteiliges behauptet werde, sei es der angestrebten Chancengleichheit nicht zuträglich, für allochthone Gesellschaftsmitglieder separate Institutionen zu schaffen, jedoch ebenso wenig, derartige Einrichtungen zu skandalisieren.

Stattdessen sei es wichtig, Zugänge zu gesellschaftlichen Funktionssystemen für alle hier Lebenden zu ermöglichen und diese gerecht zu gestalten. Hieraus ergebe sich ebenso die Möglichkeit, verschiedenartige Lebensläufe und -entwürfe im städtischen Alltag unterzubringen. Wahlrecht, sprachliche Öffnung und gerechtere Bildungschancen brächten diesbezüglich mehr als Forderungen nach einer Unterwerfung unter eine vermeintlich zu Recht dominante Kultur.

Bei Frau B handelt es sich um einen politischen Flüchtling. In der BRD entschloss sie sich, ihr politisches Engagement bei der „DIDF" fortzusetzen. Es sollte über die Situation in der Türkei informiert und für mehr Demokratie gestritten werden. Doch der Schwerpunkt dieses Einsatzes hat sich auf hiesige Belange verschoben, da die Stellung als passiver Spielball der Politik eine eigene Einmischung nötig machte. Aus ihrer Sicht hat sich dieser Status als politisches Objekt, welcher aus der Zurechnung zu einer gesellschaftlichen Minderheit resultiere, in den letzten Jahrzehnten verfestigt. Seit den 1980ern kämpfe der Verein daher um das Wahlrecht und verstärke das hiesige politische Engagement, besonders seitdem die eigene Klientel Rückkehrabsichten zunehmend ad acta gelegt habe. Daher stehe es nun im Vordergrund, gleiche Rechte für alle zu erhalten. Im Alltag sei es früher – trotz gelegentlicher Sprachprobleme – leichter gewesen, klarzukommen. Heute träten aufgrund fortschreitender Ethnisierungsprozesse und damit einhergehender Zuschreibungen und Skandalisierungen im Alltag größere Schwierigkeiten auf. Das könne mitunter zu Rückzug aus dem öffentlichen Leben und Umsiedlungswünschen führen. In der heutigen Zeit sei in der BRD eine Zunahme einer Politik zu verzeichnen, die die Schaffung von Minderheitengruppen in der Gesellschaft für eigene Ziele auszunutzen gedenke und daher an selbiger zunehmend mitwirke.

Die Möglichkeiten für den Verein seien zwar – nicht zuletzt aufgrund der eigenen Stärke – gut und so könne das Leben gemeinsam recht gut gestaltet werden, aber die Integrationsdebatte und darin enthaltene Unterstellungen und Assimilationsforderungen ließen die Zurechnung zu bestimmten Bevölkerungsgruppen zunehmend relevanter erscheinen und mehrheitsgesellschaftliche Setzungen bestimmten zunehmend, wem Akzeptanz entgegengebracht werde. Hier versuche der Verein Einfluss auszuüben, etwa durch politisches Engagement vor Ort, jedoch müsse auch der hegemoniale Teil der Gesellschaft Entgegenkommen zeigen.

Gute Voraussetzungen finde der Verein in Köln aufgrund der zahlenmäßigen Stärke der eigenen Klientel vor. Gegenüber Behörden und der eigenen politischen Ausrichtung jenseits etablierter Parteien wegen bestünden aber Probleme. Zumeist werde man – auch in Bündnissen mit anderen Organisationen – auf die Eigenschaft als MigrantInnen reduziert, anstatt die Interessenlage in Rechnung zu stellen. Stattdessen müsse die Möglichkeit eröffnet werden, sich als selbstverständlicher Teil der Gesellschaft im hiesigen Alltag einbringen und mit anderen für gemeinsame Interessen, wie beispielsweise die Armutsbekämpfung, streiten zu können. Trotz weit verbreitetem Rassismus sei dies mitunter möglich, wenn es dabei auch nicht leicht falle, die nötigen Ressourcen zu erhalten, ohne sich mehrheitsgesellschaftlichen Forderungen unterzuordnen.

Die Motivation für ihr Engagement ziehe Frau B immer wieder aus gelegentlichen Erfolgen. Obwohl der ausländerrechtliche Status der Mitgliedschaft variiert, entstünden aus der allgemeinen Zurechnung zur Gruppe der MigrantInnen spezifische Problemlagen, deren Überwindung vorrangiges Ziel sei. Der eigene Zusammenschluss soll letztlich überflüssig gemacht werden, um sich anschließend in anderen Zusammenhängen den eigentlich interessierenden Themen widmen zu können. Dazu sei jedoch gesamtgesellschaftlich mehr politisches Engagement nötig, was auch bedinge, dass zunehmend Mitbestimmungsmöglichkeiten geschaffen würden. Dazu setze man an der Basis an und versuche schon bei alltäglichen Problemlagen, der eigenen Klientel unter die Arme zu greifen. Als besonders wichtig wird es dabei erachtet, via Jugendarbeit nachwachsende Generationen zu unterstützen, um die Dominanz der vorherrschenden Einteilung in Bevölkerungsgruppen auf alltäglicher wie administrativer Ebene wieder zurückzudrängen und nicht weiter Opfer von Instrumentalisierung zu werden.

Herr C nennt die Fokussierung des Vereins auf die lohnabhängigen Teile der Bevölkerung und betont sein demokratisches, von Parteien unabhängiges Wesen. Er stellt heraus, dass man sich für gleiche Rechte einsetze und besonders dort örtlich verankert sei, wo der Anteil Allochthoner in der Bevölkerung verhältnismäßig hoch sei. Auch die Tatsache, dass in Köln viele weitere migrantische Selbstorganisationen ansässig sind, spreche für die Stadt als Vereinssitz, die sich zudem schon allein wegen ihrer Größe eigne. Seine eigene Motivation, sich bei „DIDF“ einzubringen, ergebe sich aus den Überschneidungen der vertretenen Inhalte mit seiner eigenen Meinung. Als Beispiele dafür zählt er etwa auf, gegen Rechtsextremismus sowie für die Durchsetzung von Menschenrechten und allgemein eine sozial verträglichere Politik einzutreten, aber auch gegen die Benachteiligung bestimmter Bevölkerungsgruppen, seien dies nun Allochthone, Frauen oder Jugendliche. Die Anwesenheit von MigrantInnen sei eine anerkennungswürdige gesellschaftliche Realität. Auf vielfältige Weise bemühe sich der Verein, gesellschaftliche Fortschritte in den genannten Bereichen voranzutreiben und es denjenigen zu ermöglichen, sich in die diesbezüglichen Belange einzubringen, die dies wünschten.

Die Geschichte der Migration in die BRD sei geprägt durch hohe Hürden, sich in dieser Gesellschaft einrichten zu können, was das Bedürfnis nach sich gezogen habe, sich angesichts vielfach geteilter Problemlagen, welche nicht zuletzt aufgrund staatlicher, ausländergesetzlicher Vorgaben und Ressentiments seitens der autochthonen Bevölkerung zustande gekommen seien, zusammenzuschließen, um selbst Abhilfe in alltäglichen Angelegenheiten schaffen zu können. Man wehre sich dagegen, als Bevölkerungsgruppe für nationalstaatliche Politik ausgenutzt zu werden, gehe sie nun vom deutschen oder vom türkischen Staat aus.

Der Dachverband habe eine bundespolitische Ausrichtung und bündele Erfahrungen aus den vor Ort tätigen Mitgliedsvereinen, die mit der lokalen Bevölkerung in Kontakt stehen. Einzelne Mitglieder des Vereins engagierten sich zudem in der formalen Politik. Der unabhängige Verein habe aber zu städtischen

Ämtern und zur Verwaltung mehr ein instrumentelles Verhältnis. Eher sehe man sich auf Seiten der demokratisch ausgerichteten Teile der Bevölkerung, mit denen nach Bedarf Bündnisse eingegangen würden, etwa, wenn es darum gehe, rechtsextremen Tendenzen etwas entgegenzusetzen. Der sowohl vom deutschen wie vom türkischen Staat verfolgten Taktik, Menschen entlang religiöser, ethnischer und nationalistischer Spaltungslinien in Gruppen aufzuteilen und sie dementsprechend für eigene Interessen als Manövriermasse zu missbrauchen, wird eine klare Absage erteilt. Jenseits derartiger Einteilungen in Bevölkerungsgruppen müsse es stattdessen darum gehen, eigene Anliegen, wie beispielsweise antirassistische, wirkungsvoll zu vertreten und dazu gesellschaftlichen Einfluss zu erringen. Dazu gehöre es ebenfalls, mehr mit autochthonen, gesellschaftlichen AkteurInnen zusammenzuarbeiten.

Für die GesprächspartnerInnen steht eindeutig die gesellschaftliche Entwicklung in der BRD im Vordergrund. Es geht ihnen darum, sich nicht den üblichen geschlechtsspezifischen, ethnischen und religiösen Konstrukten unterzuordnen und sich nicht der, damit einhergehenden, Stellung als Objekte der Politik missbrauchen zu lassen. Stattdessen wird eine Überwindung der gesellschaftlichen Relevanz genannter Konstrukte angestrebt, wozu es Sinn macht, sich eher entlang gemeinsamer Interessen zusammenzuschließen und eine rechtliche Gleichstellung aller Gesellschaftsmitglieder anzustreben. Die Schaffung von Bevölkerungsgruppen, entsprechende Zuordnungen und die Zuweisung gesellschaftlicher Plätze bedingen jedoch bestimmte Problemlagen, welche ein Bedürfnis hervorrufen, sich gegen diese gemeinsam zur Wehr zu setzen, auch wenn sie sich für verschiedene Generationen, welche der gesellschaftlichen Minderheit der MigrantInnen zugerechnet werden, unterschiedlich darstellen. Die Ermöglichung eines gleichberechtigten Zugangs zu gesellschaftlichen Funktionssystemen würde eine lebensweltliche Passung von Lebensläufen gangbar machen. Daher müssten die dominanten Teile der Gesellschaft gleichsam Zugeständnisse machen. Das Festhalten an der Einteilung in verschiedene Gesellschaftsgruppen, ihr Skandalisieren und ihre politische Ausnutzung, aber auch Unterstellungen und Forderungen nach Anpassung und mangelnde Akzeptanz gegenüber als anders Definierten, stehen dem Ziel, zu einem selbstverständlich akzeptierten Teil der Gesellschaft zu werden, entgegen. Um dieses Ziel trotzdem zu erreichen, versuchen die AkteurInnen mit der Lösung alltäglicher Probleme zu beginnen, Bündnisse mit anderen gesellschaftlichen AkteurInnen, welche ähnliche Interessen haben, zu schmieden und sich dabei weder von BündnispartnerInnen noch von staatlichen Interessen vereinnahmen zu lassen. Die eigene Motivation zum gesellschaftlichen Engagement entsteht aus der Überschneidung eigener Interessen mit jenen der Organisation und wird durch gelegentlich erreichte Etappenziele genährt.

Angesichts der vorgefundenen gesellschaftlichen Barrieren entwickeln die Agierenden also ein Bedürfnis, sich nach eigenen Interessen mit anderen zusammenzuschließen und Raum für eigenes gesellschaftliches Engagement und kulturelle Belange zu schaffen. Um als gesellschaftliche AkteurInnen wahrgenommen zu werden, mischen sie sich mit den üblichen Mitteln aktionistisch ausgerichteter, zivilgesellschaftlicher Zusammenschlüsse auf vielfältige Weise in die Politik im weitesten Sinne ebenso wie in sonstige Felder der öffentlichen Auseinandersetzung ein. Aufgrund der mit öffentlicher Unterstützung verbundenen Anpassungsforderungen ist es jedoch mitunter schwierig, über ehrenamtlich verfügbare Mittel hinaus, eine solche zu erfahren. Aus der zugewiesenen, gesellschaftlichen Stellung erwachsene Probleme werden mittels des eigenen Einsatzes zu lösen versucht, wobei am Auftreten alltäglicher Problemlagen anzusetzen versucht wird. Angesichts der Erfahrung, immer wieder zum Thema gesellschaftlicher Debatten zu werden, wird mit zivilgesellschaftlichen Mitteln versucht, in diese einzugreifen und dazu andere AkteurInnen als BündnispartnerInnen zu gewinnen, mit welchen inhaltliche Überschneidungen ausgemacht werden können.

So stellt man sich nicht nur gegen eine Unterschichtung, sondern auch gegen eine politisch angestrebte Homogenität der Gesellschaft. Dabei stören sowohl die Aufrechterhaltung nationaler Zugehörigkeitsvorstellungen, wie sie sich in Gesetzesvorgaben niederschlagen, als auch dementsprechende Ethnisierungstendenzen in der Lebenswelt. Die systemisch bedingte Exklusion, welche entsprechende Teilhabehindernisse im Alltag zeitigt, wird durch gegenseitige Solidarität aufzufangen versucht, wobei die Möglichkeiten heutiger Kommunikationstechnik die Aufrechterhaltung transnationaler Netzwerke erleichtern. Im zivilgesellschaftlichen Rahmen ergibt sich im Zuge von Solidaritätsprojekten jedoch ebenso die Gefahr, auf den Status als MigrantInnen reduziert zu werden. Derartige Erfahrungen haben zu entsprechender Vorsicht bei Bündnisprojekten geführt.

Da die Ziele einer deliberativen Demokratie innerhalb paternalistisch geprägter Strukturen noch längst nicht erreicht sind, bleibt eine gleichberechtigte zivilgesellschaftliche Beteiligung erschwert, weshalb man darauf angewiesen ist, sich vornehmlich auf die Ressourcen der eigenen Klientel zu berufen und zu stützen. Die Selbstorganisation hilft, soziale Situationen zu verstehen und nach eigenen Bedürfnissen zu nutzen. Da die Klientel der „DIDF" auf eine längerfristige Anwesenheit in diesem Land zurückblicken kann und selbst schon eine längere Geschichte hat, fließen vor Ort gemachte Erfahrungen, etwa mit unsicheren BündnispartnerInnen, in die Arbeit ein. Dies hilft dabei, sich den sich wandelnden Gegebenheiten anzupassen, ohne die eigenen Ziele aus dem Blick zu verlieren. Die Großstadt kommt als Ort der Auseinandersetzung den Bedürfnissen einer derartigen Organisation entgegen, da hier vielfältige, zivilgesellschaftliche Strukturen vorgefunden werden und Fremdheitserfahrungen nicht ungewöhnlich sind. In Köln ist der alltägliche Ablauf zumeist weitaus weniger gestört, als skandalisierende, interessengeleitete Äußerungen vermuten lassen, welche dem Machterhalt dienen. Obwohl man sich nach außen weitestgehend bemüht, als tolerante Stadt zu gelten, kommen auch hier machterhaltende Strukturen zur Geltung, denen sich die Betroffenen, mittels ihres zivilgesellschaftlichen Engagements als gesellschaftliche AkteurInnen entgegenzustellen trachten.

b) „PHOENIX“[6]

Herr D berichtet ebenfalls von Problemlagen, welche aus dem Umstand resultieren, einer bestimmten MigrantInnengruppe zugerechnet zu werden. Daraus ergebe sich das Gefühl, nicht willkommen zu sein und nicht der hiesigen Gesellschaft anzugehören. Daher gehe es darum, die hiesigen Möglichkeiten zu kennen und sie, auf die eigenen Fähigkeiten bauend, ausnutzen zu lernen, anstatt bloß passive KonsumentInnen von staatlich gebotenen Maßnahmen zu sein, welche häufig genug ihre Zielsetzung verfehlten. „PHOENIX“ biete hingegen die Möglichkeit, Kontakte zu knüpfen und eigene Fähigkeiten einzubringen. Diese Bemühungen zeitigten Erfolge, etwa bei der Eröffnung von Zugängen zum Arbeitsmarkt. Des Weiteren habe es geklappt, über neu entstehende Kontakte mehr Einfluss zu gewinnen und zu zeigen, dass es darauf ankomme, auf das Können der eigenen Klientel zu setzen. Behördlicherseits sei dies zwar zunächst argwöhnisch beäugt worden, das Ansehen aber nach und nach gewachsen. Im Alltagsleben habe man ebenso mit ethnisierenden Zuschreibungen zu kämpfen, welchen aber erfolgreich mit Aufklärung entgegengetreten werden könne. Hier gebe es aber noch viel zu tun, da einerseits viel von Integration die Rede sei und unterstellt werde, MigrantInnen würden sich abkapseln wollen, man andererseits jedoch von Seiten der autochthonen Bevölkerung gemieden werde. Dagegen ergreife der Verein jedoch selbst die Initiative, um Berührungsängste abzubauen und dafür zu sorgen, dass ein gegenseitiges Kennenlernen in einer angstfreien Umgebung möglich werden könne.

---

6 Vgl. Unterkapitel III 2. 2

Die in der damaligen autoritär geprägten UdSSR individuell vielfach angewandte Taktik, sich möglichst unsichtbar zu machen, müsste dazu jedoch seitens der eigenen Klientel überwunden und gelernt werden, mit vereinten Kräften den eigenen Platz in der Gesellschaft anzumelden. Hierzu setze man zunächst auf politische Bildung, um im hiesigen politischen System zu lernen, wie eigene Bedürfnisse und Forderungen angemessen geäußert werden können. Außerdem würden zahlreiche Möglichkeiten entwickelt, welche helfen sollen, die Schwierigkeiten mit der hier erfolgenden Zuordnung zu einer gesellschaftlichen Minderheit und damit einhergehenden Benachteiligungen abzufedern. Um dies realisieren zu können, komme es zu einer umfangreichen Zusammenarbeit mit Einrichtungen der Ankunftsgesellschaft und teilweise werden dabei sogar eigentlich behördlich institutionelle Aufgaben übernommen. In der Hauptsache liege die Verantwortung dabei jedoch auf den eigenen Schultern, wobei die Ausrichtung der Angebote entsprechend ausgemachter Bedürfnisse in verschiedenen Stadtteilen erfolge. Einiges an aktivierbarem Potential werde gesehen, wenn organisatorisch, politisch und finanziell die Möglichkeiten dazu geschaffen werden könnten, da russischsprachige MigrantInnen, welche mit ihrer sozialen Stellung unzufrieden und daher bereit seien, sich zur Verbesserung jener selbst einzubringen, leicht gefunden werden könnten. Dazu bedürfe es jedoch eines langen Atems, da administrative Stellen auf Vorschläge bisher zunächst reserviert reagierten. Anstatt unterstellte Defizite in den Vordergrund zu stellen, komme es darauf an, mitgebrachte Kompetenzen zu würdigen. Nur durch das eigene Engagement werde es möglich, eine anerkannte gesellschaftliche Stellung zu erreichen.

Herr E ist Diplom-Ingenieur, konnte aber diese hohe Qualifikation in der BRD beruflich nicht einsetzen. Daher blieb er zunächst auf die einfachsten, aber anstrengenden Hilfsarbeiten angewiesen, obwohl es ihm gelungen sei, seinen Abschluss anerkennen zu lassen. Über „Arbeitsgelegenheiten mit Mehraufwandsentschädigung“, wie die schlecht entlohnten Arbeitsbeschaffungsmaßnahmen nach „SGB II“ im offiziellen Jargon genannt werden, wendete er sich sozialarbeiterischen Aufgaben im Bereich der Arbeit mit SeniorInnen zu, bei denen es darum gehe, Kontakte zwischen Allochthonen und Autochthonen herzustellen und zu vertiefen. Dabei stehe es im Vordergrund, eigene Initiative ergreifen zu lernen und sich auf diese Weise eine bessere gesellschaftliche Stellung zu erarbeiten. Trotz zaghafter Verbesserungen bleibe dennoch fehlender Kontakt und Austausch zwischen diesen Bevölkerungsgruppen weiterhin das vornehmliche Problem. Wissen, Fähigkeiten und Kompetenzen der zugezogenen

Bevölkerungsteile würden weiterhin unterschätzt und das vorhandene Potential gegenseitigen Lernens, liege nach wie vor weitestgehend brach. Im Versuch, die eigene Gruppe möglichst positiv darzustellen, betont Herr E die Gemeinsamkeiten zwischen russischsprachigen und autochthonen Menschen und zieht dazu die religiöse Prägung heran. Die Gemeinsamkeiten aufgrund dessen seien deutlich ausgeprägter als mit anderen allochthonen Bevölkerungsteilen, wenngleich er diese Argumentation dadurch abschwächt, dass er erwähnt, selbst nicht religiös zu sein. Das Interesse Russischsprachiger, mit der autochthonen Bevölkerung Kontakt aufzunehmen, schätzt er als groß ein. Es stoße jedoch größtenteils auf Desinteresse und Vorurteile.

Die Situation in Köln sei, vor allem aufgrund der vielen hier ansässigen MigrantInnen, als günstig einzuschätzen. Jedoch ziehe sich – für Herrn E unverständlicherweise – von diesen auch ein erheblicher Anteil ins Privatleben zurück. Jüngere Russischsprachige hätten es über die Arbeit jedoch leichter, Kontakte zur autochthonen Bevölkerung zu knüpfen. Herr E betont, wie wichtig der Zugang zum Arbeitsmarktsystem daher sei und dass durch diesen Zugang erst die Möglichkeit eröffnet werde, sich im Alltag zurechtzufinden und nicht an den Rand der Gesellschaft gedrängt zu werden. Insgesamt werde für Erwerbslose nicht genug getan und nicht einmal Menschen, welche das hiesige Bildungssystem durchlaufen hätten, seien davor gefeit, weil Erwerbslose hier insgesamt kein gutes Ansehen genössen. MigrantInnen bleibe da ohnehin das Nachsehen. Daran kann laut Herrn E auch das Engagement von „PHOENIX" wenig ändern. Gegen die zusätzlichen Probleme, die daraus erwachsen, wie etwa das Gefühl überflüssig zu sein, könne der Verein jedoch einiges leisten. Auch könnten einige Voraussetzungen geschaffen werden, um hier insgesamt besser klarzukommen, wie beispielsweise das Überwinden von Sprachschwierigkeiten.

Herr F ist froh, bei „PHOENIX" eine Stelle gefunden zu haben. Weil er sich so mit seiner Kompetenz einbringen könne, erachte er eine formale Mitgliedschaft im Verein gleichsam als unbedeutend. Mit den Menschen bei „PHOENIX" fühle er sich verbunden. Es herrsche ein gutes Miteinander, wobei die gemeinsame Sprache im Vordergrund stehe und die Staatsangehörigkeit keine Rolle spiele. Aufgrund gesundheitlicher Schwierigkeiten könne er nicht mehr in seinem erlernten Beruf als Tischler arbeiten. Doch an seinem jetzigen Arbeitsplatz sei er trotzdem in der Lage, etwas für die Gesellschaft zu leisten.

Mehr Kontakt zwischen autochthoner und allochthoner Bevölkerung müsse auch aus seiner Sicht hergestellt werden. Obwohl Herr F die deutsche Staatsangehörigkeit besitzt, hat er die Erfahrung gemacht, nicht anerkannt und verstanden zu werden. Der Verein wolle für das gegenseitige Verständnis etwas tun. Statt von Seiten der Medien und der Politik nur darüber zu reden, müsse im Alltag begonnen werden. Der Verein verbinde daher Menschen unterschiedlicher Staatsangehörigkeit. Aufeinander zuzugehen wird eher als eine Aufgabe der einzelnen Menschen als eine der formalen Politik gesehen. Letzterer begegnet Herr F nicht zuletzt aufgrund seiner Erfahrungen in seinem Herkunftsland eher mit Skepsis, obwohl er wisse, dass sich Vereinsmitglieder auch in die hiesige, auf MigrantInnen ausgerichtete, politische Entwicklung einklinkten. Für ihn gehe es mehr darum, in der Lebenswelt direkt vor Ort seinen Teil dazu beizutragen, indem er sein Können einbringe. So wolle er etwa bei der Aufgabe des Vereins helfen, den Austausch zwischen den verschiedenen Menschen zu fördern. Köln biete, vor allem seiner Urbanität wegen, gute Möglichkeiten für ein derartiges Engagement. Doch aufgrund der monolingualen Ausrichtung der hiesigen Gesellschaftsstrukturen entstünden Schwierigkeiten, vor allem bei der Auseinandersetzung mit den Behörden. Dort herrsche eine oberflächliche Freundlichkeit vor, aber letztlich sei kein wirkliches Verständnis gegenüber aus anderen Ländern zugezogenen Menschen anzutreffen. So entstehe das Gefühl, nicht willkommen zu sein. Als MigrantIn werde man eher mit Unerfreulichem assoziiert. Entsprechend brächten die Menschen auf dem Amt nicht die nötige Geduld auf und vermittelten eher das Gefühl, dass man als Klient Teil einer lästigen Pflicht sei. Welche Behördengänge jeweils zu absolvieren sind, spreche sich innerhalb der russischsprachigen Community herum. Zudem könnten Einrichtungen wie „PHOENIX“ dabei helfen.

Der Verein könne mit seinen institutionalisierten Angeboten, wie der „Job-Börse“, zweckmäßig auf die besonderen Probleme der Zielgruppe eingehen und auf diese Weise Zugänge zum Arbeitsmarkt eröffnen. Außerdem könne er helfen, den Alltag sinnvoll zu gestalten. Er habe zudem bereits dafür gesorgt, das Ansehen der russischsprachigen Bevölkerung auf städtischer Ebene zu verbessern und zuständige Behörden für die Thematik zu sensibilisieren, die mittlerweile erkennen würden, dass die Tätigkeit des Vereins durchaus in ihrem Sinne sei.

Vornehmlich gehe es aber darum, Zugang zum Arbeitsmarkt zu schaffen und, wo das nicht klappe, daraus erwachsende Problemlagen abzuschwächen und Möglichkeiten zu eröffnen, eigene Kenntnisse einzubringen und dem Gefühl des Nichtgebrauchtwerdens entgegenzuwirken. Trotzdem herrsche ein gewisses Gefühl der Isolation und weniger Solidarität unter den Menschen, anders als Herr F es von früher gewohnt sei. Die hiesige Gesellschaft sei stärker durch Egoismus geprägt. Unter den Russischsprachigen sieht Herr F diesen weniger, und ebenso sieht er innerhalb der allochthonen Bevölkerung insgesamt, aufgrund geteilter

Problemlagen, mehr Verständnis füreinander, nicht zuletzt, weil die autochthone Bevölkerung, einer gewissen xenophoben Haltung wegen, abweisend auf MigrantInnen reagiere.

Aus der Zuordnung zu einer gesellschaftlichen Minderheit mitsamt der Zuweisung entsprechender gesellschaftlicher Plätze resultiert eine Abseitsstellung, der – um die damit zugeschriebene Passivität zu überwinden – nur durch eigenes Engagement, das Einbringen eigener Kompetenzen und einer positiven Selbstdarstellung begegnet werden kann. Von Seiten der Aufnahmegesellschaft erfolgen, unabhängig von der Staatsbürgerschaft, ethnisierende Zuschreibungen und Unterstellungen, welche die Möglichkeit, sich in die Alltagswelt einzufügen, nicht zuletzt deshalb erschweren, weil damit die autochthonen Bevölkerungsteile den Kontakt mit Allochthonen häufig meiden. Dagegen werden aufklärende, eigene Unternehmungen gesetzt, um die eigene gesellschaftliche Lage zu verbessern.

Eins der wichtigsten Themen dabei ist der Zugang zum gesellschaftlichen Funktionssystem des Arbeitsmarktes, der aufgrund des Minderheitenstatus' sogar dann verschlossen bleiben kann, wenn im Ausland erworbene Bildungs- und Berufsabschlüsse formal anerkannt werden. Es ist offensichtlich, dass nicht nur nationalstaatliche Regelungen ausschließend wirken, sondern ebenso kulturrassistisch basierte Hürden bestehen, wie etwa im Falle von Menschen zu sehen, die aufgrund der Regelungen des Bundesvertriebenengesetzes als deutsche StaatsbürgerInnen einreisen konnten. Im Alltag bleibt die Barriere, die mit der Zuordnung dieser Gruppe zu einer gesellschaftlichen Minderheit verbunden ist und diese als Problem wahrnimmt, bestehen. Zudem verhindert sie, dass die betreffenden Gruppen durch gegenseitigen Austausch voneinander lernen. Der Zugang zum Arbeitsmarkt wird weiterhin als wichtigster Inklusionsmodus gesehen, welcher im Hinblick auf integrative Bemühungen in der Lebenswelt als hilfreich erachtet wird.

Eine weitere Problemlage, mit der verschiedene allochthone Bevölkerungsteile konfrontiert sind: Zugänge zu gesellschaftlichen Funktionssystemen bleiben mitunter allein aufgrund der monolingualen Ausrichtung versperrt.

Die Befragten stellen heraus, dass sie eine angemessenere Stellung – als jene, die ihnen von Seiten der die Strukturen Bestimmenden zugedacht wird – in der hiesigen Gesellschaft anstreben. Dazu verlassen sie sich vornehmlich auf das eigene Potential, auf eigene Fähigkeiten und mitgebrachte wie angesichts der Lage erworbene Kompetenzen.

Behörden reagieren auf diese Bemühungen zumeist nicht mit dem erhofften Verständnis und scheinen die allgemein verbreiteten, negativen Assoziationen zu teilen. Aus den ihnen vorgegebenen Rahmenbedingungen resultiert eine gewisse Routine, welche den Bemühungen der Migrierten entgegenwirkt. Die allochthonen AkteurInnen versuchen daher, für Verständnis bezüglich ihrer Lage zu werben und so Zugänge zumindest zu den wichtigsten Funktionssystemen zu eröffnen und – wo dies nicht möglich ist – wenigstens die daraus resultierenden Probleme abzuschwächen. Dazu werden im Verein die vorhandenen Kompetenzen gebündelt und eingesetzt, um nach Möglichkeit viele Nischen zu besetzen. Die Orientierung an der vorgefundenen gesellschaftlichen Struktur hilft dabei, eine professionelle Ausrichtung zu entwickeln. Besonders finanzielle und arbeitsmarktpolitische Vorgaben und Rahmenbedingungen bestimmen die Möglichkeiten des Vereins, Angebote zu entwickeln. Dazu kommen Abgrenzungen und Vorurteile im lebensweltlichen Bereich.

In erster Linie scheint es darum zu gehen, die vorgefundenen Spielräume möglichst zur Gänze auszunutzen, eher perspektivisch um politische Möglichkeiten, diese zu erweitern. Denn der Umgang mit diesbezüglichen, hiesigen Abläufen bedarf noch einiger Übung, weshalb hier Bemühungen stattfinden, das eigene Wissen in diesem Bereich und entsprechende Kompetenzen zu erweitern. Die von Seiten der Behörde angestrebte Homogenität der Bevölkerungsstruktur, die aufgrund der gesetzten Rahmenbedingungen erfolgende Zuweisung gesellschaftlicher Plätze und die daraus resultierende Unterschichtung sind deutlich zu spüren und bedürfen zusätzlicher Anstrengungen der allochthonen Gruppen, um sich behaupten zu können.

Das Festhalten an nationalen Zugehörigkeitsvorstellungen schlägt sich zugleich in der Lebenswelt nieder. Nach kulturrassistisch begründeten Prinzipien werden dabei Menschen mit unterschiedlichem, ausländerrechtlich definiertem Status zu einer Gruppe zusammengefasst. Hier wird seitens des Vereins versucht, durch Aufklärung und das Knüpfen von Kontakten einer Isolation gegenzusteuern. Struktureller Klientelisierung und alltagsweltlicher Minorisierung soll durch das Ergreifen eigener Initiative entgegengewirkt werden. Über den Versuch, Zugänge zu gesellschaftlichen Funktionssystemen zu eröffnen, sollen Anerkennung und Partizipationsmöglichkeiten erreicht werden.

Im Sinne des zivilgesellschaftlichen Ideals der Einbeziehung aller wird auf diese Weise versucht, eigene Kompetenzen zu nutzen und eigene Interessen anzumelden. Der Verein hilft dabei, sich in der ungewollten Situation zurechtzufinden, sie besser kennenzulernen und das Leben im Alltag so sinnvoll wie möglich zu gestalten.

Die relativ kurze Zeit, in der Einwanderung Russischsprachiger in größerem Umfang erfolgt, und die in der damaligen Sowjetunion gesammelten Erfahrungen mit autoritären politischen Strukturen, bedingen auf Seiten der AkteurInnen eine gewisse Unsicherheit gegenüber dem hiesigen politischen System. Auf welche Weise die ohnehin geringen Mitwirkungsmöglichkeiten, die die Demokratie zumindest nominell eröffnet, genutzt werden können, muss nach eigener Einschätzung noch erschlossen werden. Daher tritt das Ziel politischer Einflussnahme zunächst noch in den Hintergrund. Die vielfältige, auf Professionalität ausgerichtete Angebotsstruktur des Vereins entspricht dem Trend der Ausdifferenzierung, welcher bei migrantischen Selbstorganisationen auszumachen ist. Als Großstadt bietet Köln einen geeigneten Rahmen zur Ausschöpfung des eigenen Potentials. Allein die zahlenmäßige Größe der Klientel kann helfen, Netzwerke zu bilden und so die gegebenen Möglichkeiten bezüglich der Systemzugänge, der metakommunikativen Strukturen und der Gestaltung des Alltagslebens möglichst optimal zu nutzen.

c) Illegalisierte[7]

Frau G erwähnt, dass sie aufgrund freundschaftlicher und verwandtschaftlicher Kontakte die Möglichkeit erhalten habe, nach Europa zu kommen. Die Aussicht auf eine Arbeitsmöglichkeit habe sie den Entschluss fassen lassen, einen längeren Aufenthalt anzustreben. Die Einreise erfolgte zunächst über den touristischen Weg, also durchaus auf rechtmäßige Weise. Zunächst arbeitete sie in Spanien, aber das unsichere Leben unter illegalen Bedingungen kostete einige Nerven der Beteiligten. Erneut aufgrund von Jobaussichten und über verwandtschaftliche Kontakte sei der Wunsch entstanden, nach Köln zu ziehen und dafür das Risiko eines unerlaubten Grenzübertritts innerhalb von Europa auf sich zu nehmen. Mit Hilfe von FreundInnen sei ihr dieser Schritt gelungen, und es sei ihr ebenso mehrfach gelungen, durch die Maschen des Kontrollnetzes zu schlüpfen.

In Köln habe sie aufgrund des solidarischen Verhaltens von Bekannten in einer Wohngemeinschaft unterkommen und als Babysitterin schwarz arbeiten können. Die EmpfängerInnen dieser Dienstleistung seien damit sehr zufrieden gewesen, unter anderem wahrscheinlich, weil sie sich eine reguläre Arbeitskraft gar nicht hätten leisten können. Als sie jedoch selbst ein Baby erwartete, habe sie sich erneut vor große Probleme gestellt gesehen, da es nicht sicher gewesen sei, ob sie bei der Entbindung einer Entdeckung hätte entgehen können. Zudem sei es, aufgrund der hier geltenden restriktiven Gesetzeslage, aussichtslos erschienen, dass das Kind jemals einen rechtmäßigen, staatsbürgerlichen Status erhalten könne. Daher habe die riskante Reise nach Spanien erneut bewerkstelligt werden müssen, was wieder

7 Vgl. Unterkapitel III 2. 3

nur mit Hilfe einer Freundin habe gelingen können. Aufgrund der dort gültigen Regelungen habe das Neugeborene die spanische Staatsbürgerschaft erhalten.

Freundschaftliche und verwandtschaftliche Unterstützung spielen eine große Rolle in sämtlichen Fragen der Lebensbewältigung, nicht zuletzt in finanziellen Belangen. Einen geregelten Zugang zu den gesellschaftlichen Funktionssystemen zu finden, ist kaum möglich. Es gibt zugängliche professionelle Beratung zum Thema Gesundheitsversorgung in Köln. Diese riet allerdings im vorliegenden Fall aus den genannten Gründen von der Inanspruchnahme der hiesigen Angebote ab. In diesem Interview wird besonders deutlich, dass ausschließlich persönliche, private Hilfe ein Leben unter illegalen Umständen ermöglicht. Zudem scheinen Unsicherheiten und innere Aufregung, welche in der – zum Großteil die Erinnerungen wiedergebenden – Erzählweise im Gespräch offenbar wurden, darauf hinzuweisen, dass diese Lebensumstände (Entdeckungs-)Ängste mit sich bringen und psychisch stark belasten. Diese beiden Punkte treffen ebenso auf das Gespräch mit dem folgenden Interviewpartner zu.

Auch Herr H konnte nur dank der solidarischen Hilfe von Anderen eine Unterkunft finden. Genauso verhält es sich mit dem Zugang zum Arbeitsmarkt, der nicht auf reguläre Art erschlossen werden kann. In der Wohngemeinschaft sei er wenigstens nicht alleine, denn außerhalb halte er sich aus Vorsicht nur selten auf. Durch das negative Ende des langwierigen Verfahrens um seinen Antrag auf Asyl habe er sich genötigt gesehen, das Saarland zu verlassen und in Frankreich erneut versucht, Asyl zu erhalten. Auch dieser Versuch sei gescheitert und er habe sich erneut zum Weggehen gezwungen gesehen. Er sei nach Köln gekommen, weil er hier über Kontakte verfügt habe. Letztlich seien alle Bemühungen, Fuß zu fassen, erfolglos verlaufen. Das zeigt, wie schwierig es ist, ohne Papiere auf legalem Wege etwas zu erreichen, vor allem in Bezug auf Wohn- und Arbeitsmarkt. Erfolgreich erscheint sein Handeln lediglich in der Hinsicht, dass es ihm möglich war, über private Kontakte die verwehrten offiziellen Zugänge zu umgehen.

Insgesamt kenne er jedoch nur sehr wenige Menschen und sein Spielraum sei deutlich eingeschränkt. Diesbezüglich gebe es kaum Aussicht auf Verbesserung seiner Lage, obwohl er bereit sei, alles zu versuchen. Es bleibe jedoch unklar, was noch getan werden könne. Hier hebt er die Hilfe seiner FreundInnen und Bekannten positiv hervor, die ihm immerhin die wenigen Auswege eröffneten, die er habe. Unter diesen Umständen in Köln zu leben, unterscheide sich nicht nennenswert vom Leben im Saarland. Es gelte, stets auf der Hut zu sein und die Bleibe möglichst selten zu verlassen, und wenn, dann am besten stets gemeinsam mit guten Bekannten.

Die Behörden unterstellten ihm Unglaubwürdigkeit und behaupteten, es gebe in seinem Herkunftsland keinerlei Probleme, welche ein Asyl rechtfertigen würden. Bezüglich gesundheitlicher Versorgung komme es in erster Linie darauf an, Glück zu haben und nicht zu erkranken. In den seltenen Fällen, in denen er medizinische Unterstützung benötigte, sei es erneut durch private HelferInnen gelungen, die Kontakte und finanzielle Mittel verschafften. Ebenfalls könne eine dafür offene Anlaufstelle in Köln genutzt werden. Medizinische Versorgung sei aber nur zu erhalten, wenn man sich auskenne. Auch politisches Engagement könne nur unter großer Vorsicht und mit Hilfe anderer wahrgenommen werden, und das auch nur in sehr geringem Umfang, der wenig effektiv erscheine. Eine Besserung der Situation bleibe aufgrund der schwachen verfügbaren politischen Mittel unwahrscheinlich.

Diese Lebenssituation mit wenig Aussicht auf Besserung sei psychisch belastend, aber ohne Alternative, da bei einer Rückkehr ins Herkunftsland noch größere Gefahren drohten. Dazu komme die Belastung aufgrund der Angst vor Entdeckung und Abschiebung. Lediglich das Wissen um solidarischen Beistand von Menschen, die sich regulär hier aufhalten, mache die Situation etwas erträglicher und das Überleben überhaupt erst möglich. Zu anderen Menschen ohne Papiere habe Herr H sonst kaum Kontakt. Perspektivisch gebe es kaum Hoffnung auf eine Besserung seiner Lebensumstände, zumal die Asylgesetzgebung noch restriktiver geworden sei.

Hier wird ebenfalls deutlich, wie sehr Menschen ohne Papiere auf die Hilfe anderer angewiesen sind, um das Leben bestreiten zu können. Ängste, Zweifel, Aussichtslosigkeit sowie die dadurch notwendige Vorsicht bringen deutliche Einschränkungen mit sich, die nur teilweise durch Netzwerke ausgeglichen werden können. Die Teilnahme am öffentlichen Leben beschränkt sich so auf ein Minimum.

Der Gesprächspartner wünscht sich einen Weg zu einer Legalisierung seines Status, mehr Handlungsspielraum für ein sicheres Leben sowie die Möglichkeit, am öffentlichen Leben und politischen Auseinandersetzungen teilnehmen zu können. Alle denkbaren Maßnahmen scheinen aber ausgeschöpft. So gibt es offenbar keinen Weg mehr, zu einer offiziell anerkannten Gesellschaftsmitgliedschaft zu gelangen. Die Behörden blockieren durch ihre Voreingenommenheit jeden Weg.

Das Leben als Illegalisierte lässt kaum Möglichkeiten und wohl auch persönliche Kraft, sich öffentlich zur eigenen Lebenssituation zu äußern. Beratungsstellen, die auch Illegalisierte in ihre Arbeit einbeziehen, können offensichtlich nur bedingt

Hilfestellung bieten, sie sind aber immerhin in Köln vorhanden und geben Ratschläge, die zumindest gangbare Wege aufzeigen. Gesellschaftliche Teilhabe kann lediglich auf privatem Wege durch verdeckte Hilfe möglich werden. Spielraum ist hier so gut wie nicht vorhanden. Das Leben erscheint hier jedoch mit aller Unsicherheit oftmals noch hinnehmbar im Gegensatz zu den Gefahren, welche mitunter im Herkunftsland drohen. Nur als Teil eines Netzwerkes aus Bekannten, FreundInnen und Verwandten können die absolut basalen Notwendigkeiten des alltäglichen Lebens bewältigt werden. Die gesellschaftliche Teilhabe bleibt aber auf ein Minimum beschränkt, vor allem, da die Wohnung möglichst selten verlassen wird. Nur unter Vorsichtsmaßnahmen kann in seltenen Fällen eine öffentliche Veranstaltung besucht werden. Die Gefahr der Entdeckung zwingt zu solchen Maßnahmen, zu denen gehört, nicht ohne Begleitung aus dem Haus zu gehen.

Ein gesellschaftlicher Aufstieg ist unter diesen Bedingungen unmöglich. Die Illegalisierung von MigrantInnen gewährleistet die Verfügbarkeit günstiger Arbeitskraft. In nahezu allen Lebensbereichen sind andere Bevölkerungsgruppen im Vorteil. Nationale Zugehörigkeitsvorstellungen sorgen für die Politik der Begünstigung autochthoner Bevölkerungsteile, aber ebenso für die Flexibilisierung von Zuwanderungsregeln im Sinne einer Standortpolitik, während gleichzeitig dafür gesorgt wird, dass in wenig renommierten und schlecht entlohnten Arbeitsbereichen Arbeitskräfte zur Verfügung stehen.

Die aufgrund der Rahmenbedingungen bestehende AußenseiterInnenstellung hat gravierende Folgen für die Möglichkeiten, sich in der Lebenswelt einzurichten. Sie kommen lediglich als Auszuschließende vor und können im alltäglichen Leben daher nur schwerlich einen sicheren Platz finden. Aufgrund ihres öffentlichen Charakters kann auch die Zivilgesellschaft nur sehr begrenzt – nämlich fast ausschließlich über das Engagement legaler Personen – Schutz vor dieser Unsicherheit bieten. Hier zeigt sich, wie fern die Ziele der Deliberation noch liegen. Die Vernetzung im privaten Bereich vermag allenfalls, die Organisation der nötigsten Dinge des Lebens zu gewährleisten. Erfolgreich werden hier allerdings Strategien entwickelt, sich möglichst unauffällig zu verhalten und auf diese Weise wenigstens Wohn- und Arbeitsmöglichkeiten zu erschließen. Ebenso kann dadurch in begrenztem Umfang auf eine Gesundheitsversorgung zurückgegriffen werden. Dank der Selbstorganisation der Betroffenen kann hier doch immerhin erschlossen werden, was offiziell unter allen Umständen verwehrt bleibt. Der Einfluss auf die öffentliche Meinungsbildung bleibt jedoch verschwindend gering und kann allenfalls über Hilfszusammenhänge transportiert werden. Diesen gegenüber ist es jedoch auch nur bedingt möglich, einen eigenen Standpunkt einzunehmen. Deshalb bleibt hier die Gefahr einer Klientelisierung bestehen.

Die Anonymität des städtischen Lebens gewährleistet einen gewissen Schutz. Doch da in Bezug auf den Zugang zu gesellschaftlichen Funktionssystemen immer die Abhängigkeit von anderen besteht, kann weder im Bereich der Metakommunikation noch dem der Lebenswelt eine gleichberechtigte Teilhabe erreicht werden. Zivilgesellschaftliche Beteiligung ist deutlich erschwert und wird daher selten in Erwägung gezogen, kommt aber dennoch vor, besonders dann, wenn sich Gelegenheiten dazu bieten. Sämtliche zum Leben nötige Verrichtungen müssen unter Umgehung von Gesetzen erfolgen. Die durch die restriktiven Rahmensetzungen erst hervorgebrachte Minderheit der Illegalisierten bedient dennoch eine Nachfrage nach billiger Arbeitskraft, sie ist insofern also durchaus gesellschaftlich relevant.

Diese Gruppe zeigt deutlich, dass die durch Gesetze intendierte Steuerung von Migration kaum möglich ist. Mit ihr wird zudem eindrücklich sichtbar, wie für eine weitere Unterschichtung gesorgt und damit Aufstiegsmöglichkeiten der autochthonen Bevölkerungsteile sichergestellt werden. Die Vorstellung nationaler Zugehörigkeit wird dadurch untermauert und zudem für Nachschub billiger Arbeitskräfte für Sektoren des sogenannten Jedermannarbeitsmarktes gesorgt. Im Alltag wird die Zuordnung zu Bevölkerungsgruppen nachvollzogen, aber nicht immer auf die offiziell intendierte Weise, wie die Unterstützung durch legal ansässige Personen zeigt. Die absolute Stellung der Exklusion, welche angestrebt wird, verhindert nahezu zur Gänze eine Teilhabe am öffentlichen Leben.

Im privaten Bereich können Betroffene jedoch trotzdem an der Meinungsbildung auch – oder aufgrund gemachter, transnationaler Erfahrungen sogar gerade – über Grenzen hinweg teilnehmen. Zivilgesellschaft als öffentlicher, möglichst alle einbeziehender Diskurszusammenhang im eigentlichen Sinne findet insbesondere in der Europäischen Union jedoch kaum statt. Von hier aus wird stattdessen versucht, diese moderne Variante weltweiter, transnationaler Migration zu definieren, einzudämmen und das System ihrer Kontrolle zu verbreiten – während in diversen Ländern unterschiedliche Vorstellungen darüber herrschen, was als illegale Migration zu gelten hat und diese vielfach stillschweigend als Reservoir billiger Arbeitskraft geduldet wird.[8] So existieren auch globale, zivilgesellschaftliche Zusammenhänge Papierloser, deren Möglichkeiten in hiesigen Breiten jedoch eingeschränkt sind. Nur unter lebensnotwendigem

8 Vgl. Düvell 2002, 53, 66, 91ff; Natürlich gibt es auch dann keine Sicherheit und nicht regulären Arbeitskräften kann jederzeit ein Umschwung dieser Politik drohen, wie etwa die Beispiele Malaysia, Thailand oder die USA belegen. (Vgl. Netzwerk Migration in Europa [Hg.] 1998; Grell 2006)

Ausschluss der Öffentlichkeit kann eine Netzwerkbildung stattfinden, die auch aus Kenntnissen anderer migrationserfahrener Personen Nutzen zu ziehen in der Lage ist. Diese Netzwerke helfen, die äußerst eng gezogenen Spielräume auszunutzen. Dies betrifft in erster Linie das Zurechtkommen in der Lebenswelt, schließt aber eine direkte, zielgerichtete Einflussnahme auf (migrations-)politische Vorgänge nahezu aus. Vor allem privat verlaufende Diskurse können die Meinung von Illegalisierten berücksichtigen und unter Umständen in die Öffentlichkeit weitertragen. Eine Gleichberechtigung in Lebenswelt und Strukturen der Metakommunikation ist aufgrund des – zumindest über den offiziellen Weg – absoluten Ausschlusses aus gesellschaftlichen Funktionssystemen unerreichbar.

Frau I beschreibt die Schwierigkeiten, die sich aus zivilgesellschaftlichem Engagement für Illegalisierte ergeben können. Als ein neu formiertes Netzwerk offen seine Solidarität mit Betroffenen bekundet habe, hätten umgehend zahlreiche von diesen die Gelegenheit genutzt, Hilfe einzufordern. Hier zeigt sich der aus dem Druck der Umstände erwachsende Bedarf, konkret eine Besserung der eigenen Lage anzustreben und sich öffentlich dazu äußern zu können. Auf diese Weise habe eine öffentliche Auseinandersetzung mit dem Thema forciert und Gelegenheit für Illegalisierte geschaffen werden sollen, sich selbst zu äußern. Das zeitweilige Erreichen einer breiten Öffentlichkeit habe immerhin bewirkt, dass sich mittlerweile auch amtliche Stellen, etwa auf städtischer Ebene, mit der Thematik beschäftigten. Zaghaft habe eine Suche nach Lösungen begonnen, welche jedoch durch die rechtlichen Rahmenbedingungen letztlich deutlich eingeschränkt sei. Der Handlungsspielraum, welcher sich aus der Gesetzeslage ergebe, bleibe nach wie vor zu klein. Die konkret Hilfe leistenden Anlaufstellen in der Stadt operierten weiterhin in einer Grauzone, da sie nicht in der Lage seien, ihre Angebote effektiv auszubauen, weil sie stets Gefahr liefen, rechtliche Grenzen zu überschreiten.

Wie erfolgreich etwa beim Versuch einer Legalisierung operiert werden könne, hänge nicht zuletzt davon ab, wie verständnisvoll die jeweiligen Personen in damit befassten, öffentlichen Stellen reagierten. Die Situation sei also weiterhin von Unsicherheit und Willkür geprägt. Die Bezeichnung Illegalisierte hebe hervor, dass die Menschen zu solchen gemacht würden, nicht zuletzt durch rassistische Kontrollmechanismen, welche anhand äußerer Merkmale sortierten. Obwohl in Köln häufig eine tolerante Einstellung betont werde, gebe es hier ebenso derartige Kontrollen und die Lage sei nicht konsistent. Orte, die aufgrund gewisser Vorurteile und Ansichten diskreditiert seien, würden häufiger kontrolliert, während andere verschont blieben. Auftretende Probleme in der Stadt würden seitens der autochthonen Bevölkerung häufig den Allochthonen angelastet. Durch die Rahmenbedingungen konstruierte Bevölkerungsgruppen und eine entsprechend installierte Hierarchie hätten zur Folge, dass die Schuld häufig der jeweils schlechter angesehenen Gruppe zugewiesen werde.

Im Bereich von Hilfeleistungen und Sozialarbeit bestehe ein gewisses Bewusstsein für die Problematik, doch der rechtliche Rahmen, welcher verursacht, dass Menschen rechtlos bleiben, werde nicht angetastet. In der Bevölkerung werde dieser rechtlose Status häufig mit Kriminalität in Verbindung gebracht. Daher schreckten viele auch davor zurück, ihre Hilfe anzubieten; für Menschen ohne Papiere sei es umso schwieriger, öffentlich für ihre Interessen einzutreten. Folglich könnten rassistische Meinungen leichter Verbreitung finden und populistisch ausgeschlachtet werden.

Dass immerhin in entsprechenden offiziellen Gremien über den Umgang mit der Thematik verhandelt werde, sei nur ein kleiner Fortschritt, da die Gesetzeslage immer wieder Lösungen blockiere. In dieser Situation sei es für Betroffene kaum möglich, sich selbst öffentlich für ihre Belange einzusetzen. Sie seien darauf angewiesen, sich abseits der Öffentlichkeit zu organisieren.

Rechtliche Schritte könnten mit entsprechender Unterstützung am ehesten bezüglich des Arbeitsrechts eingeleitet werden, was in einzelnen Fällen versucht werde. Die Herstellung einer weitestgehend rechtlosen Minorität hänge auch mit dem Interesse zusammen, Menschen in eine Lage zu versetzen, in der sie gezwungen seien, schlecht entlohnte Arbeiten zu verrichten. Auf diese Weise könne in Europa bei Bedarf auf eine Manövriermasse deklassierter Arbeitskräfte zurückgegriffen werden.

Ohne die Gesetzgebung anzutasten, welche dafür sorge, dass Menschen illegalisiert werden, ' könne im Bereich konkreter Hilfsmaßnahmen nur geringer Fortschritt erzielt werden. Menschen ohne Papiere hätten ein vitales Interesse an der Besserung ihrer Lage und folglich auch daran, sich öffentlich in die Diskurse einzuschalten. Dies könnten sie vermittelt über Hilfsstrukturen erreichen. Vornehmlich seien sie jedoch darauf angewiesen, ihre organisatorische Tätigkeit darauf zu beschränken, das Überleben zu sichern. Die Rahmenbedingungen, die eine Einteilung der Bevölkerung in bestimmte Gruppen vornimmt und entsprechende gesellschaftliche Plätze zuweisen, spiegelten sich im alltäglichen Umgang in der städtischen Bevölkerung wider, welche die Vorgaben auf eigene Weise adaptiere und – etwa bezüglich auftretender Probleme – bei Schuldzuweisungen übernehme. Auf diese Weise werde die Hierarchie fortgeschrieben, die nicht zuletzt auch wirtschaftlichen Interessen diene.

Auch Frau J schildert, wie sich gegen Ende der 1990er Jahre, als unter dem Motto „Kein Mensch ist illegal" eine Vernetzung stattgefunden habe, relativ schnell Beistand einfordernde Illegalisierte gemeldet hätten. Gemeinsam sei Protest beschlossen worden. Das Problem sei es aber gewesen, dass eine geeignete Form und ein geeigneter Ort haben gefunden werden müssen, da die illegalisierten Personen gefährdet gewesen seien, in Abschiebehaft genommen zu werden, sobald sie in die Öffentlichkeit getreten wären. Schließlich hätten Kirchen als Schutzraum genutzt werden können. In Köln habe es ein breites Netzwerk von Menschen gegeben, das die Aktion für ein Bleiberecht unterstützte. Zudem hätten sich immer mehr von Illegalisierte gemeldet und an der Aktion teilgenommen. Mit Hilfe einer Demonstration habe eine breite Öffentlichkeit erzielt werden können. Aufgrund der immer größer werdenden Zahl Zuflucht suchender Menschen ohne Papiere hätten weitere Kirchengemeinden gefunden werden müssen, die sich bereit zeigten, Unterschlupf zu gewähren, was nicht ganz reibungslos habe ablaufen können.

Auch über Staatsgrenzen hinweg habe eine Vernetzung stattgefunden, etwa indem ein Erfahrungsaustausch mit den als „Sans Papiers" bekannten AktivistInnen aus Frankreich habe organisiert werden können. Die Protestaktion habe sich ausgebreitet, bis sich bundesweit nahezu 500 Illegalisierte daran beteiligt hätten. Auf vielfältige Weise habe eine Öffentlichkeit hergestellt werden können und zahlreiche Papierlose hätten in diesem Rahmen eigene politische Äußerungen getan. Diese Äußerungen hätten ihnen im Falle einer Abschiebung im Herkunftsland mitunter Schwierigkeiten bereiten können.

Unter anderem deshalb sei für alle an den Protesten Beteiligten eine gemeinsame Bleiberechtsregelung angestrebt worden, aber es habe lediglich eine erneute Prüfung der Einzelfälle erreicht werden können. Die Behörden hätten starken Druck ausgeübt, während die Kraft der AktivistInnen durch die Anstrengungen, welche eine derartige Aktion erfordere, aufgezehrt worden sei. Die Einzelfallprüfungen hätten jahrelange ermüdende Verfahren mit sich gebracht. Letztlich hätten aber für die meisten Betroffenen Wege gefunden werden können, zu bleiben. Sie hätten über Jahre im Kirchenasyl ausharren und mit großem Aufwand in den laufenden Verfahren unterstützt werden müssen. Die Unterbringung von Illegalisierten in Kirchen werde seitdem immer wieder – meistenteils allerdings ohne große Öffentlichkeitswirksamkeit – praktiziert. Durch die Einzelfallprüfungen habe die Administration erreicht, dass die Proteste an öffentlicher Sichtbarkeit einbüßten. Das Ergebnis, dass zahlreiche Betroffene haben legalisiert werden können, sei durch diese Taktik kaum noch wahrgenommen worden. Diese Proteste hätten aber gezeigt, dass die Frage, ob jemand hier bleiben könne, nach Lage der geltenden Gesetze in hohem Maße davon abhänge, wie viel Unterstützung Betroffene erhielten, und dass zudem Behördenwillkür hier eine große Rolle spiele. Da es kaum möglich sei, dass Betroffene sich selbst äußerten, sei es nötig, eine breite Unterstützung zu mobilisieren, um das Recht zu bleiben, schließlich oftmals aufwändig zu erkämpfen.

Kirchenasylaktionen, wie sie laut Frau J immer mal wieder stattfänden, könnten aufgrund des hohen Aufwandes nur selten eine derartig breite Wirksamkeit entfalten, nicht zuletzt auch, weil unterschiedliche kirchliche Gliederungen sich verschieden solidarisch zeigten. Aufgrund des relativ breiten Angebots an Unterstützungen, vor allem in den Bereichen der Beratung und Gesundheitsversorgung, welche Menschen ohne Papiere in Köln in Anspruch nehmen könnten, schätzt Frau J die Lebenssituation für diese Gruppe hier als relativ gut ein. Diese Einrichtungen könnten allerdings in erster Linie Menschen erreichen, die als Flüchtlinge hergekommen seien, während irreguläre Arbeitskräfte eher nicht erreicht würden. Das gleiche gelte für die Kirchenasyle, welche besonders Fälle beträfen, in denen noch eine Aussicht auf einen Bleiberechtsstatus' besteht.

Die Ausländerbehörden vor Ort verfügten über einen gewissen Spielraum, der aber häufig nur dann genutzt werde, wenn ein relativer Druck durch Unterstützungszusammenhänge aufgebaut werden könne. Dennoch gebe es nur sehr wenige Möglichkeiten, von einem illegalen in einen legalen Status zu wechseln. Das Leben in der Illegalität bringe im privaten wie im beruflichen Bereich besondere Abhängigkeiten mit sich, da ständig die Gefahr bestehe, verraten zu werden. Trotzdem sei es gegenüber den Lebensaussichten im Herkunftsland häufig die sicherere Alternative. Hilfen müssten größtenteils auf privatem Wege organisiert werden und die Selbstorganisation von Menschen ohne Papiere könne hier auch schon vieles leisten, um die wichtigsten zum Überleben notwendigen Dinge zu regeln. Diese Netzwerke müssten allerdings heimlich organisiert werden, weshalb sie häufig kaum berücksichtigt werden könnten.

Trotz der Thematisierung der Problematik werde auf kommunaler Ebene noch zu wenig getan, um die vorhandenen Spielräume zu nutzen. Dies treffe besonders auf die Bereiche des Schulzugangs zu, der auch für Kinder ohne Papiere gewährleistet werden müsse, zudem auch auf den Bereich der Gesundheitsversorgung und den des Kindergartenbesuchs. Hier werde trotz vorliegender Konzepte weiterhin wenig geleistet.

Illegalisierten ist es möglich, sich an metakommunikativen Prozessen zu beteiligen, öffentlich allerdings nur, solange eine aufwändige, breite Unterstützung durch zivilgesellschaftliche AkteurInnen stattfindet. Vielfach ist es durch eine derartige Unterstützung ebenso möglich, einen regulären Aufenthaltsstatus zu erkämpfen. Bleibt diese aus, ist kaum damit zu rechnen, dass zuständige Stellen ihren Spielraum nutzen und zugunsten der Betroffenen entscheiden. Selbstorganisationen von Menschen ohne Papiere sind durchaus in der Lage, auf inoffiziellen Wegen den eigentlich verwehrten Zugang zu gesellschaftlichen Funktionssystemen auszugleichen. Städtische Behörden nutzen jedoch ihren Spielraum nicht konsequent zugunsten des betreffenden Personenkreises, um derartige Zugänge zu gewährleisten.

Migrantische Selbstorganisationen von Menschen ohne Papiere helfen, die basalen Notwendigkeiten zum Überleben zu regeln. Sobald die Möglichkeit besteht, in einem gewissen geschützten Bereich das Wort zu ergreifen, wird diese vielfach genutzt. Betroffenen geht es zumeist vornehmlich darum, den illegalen Status zu überwinden und sich zudem öffentlich an politischen Debatten zu diesem Thema beteiligen zu können. Sämtliche Lebensverrichtungen und zivilgesellschaftlichen Betätigungen müssen aber abseits der Öffentlichkeit organisiert werden. Diese Notwendigkeit kann lediglich punktuell durchbrochen werden, sobald zivilgesellschaftliche AkteurInnen willens und in der Lage sind, Schutzräume zu bieten. Der enge Spielraum bringt große Schwierigkeiten mit sich und sorgt für ständige Unsicherheit. Die Einwirkung auf zivilgesellschaftliche Diskurse kann so größtenteils nur indirekt über MultiplikatorInnen erfolgen. Diesen kann es ebenso gelingen, gelegentliche Protestaktionen zu stützen und zur Geltung zu bringen. Das größte Hindernis besteht jedoch in der restriktiven Gesetzeslage. Zudem werden bestehende Spielräume seitens zuständiger amtlicher Stellen zumeist nur dann genutzt, wenn sie unter Druck gesetzt werden können. Dieser Druck kann, wie beschrieben, meist nur mit Hilfe zivilgesellschaftlicher Strukturen aufgebaut werden, die unter anderem dafür sorgen, dass professionelle Unterstützung, beispielsweise im medizinischen und juristischen Bereich, zur Verfügung stehen.

Aufgrund der bestehenden Rahmenbedingungen und der behördlichen Praxis bleibt die Unterschichtung illegalisierter MigrantInnen gegenüber akzeptierten Bevölkerungsteilen gewährleistet. Dies steht auch im Dienste einer erwünschten Bevölkerungszusammensetzung und der Aufrechterhaltung nationaler Zugehörigkeitsvorstellungen. Dadurch, dass Illegalisierte allenfalls als Auszuschließende in der Gesellschaft vorkommen, bleiben ihnen kaum Möglichkeiten einer zivilgesellschaftlichen Beteiligung, und sie bleiben auf das Wohlwollen anderer angewiesen. Hier wird deutlich, dass Deliberation längst nicht erreicht ist.

Ebenfalls zeigt sich hier jedoch in Ansätzen der grenzüberschreitende Charakter heutiger zivilgesellschaftlicher Abläufe, indem sich Menschen aus verschiedenen Ländern, die sich für eine Legalisierung einsetzen, vernetzen. So kommt es zu globalen zivilgesellschaftlichen Aktivitäten. Klar wird, dass – wenn auch oft unter großen Gefahren und in relativ geringem Umfang – Wege gefunden werden können, sich für die eigenen Interessen einzusetzen. Gerade in diesem Bereich ist jedoch die Gefahr groß, dass Selbstorganisationen und ihre Interessen aufgrund paternalistischen Verhaltens der Hilfestrukturen übergangen werden, wie beispielsweise angesichts uneiniger Haltungen seitens der Kirchen.

Selbstorganisationen Illegalisierter gelang es vornehmlich ab den 1990er Jahren in Erscheinung zu treten und mittels zum Teil verzweifelter, risikoreicher Aktionen auf sich aufmerksam zu machen. Auch sie haben mit der Unzuverlässigkeit von BündnispartnerInnen zu kämpfen.

Städtische Stellen geben ein Interesse an, Hilfsstrukturen nicht zu behindern, können jedoch kaum zur Lösung des Problems der Illegalisierung beitragen. In erster Linie erscheinen Betroffene hier als EmpfängerInnen von Hilfeleistungen. Die aufgrund der Hervorbringung verschiedener Bevölkerungsgruppen bestehende Hierarchie verweist Illegalisierte auf die unteren Plätze und wird im Alltag nachvollzogen. Die Gesetze intendieren das Erreichen einer bestimmten Zusammensetzung der Bevölkerung.

Durch die Illegalisierung wird eine Gruppe mit hoher Bereitschaft zur Verrichtung schlecht entlohnter Arbeit geschaffen. Dies dient nicht zuletzt der Besserstellung erwünschter Bevölkerungsteile. Hier stößt das Ideal einer zivilgesellschaftlichen Deliberation deutlich an seine Grenzen. Daher findet die Vernetzung Illegalisierter weitestgehend jenseits der Öffentlichkeit statt, die aber eigentlich zu den Grundvoraussetzungen einer funktionierenden Zivilgesellschaft gehört. Die entsprechenden Netzwerke tragen dazu bei, überlebensnotwendiges Wissen und entsprechende Kompetenzen zu bündeln und möglichst effektiv einzusetzen. Auf migrationspolitische Diskurse kann eher indirekt oder punktuell eingewirkt werden. Hier bestätigt sich erneut die These, dass Illegalisierten vornehmlich ein Agieren auf der Hinterbühne vorbehalten bleibt. Möglichkeiten, sich von der Klientelisierung durch Hilfseinrichtungen zu emanzipieren, bestehen kaum. Die Lebenswelt der städtischen Gesellschaft bietet zwar die Möglichkeit, sozusagen in der Anonymität unterzutauchen, Gleichberechtigung kann hier jedoch nicht erreicht werden, solange der reguläre Zugang zu gesellschaftlichen Funktionssystemen und zu den Bereichen der Metakommunikation verschlossen bleibt. Im Alltag verläuft der Umgang zwar aufgrund der Irrelevanz der jeweiligen gesellschaftlichen Stellung bei vielen Verrichtungen häufig reibungslos, bei Bedarf kann aber auf vorgezeichnete Hierarchien zurückgegriffen und so die Bevorteilung der autochthonen Bevölkerungsteile fortgeschrieben werden.

d) Die Sicht der Stadtverwaltung[9]

Aus Sicht der Stadtverwaltung sind laut Frau K Zuwanderung und kulturelle Vielfalt neuartige Phänomene, die es öffentlich anzuerkennen gelte – vor allem jene Seiten, die als positiv angesehen werden könnten. Daneben wird darin aber auch Konfliktpotential gesehen.

Vor allem werde daher Integration als Aufgabe betrachtet. Als deren Ziel wird das Erreichen gleicher Chancen und Gleichberechtigung ausgegeben, was jedoch im Grunde als unerreichbar angesehen wird. So geht es dann doch mehr um die Handhabung der vorgefundenen Vielfalt im Sinne eines gesellschaftliche Reibungen vermeidenden Handelns. Für ausgemachte Bevölkerungsgruppen sollen gezielt Programme erstellt und angewendet werden. Kulturen werden dabei nicht als fluid gesehen, sondern als zumindest derart starr, dass zwischen ihnen hin- und hergesprungen werden kann. Die dazu nötige Kompetenz bringe es dann aber mit sich, dass man einer Kultur nicht mehr gänzlich angehören könne.

Um herauszufinden, welche Projekte einer Förderung würdig seien, versuche man herauszufinden, welche städtischen Bereiche in puncto Verständigung zwischen Kulturen und ihrer Eingliederung ins städtische Gefüge einer speziellen Nachhilfe bedürften. Dazu gebe es beispielsweise zur Förderung bürgerschaftlichen Engagements Angebote, sogenannte interkulturelle Zentren zu schaffen, deren Trägerschaft – zumeist migrantische Selbstorganisationen – sich jedoch an bestimmte Richtlinien zu halten hätten. Die Selbstorganisationen machten auf die Stadtverwaltung meist zunächst den Eindruck ethnischer Homogenität, entwickelten sich jedoch sukzessive zu Ethnien übergreifenden Projekten. Als förderungswürdig gilt ein Engagement über die eigene Ethnie hinaus.

Da die Bereitschaft, sich zu engagieren, bei Menschen mit höherem Bildungsgrad eher als gegeben angesehen wird und das Aufeinandertreffen verschiedener Kulturen und von Menschen überhaupt Konfliktstoff berge, soll dazu eine Schulung stattfinden. Konflikte seien im Alltag darauf zurückzuführen, dass sich – nicht zuletzt kulturell bedingt – nicht alle ähnlich verhielten, was es wiederum abzumildern gelte. Aus den Konflikten entstünden Rassismus und Diskriminierung. Wachsende Probleme mit der Armut brächten laut Frau K eine noch deutlichere Wahrnehmung dieser Unterschiede mit sich und zugleich deren Aburteilung.

Es gelte, soziale Räume zu beurteilen und entsprechend Maßnahmen anzubieten, die ehrenamtliches Engagement fördern könnten. Für Illegalisierte könne

9 Vgl. Unterkapitel III 2.4

wenig getan werden, da diese sich nicht gefahrlos outen könnten. Für geduldete Flüchtlinge gebe es aber eine Bereitstellung von Treffpunkten. Auch werde darauf hingewiesen, dass der fehlende Arbeitsmarktzugang diese Personengruppe daran hindert, sich einzufügen. Mehr könne da aber nicht getan werden. Das bliebe letztlich entsprechenden LobbyistInnen vorbehalten. Immerhin habe sich der Rat der Stadt dafür ausgesprochen, Menschen ohne EU-Staatsangehörigkeit das kommunale Wahlrecht zu gewähren. Bis dahin bleibe der Integrationsrat aus Sicht der Stadtverwaltung ein wichtiges Instrument, wenigstens eingeschränkt Mitsprache zu gewährleisten und Politik quasi zu üben. Das Engagement in diesem Rat bewirke ebenfalls, dass sich Menschen eher einbürgern lassen wollten. Diese Einrichtung als Lernfeld der Politik anzusehen, impliziert die Unterstellung von Defiziten hinsichtlich der Demokratiefähigkeit von MigrantInnen.

Die Gruppe der Menschen ohne Papiere trete für die Stadtverwaltung kaum in Erscheinung. Lediglich vermittelt über damit befasste Stellvertretungszusammenhänge oder in Bezug auf Unterbringung und medizinische Versorgung trete diese auf. Da sie darauf angewiesen sei, heimlich zu agieren, werde diese Gruppe laut Frau K auch selten kriminell und sei aufgrund dieser Tatsache sozial gut verträglich, was in Bezug auf andere ImmigrantInnengruppen ja häufig gerade nicht behauptet werde.

Unauffälligkeit ist jedoch kein Kriterium für kriminelles oder nicht kriminelles Verhalten. Anders betrachtet: Gelungene Kriminalität fällt nicht auf. Der Ausgangspunkt der Kriminalisierung bleibt hier also unklar. Schwarzarbeit gilt per Gesetz – denn dies legt schließlich fest, was darunter zu verstehen ist – als kriminell und wird bestraft, sobald sie ruchbar wird. Frau K weiß, dass die Gruppe der Illegalisierten auf Schwarzarbeit angewiesen ist und weitere Probleme zu bewältigen hat, und auch, dass sie nicht umhinkommen, Straftaten schon allein in Bezug auf den Aufenthalt zu begehen. Seit der in städtischem Auftrag angefertigten Studie[10] widme man sich dem Thema aber zunehmend. Die Probleme mit der Schulanmeldung von illegalisierten Kindern zu regeln, sei laut Frau K auf kommunaler Ebene möglich und man habe gegenüber den Schulen klargestellt, dass dieses Recht besteht. Kindern werde seitens der Stadtverwaltung keine Schuld an ihrem fehlenden Aufenthaltsstatus gegeben. In anderen Handlungsfeldern könne nicht gehandelt werden, ohne selbst Gesetze zu übertreten, aber es sei der Wille vorhanden, in Grauzonen zugunsten illegalisierter Personen zu entscheiden. Für eine umfangreiche Legalisierung sehe Frau K allerdings wenig Chancen, weil die betreffenden Personen sich in unterschiedlichen Lebenslagen befänden.

10 Vgl. Bommes/Wilmes 2007

Daher gehe es vornehmlich um den Zugang zu den Systemen der Bildung und der Gesundheitsversorgung, denn auch die Versorgung mit Wohnraum sei aufgrund des eng gesteckten gesetzlichen Rahmens nicht umfänglich zu gewährleisten.

Das „Interkulturelle Referat" widme sich vorrangig der Aufgabe, Gleichberechtigung für akzeptiert hier lebende MigrantInnen zu erreichen.

Einerseits wird aus Sicht der Stadtverwaltung klar benannt, dass Diversität anerkannt und als Faktum hingenommen werden muss, andererseits verharrt man in einer Sicht, die die Konstrukte eigener Kultur und Ethnizität als Maßstab anlegt und so beim als anders Geltenden ansetzt, um Integration zu gewährleisten. Weiterhin zielt man auf eine gewisse angestrebte Homogenität der Bevölkerung und ihrer Verhaltensweisen ab, die offenbar durch Vielfalt bedroht zu werden scheint – so wird etwa eine Einbürgerung als etwas Positives, Erstrebenswertes gesehen. Maßnahmen zielen daher auf das als anders, als ungewohnt Erkannte ab, was hierzu zunächst gesucht und definiert wird, um dann bearbeitet werden zu können.

Das Thema Illegalität erscheint besonders dahingehend interessant, als Reibungen vermieden werden sollen. Verkannt wird, wie die Rahmenbedingungen, welchen die Stadtverwaltung zum Teil selbst unterliegt, dafür sorgen, dass verschiedene Bevölkerungsgruppen geschaffen werden, denen unterschiedliche Möglichkeiten zugebilligt werden. So hat die Verwaltung auf dieser Ebene kaum eine Chance, Rahmenbedingungen selbst zu setzen. Aber den zur Verfügung stehenden Spielraum zur Ausgestaltung selbiger wird nicht zur Gänze genutzt, und zwar aufgrund des Missverständnisses, dafür sorgen zu müssen, dass kulturell oder ethnisch als anders Definierte sich in eine als einheitlich imaginierte Gesellschaft einzufügen hätten, beziehungsweise ihnen dabei geholfen werden müsse. Dabei gibt es schon diese Einheitlichkeit eigentlich gar nicht in der gewünschten Form.

Die als anders definierten Bevölkerungsteile werden durch die gesetzliche Hervorbringung ihrer selbst als Gruppen daran gehindert, Lebensentwürfe im vorgefundenen Rahmen problemlos unterzubringen. Dies wird aber nicht erkannt, sondern die Probleme werden in ihnen selbst gesucht. Illegalisierten wird etwa nur dann pauschal keine Schuld für ihren fehlenden Aufenthaltsstatus gegeben, solange es sich um per se als unschuldig geltende Minderjährige handelt. Auftretende Problemlagen werden ethnisiert oder kulturalisiert und für die ausgemachten Gruppen entsprechende Programme ersonnen. Hierbei bleibt ebenso unklar, worin die implizit mitgedachte Homogenität der Eigengruppe bestehen soll wie auch, inwiefern die festgestellten Unterschiede in Ethnie und

Kultur etwas mit bestimmten Problemlagen zu tun haben sollen. Hierzu findet sich lediglich der Hinweis, dass entsprechenden Gruppen eher gleichförmiges Verhalten zugeschrieben wird.

Bedürfnisse migrantischer Selbstorganisationen werden unter dem Punkt Lobbyarbeit abgebucht. Diesen wird zugestanden, sich an der Erstellung von Integrationsmaßnahmen beratschlagend zu beteiligen. In erster Linie geht es der Stadtverwaltung darum, mittels einer vereinheitlichenden Harmonisierung, vermeintliche Brüche, die als Probleme wahrgenommen werden, in den Griff zu bekommen. Unter der Vorgabe Chancengleichheit herstellen zu wollen, wird der Maßstab einer konstruierten Eigengruppe angelegt. So werden für in dieses Konstrukt nicht Passende gesonderte Maßnahmen getroffen. Aus dieser Sicht kann soziale Teilhabe nur dann gelingen, wenn die damit assoziierten Gruppen diese als Hilfen zur Angleichung erdachten Programme annehmen und dabei mitwirken. Wer sich hier in einem erwünschten, festgelegten Sinne äußert, kann auf Förderungen hoffen. Auf diese Weise wird in die Art der zivilgesellschaftlichen Beteiligung steuernd einzugreifen versucht. Als Hindernisse werden weiterhin vermeintlich kulturelle oder ethnische Besonderheiten begriffen, die es abzubauen gelte.

Dass die Gesetzeslage für die Hervorbringung unterschiedlicher Bevölkerungsgruppen sorgt, diese hierarchisiert und Unterschichtung gewährleistet, wird nicht gänzlich erkannt. Es kann aus Sicht der Stadtverwaltung daran auch nicht viel geändert werden, wenn auch zum Teil anderslautende Versprechungen gemacht werden. Unterschiede in der Verteilung von Reichtum gelten letztlich ohnehin als unabänderlich. Langjährigen Forderungen nach einer Anpassung gesellschaftlicher Rahmenbedingungen an die gesellschaftlich vorgefundene Vielfalt[11] kann so nicht entsprochen werden. Diversität anzuerkennen, ist zwar das erklärte Ziel, jedoch wird dabei nicht gesehen, dass es dabei zunächst um eine Akkommodation der gesellschaftlichen Funktionssysteme gehen muss und ein gewährter Zugang zu selbigen nicht ausreicht, solange dann andere auf Ethnisierung und Kulturalisierung basierende Vorgehensweisen greifen, welche Chancengleichheit untergraben. Zu letzteren gehört es etwa auch, Maßnahmenpakete zu schnüren, die – um eine entsprechende Gruppe überhaupt erst in den Blick zu bekommen – sich zunächst mit der Konstruktion von Bevölkerungsgruppen entlang ethnischer oder kultureller Spaltungslinien beschäftigen müssen.

Nationale Zugehörigkeitsvorstellungen bleiben also weiterhin bestimmend, nicht zuletzt auch daran zu erkennen, dass eine Einbürgerung, welche wiederum

---

11 Vgl. Sassen 1997, 149

an eine Anpassung an erlassene Regeln und beteuernde Gesten gebunden ist, gewünscht und angestrebt wird. So wird zwar anderes behauptet, aber trotzdem bleibt die Vorstellung bestimmend, eine Harmonisierung gesellschaftlicher Vielfalt bleibe nötig. Was dieser imaginierten Harmonie nicht entspricht, bleibt demnach bearbeitungswürdig. Wie in der alltäglichen Umsetzung der gesetzlich vorgegebenen Hervorbringung bestimmter Gruppen werden diese auch hier nach je diskursiv ausgehandelter Lage konstruiert, erkannt und je nach Beurteilung bearbeitet. In diesen diskursiven Prozess werden zwar auch Zugehörige allochthoner Bevölkerungsgruppen einbezogen, das letzte Wort behält jedoch die Verwaltung, die entsprechend Förderung ge- oder verwehrt. Auf diese Weise wird die strukturell hergestellte Klientelisierung nachvollzogen und die alltagsweltliche Minorisierung beeinflusst.

Je nach anvisierter Gruppe gilt diese zwar nicht unbedingt als auszuschließen, ihre Beteiligung bleibt aber vom Grad der Anerkennung ihrer Integrationswilligkeit und einer entsprechenden Zubilligung ihrer Förderungswürdigkeit abhängig. In diesem Zusammenhang tritt der administrative Einfluss auf die, hier bürgerschaftliches Engagement genannte, zivilgesellschaftliche Beteiligung zu Tage, die sich je nach Gusto behördlicher Entscheidungen via Förderung besser oder schlechter entfalten kann. Auf diese Weise kann nicht nur Deliberation nicht gelingen, es bleibt auch festzuhalten, dass der zivilgesellschaftliche Bereich nicht frei von administrativen, somit formal politischen und – da es sich nicht zuletzt um Fragen finanzieller Förderung handelt – ebenso marktwirtschaftlichen Eingriffen und Vorgaben bleibt. Zivilgesellschaftliche Beteiligung kann so vor allem jenen Gruppierungen gelingen, die sich den Vorgaben am ehesten beugen. Die Form migrantischer Selbstorganisation bleibt auf diese Weise durch paternalistische Rahmenbedingungen determiniert. Hiervon bleibt die Funktion der migrantischen Selbstorganisationen beeinflusst und ihre Einwirkung auf politische Abläufe bleibt eine indirekte.

Illegalisierte MigrantInnen bleiben ohnehin auf die Hinterbühne der Zivilgesellschaft verwiesen. Da sie das Risiko einer Entdeckung nicht eingehen können, bleiben sie darauf angewiesen, mit Vertrauenspersonen zusammenzuarbeiten und können nicht öffentlich in Erscheinung treten, um ihre Meinung kundzutun, was eine unabdingbare Voraussetzung gelingender zivilgesellschaftlicher Beteiligung wäre. Eine diesbezügliche Ausgestaltung der Rahmenbedingungen seitens der Stadtverwaltung ist in ihren Möglichkeiten stark eingeschränkt. Verschiedene administrative AkteurInnen sind je nach ihrem Auftrag verschieden in der Lage, mit dieser Gruppe umzugehen. Eine Absprache ist häufig durch den eng gezogenen gesetzlichen Rahmen, der sogar schon die Hilfe für illegalisierte Personen kriminalisiert, kaum in der Lage, nützliche Ergebnisse zu liefern. Aufgrund des immer noch vorhandenen Einflusses ethnisierender und kulturalisierender Vorstellungen ist es der Stadtverwaltung weiterhin nicht möglich, eine gleichberechtigte Teilhabe aller Bevölkerungsgruppen in der städtischen Lebenswelt und auf der Ebene der Metakommunikation zu gewährleisten, obwohl immerhin erkannt wird, das dies eigentlich das Ziel sein müsste.

IV 2 Resümee

Diese Betrachtungen gehen von der Erkenntnis aus, dass die urbane Lebensweise in der heutigen Zeit zum Standard geworden ist[12] und wenden sich daher der Situation in einer Großstadt zu, um gesellschaftlichen Entwicklungen auf die Spur zu kommen. Die anhand des Beispiels Köln gezogenen Schlussfolgerungen können in weiten Teilen ebenso für die Lebenssituation in anderen Städten als zutreffend angesehen werden. So wird nicht zuletzt in den Interviews deutlich, dass die Lage andernorts durchaus vergleichbar ist, wie in den Gesprächen mit Herrn H, der im Vergleich zum Saarland keine Unterschiede entdeckt, mit Herrn D, der meint, die Situation der Russischsprachigen in Köln sei für die Lage dieser Bevölkerungsgruppe in der BRD charakteristisch, oder mit Frau B, welche die Bedingungen für Vereine wie dem ihrigen in Berlin oder dem Ruhrgebiet ähnlich einschätzt.

a) Resultate

Im hier behandelten Zusammenhang geht es mit Blick auf gesellschaftliche Rahmenbedingungen nicht zuletzt darum, wie ebenjene im untersuchten Feld zu Tage treten. Nicht alle Bevölkerungsgruppen, die aufgrund der gesellschaftlichen Einteilung der Bevölkerung in besondere Gruppen zustande kommen, sind von Exklusion betroffen, aber diejenigen, die nicht den nationalen Anforderungen gerecht werden. Exklusion und daraus resultierende Unterschiede in der gesellschaftlichen Teilhabe im Alltag sorgen dafür, dass nach Interventionsmöglichkeiten gesucht und propartizipative Strategien erprobt werden. Der gesellschaftlich zugewiesene Platz, überhaupt der Umstand, dass zugewiesen wird, hat demnach Einfluss auf die Art der erfolgenden Reaktion.

12 Vgl. Löw/Steets/Stoetzer 2007, 96

Aus dem in die Untersuchung einbezogenen Material geht hervor, dass sich die „DIDF“ klar gegen diese Einteilung in bestimmte Bevölkerungsgruppen verwahrt, welche es, einhergehend mit der Stellung als politische Objekte, nötig macht, eigene Wege der zivilgesellschaftlichen Artikulation zu finden. So setzt der Verein etwa der Sonderstellung, welche auch für im Land geborene Nachfahren von Eingewanderten vorgesehen ist, eine aktive Jugendarbeit entgegen. Dem anderen untersuchten Verein, „PHOENIX“, geht es ebenfalls perspektivisch darum, der Einteilung in Bevölkerungsgruppen entgegenzuwirken. Zudem verwahren sich Illegalisierte und von Illegalisierung Bedrohte immer wieder in öffentlichen Statements gegen die Einteilung der Bevölkerung in mit unterschiedlichen Rechten ausgestattete Gruppen.

Der Wegfall dieser Einteilung brächte Zugänge zu den formalen Gesellschaftssystemen mit sich, welche die Voraussetzung dafür bilden, dass sich Vielfalt im Alltag reibungslos einbetten lässt. Verwehrte juristische Gleichstellung und gleiche Systemzugänge werden aufgegriffen, reflektiert und die eigene Meinung dazu am entsprechend zugänglichen Platz im Diskurs untergebracht. Durch die Zurechnung zu einer Minderheitengruppe ergeben sich gemeinsame Interessen und das Bedürfnis, diese gemeinsam zu verfolgen. Dies schlägt sich auf vielfältige Weise auf zivilgesellschaftliches Engagement nieder. Die hier vorliegenden Beispiele weisen einen der jeweiligen Situation entsprechenden Umgang auf.

Für die „DIDF“ ergibt sich aus der Situation die Forderung nach einer umfassenden rechtlichen Gleichstellung, welche den Zugang zu wichtigen Systemen der Gesellschaft und damit die Möglichkeit, sich gleichberechtigt einbringen zu können, böte. „PHOENIX“ bemüht sich vornehmlich, die im Alltag entstehenden Schwierigkeiten auszugleichen und über die Eröffnung von Zugängen zu gesellschaftlichen Teilsystemen zu verringern. Perspektivisch will der Verein die Fähigkeit erlangen, auf die Rahmenbedingungen Einfluss nehmen zu können, und betreibt dazu politische Bildung. Doch vorrangig gilt es, alltägliche Probleme in den Griff zu bekommen. Desgleichen fordern Illegalisierte aufgrund des Erlebten, rechtlich voll anerkannt zu werden. Sie stellen sich ebenso gegen die alltäglich spürbare Schlechterstellung, der sie mittels selbst geknüpfter Netzwerke entgegenwirken. Ihre Teilnahme am öffentlichen Leben unterliegt Beschränkungen. Hier sind sie besonders auf die Solidarität von anderen angewiesen. Die gefundene Art der Partizipation lässt die unterschiedliche Inklusion erkennen. Illegalisierte sind auf eine möglichst unauffällige Lebensführung angewiesen, die vornehmlich über Privatkontakte abgesichert werden kann. Sie greifen nach Solidaritätsbekundungen häufig umgehend auf dadurch eröffnete Möglichkeiten zurück. Das zeigt nicht zuletzt den Bedarf, sich öffentlich zur eigenen

Lebenssituation äußern zu können und eine Besserung der gesellschaftlichen Lage anzustreben.

Bei diesem Unterfangen gerät durchgängig ein bestimmter Bereich ins Blickfeld: Als weiterhin zentrales gesellschaftliches Teilsystem kann der Arbeitsmarkt angesehen werden. Dieser kann den Zugang zu anderen Systemen, wie etwa dem des Wohnungsmarktes, erleichtern oder ermöglichen. Nicht zuletzt am Vorgehen der formal in Vereinen organisierten Beispielgruppen wird der Vorrang des Arbeitsmarktzugangs deutlich. Der jeweiligen Stellung auf der Bühne entsprechend, erfährt die Thematik ihre Bearbeitung durch die AkteurInnen.

So wie „DIDF" sich eindeutig auf die Seite der Interessen von Lohnabhängigen stellt und diesen Geltung zu verschaffen sucht, etwa in verschiedentlicher Kooperation mit Gewerkschaften oder der Arbeiterbewegung nahestehenden Parteien,[13] widmet sich „PHOENIX" diesem Thema gleichfalls sehr intensiv, zum Beispiel mit der Tätigkeit konkreter Arbeitsvermittlung. Dies geschieht nicht zuletzt, weil der Arbeitsmarktzugang als zentral gesehen wird und weitere Möglichkeiten im Leben eröffnet. Illegalisierte sind bei der Suche nach Möglichkeiten, den Lebensunterhalt durch Lohnarbeit zu bestreiten, auf den sogenannten Schwarzmarkt angewiesen. Ihre öffentlichen Bekundungen widmen sich ebenfalls häufig dem Themenkomplex der ArbeitnehmerInnenfragen. Hier zeigt sich der Unterschied in den jeweils gegebenen Möglichkeiten zivilgesellschaftlichen Engagements, der aufgrund einer zugewiesenen gesellschaftlichen Stellung besteht.

Die jeweiligen Möglichkeiten werden jedoch immer aufs Neue genutzt und jeweils individuell Wege gesucht, sie auszuschöpfen. Eine sich global formierende politische Zivilgesellschaft ist jedoch weiterhin mit Umständen konfrontiert, welche weder Unabhängigkeit noch eine Teilnahme aller ermöglichen. Hiermit muss immer wieder ein neuer Umgang gefunden werden. Es besteht dabei für Agierende weiterhin eine Gefahr, durch andere (zivil-)gesellschaftliche AkteurInnen vereinnahmt zu werden. So veranlassen Erfahrungen mit paternalistischem Umgang etwa die „DIDF" zu einer Ablehnung versuchter Indienstnahme. Die Gefahr ist noch größer, wenn die eigene Existenz offiziell stets negiert wird, sich also inoffiziell erhalten muss. Weil öffentliche Einmischung Illegalisierter zumeist auf etablierte zivilgesellschaftliche Strukturen angewiesen ist, kann sie von diesen leicht vereinnahmt werden und ist der Gefahr einer Klientelisierung in besonderem Maße ausgesetzt. Zudem besteht unter diesen Lebensbedingungen eine erhöhte Gefahr, in persönliche Abhängigkeitsverhältnisse zu geraten. Die heimlich organisierten Netzwerke können in solchen Zusammenhängen

---

13 Vgl. auch Sezgin 2010, 222f, In: Pries/Sezgin (Hg.) 2010

aufgrund der Umstände häufig nicht in ausreichendem Maße berücksichtigt werden. Auf diese Wiese fließen in Diskurse vielfältige, mal mit mehr, mal mit weniger Macht ausgestattete Beiträge ein. Die Teilnahme an Diskursen erfolgt auf unterschiedliche Weise mittels verschiedener Stellungnahmen.

Die „DIDF" spricht sich gegen die Stellung als politisches Objekt aus. Sie mischt sich aktiv in Diskurse ein und stellt sich sowohl gegen eine Minorisierung im Alltag als auch gegen die strukturell hergestellte Klientelisierung. „PHOENIX" insistiert darauf, dass im Integrationsdiskurs seitens der Regierung gemachte Versprechen auch eingehalten werden, und sieht übliche amtliche Integrationsmaßnahmen zu einem großen Teil als verfehlt an. Zuschreibungen setzt der Verein Aufklärung entgegen und versucht auf diese Weise, Berührungsängste abzubauen, welche sich ausgerechnet bei der – sich sonst häufig über vermeintliche Abkapselungstendenzen der allochthonen Bevölkerung beschwerenden – autochthonen Bevölkerung zeigen. Entsprechend ihrer machtlosen Stellung sind Stimmen Illegalisierter nur marginal zu vernehmen. Während anderen migrantischen Gruppen in der öffentlichen Wahrnehmung mittlerweile durchaus eine Rolle zugeschrieben wird, bleiben Illegalisierte auf die Hinterbühne verwiesen. Eine gleichberechtigte Teilnahme an Strukturen der Metakommunikation bleibt ihnen auf diese Weise zumeist verwehrt. Zivilgesellschaftliches Engagement wird daher seltener in Erwägung gezogen und findet vornehmlich dann statt, wenn sich Gelegenheiten in geschützter Atmosphäre ergeben. Zudem sorgt die Kriminalisierung von Illegalisierten und ihrer Unterstützung dafür, dass vielfach Vorbehalte bestehen, in diesem Bereich zu agieren. Grenzüberschreitende Netzwerke Illegalisierter können dennoch potentiell auf Diskurse über das Konstrukt der illegalen Einwanderung einwirken. Mittels einer Verschränkung mit bestehenden zivilgesellschaftlichen Strukturen kann die eigene Meinung eingebracht werden und mitunter eine Mitwirkung an öffentlichen Veranstaltungen oder gar spektakulär inszenierter Protest stattfinden. Erfahrungen transnationaler Biographien können hier eingebracht werden. Die Netzwerke sind zwar hauptsächlich auf die Organisation des Überlebens ausgerichtet, können aber in begrenztem Maße auch Diskursanstöße liefern. Letzteres erscheint besonders vielversprechend im Falle von global ausgerichteten Initiativen.

Die Diskurse über das Konstrukt illegaler Migration und über andere Facetten des Themenkomplexes Migration enthalten wiederkehrende Argumentationsfiguren. Auftretende Probleme werden häufig der allochthonen Bevölkerung angelastet. Dieser Vorgang berücksichtigt nicht zuletzt auch die Hierarchie zwischen den besonderen Bevölkerungsgruppen, die auf diese Weise mit erschaffen werden. Unter diesen Umständen bilden sich auf Seiten migrantischer Selbstorganisationen Unterschiede im Verhältnis zu administrativen Einrichtungen heraus. Die Taktik hängt nicht zuletzt von der Stellung im Diskurs ab.

Die Mitglieder von „DIDF" wollen sich nicht in behördlichem Interesse vereinnahmen lassen. Öffentliche Fördergelder zu bekommen, ist für sie daher nicht immer ganz einfach, da man mitunter nicht bereit ist, sich den damit verbundenen behördlichen Anpassungsforderungen unterzuordnen. Zunächst stieß „PHOENIX" mit den Bemühungen bei amtlichen Stellen auf Skepsis. Beharrlich arbeitet der Verein aber daran, die Behörden für die Thematik zu interessieren, und kann so Möglichkeiten erschließen, lernt aber auch, Anforderungen zu erfüllen. Für Illegalisierte bleibt zunächst eine Vermeidungstaktik maßgebend, um Kontakt zu offiziellen Stellen möglichst zu umgehen. Behörden nutzen oft nicht ihren Spielraum zugunsten Illegalisierter. Erst ein Zusammenschluss mit Hilfsstrukturen und eine entsprechend aufwändige Unterstützung können diese dazu veranlassen.

Zivilgesellschaft entwickelt sich unabhängig vom Diktat administrativer Entscheidungen. Sie greift auf vielfältige Weise Erfahrungen aus dem Alltag auf, um sie im öffentlichen Diskurs zu platzieren. Dabei problematisiert sie ebenfalls Wirkungen der Gesetzgebung und muss auf deren Neuerungen reagieren, was sie jedoch nicht immer im seitens der Administration intendierten Sinne zu tun pflegt. Diese Intention beinhaltet häufig eine Vorstellung von Zivilgesellschaft, die weitreichende Ansprüche an die Bürgerschaft stellt und die Lösung politischer Probleme quasi an sie zu delegieren gedenkt. Aufgaben, deren Erfüllung zuvor Wohlfahrtsverbänden oder amtlichen Stellen vorbehalten waren, werden zum Teil an zivilgesellschaftliche AkteurInnen delegiert, die damit einen unterschiedlichen Umgang entwickeln.

Im Bereich der Verbesserung des Arbeitsmarktzuganges übernimmt „PHOENIX" sogar administrative Aufgaben, indem der Verein im Auftrag der damit befassten amtlichen Stellen arbeitet. Der andere untersuchte Verein, „DIDF", versucht einerseits, etwa im Bereich Schule durch Hausaufgabenhilfe, Unzulänglichkeiten auszugleichen, andererseits durch Bündnispolitik Einfluss auf politische Entscheidungen zu gewinnen. Im Kontrast dazu müssen Illegalisierte auf selbst geknüpfte heimliche Netzwerke zurückgreifen. Eine größere Öffentlichkeit können sie zumeist nur zusammen mit anderen zivilgesellschaftlichen AkteurInnen erlangen. Die Nutzung öffentlich angebotener Hilfen und Beratungsstellen, welche auch diese Bevölkerungsgruppe einbeziehen, ist mitunter auf unter der Hand zirkulierende Informationen angewiesen.

Seitens Politik, Stadtverwaltung und Behörden wird den die Unterstützungsstrukturen tragenden zivilgesellschaftlichen AkteurInnen oftmals eine Lobbyfunktion zugedacht. Die Sicht der Stadtverwaltung bleibt durch Vorschriften geprägt. Sie strebt unter dem Stichwort Integration zumindest programmatisch eine Chancengleichheit an, wobei es gilt, Rahmenbedingungen zu setzen und auszugestalten. Sie bietet migrantischen Selbstorganisationen etwa die Möglichkeit, Einrichtungen als sogenannte interkulturelle Zentren anerkennen zu lassen, was allerdings an das Einhalten bestimmter Maßgaben gebunden ist. Auf diese Weise können, den Interessen der Stadtverwaltung entgegenkommende, Bestrebungen gefördert und ein intendiert steuernder Einfluss auf zivilgesellschaftliche Prozesse ausgeübt werden. Zwar gibt die Verwaltung an, die Anerkennung von Diversität anzustreben, kann sich unter der Maßgabe einer Integration allerdings nicht über die Vorstellung hinwegsetzen, aus Differenziertem eine gedachte Einheit (wieder) herstellen zu müssen, die ohne die Zuschreibungen „fremd“ oder „zugehörig“ funktioniert. Aufgrund des – trotz anders lautender Bekundungen – weiterhin erkennbar vorhandenen Einflusses ethnisierender und kulturalisierender Deutungen kann eine gleichberechtigte Teilnahme am gesellschaftlichen Leben nicht erreicht werden. Migrantische Selbstorganisationen werden vornehmlich als Lobby gesehen, die städtischen EntscheidungsträgerInnen beratend zur Seite stehen können. Eine Beteiligung wird vornehmlich jenen geboten, die sich Vorgaben anpassen, wodurch ein paternalistischer Umgang bestehen bleibt.

Wie der Spielraum beschaffen ist, der AkteurInnen zur Verfügung steht, hängt mit den herrschenden Bedingungen zusammen. Bezüglich formaler Systeme geht es um Zugänge, im Alltag ringen unterschiedliche Lebensstile um Anerkennung und im Bereich urbaner Diskurse geht es um Teilnahme an zivilgesellschaftlichen Prozessen. Unterschiedliche Wege der Erreichung eigener Ziele werden durch die Fallbeispiele deutlich. Diverse Maßnahmen werden angesichts der Hürden getroffen. In den Abläufen schlagen sich Ansichten und Interessen verschiedener AkteurInnen nieder. Dies betrifft besonders die Debatten, welche um den Begriff der Integration kreisen.

Die zugewiesene Randstellung spiegelt sich auch in den vertretenen Inhalten wieder. Etwa die soziale Schlechterstellung, Vorstellungen von einheitlichen Kulturen und Nationalitäten sowie die übertriebene Konzentration auf vermeintliche Unterschiede provozieren so Gegenmaßnahmen. Die AkteurInnen sind sich zumeist bewusst, dass sie nicht selbst bestimmen, was als Regel zu gelten hat und den jeweiligen Grad der Respektabilität von Verhalten festlegt. Die Einforderung von Mitspracherechten erfolgt daher in unterschiedlicher Weise, läuft aber in allen Fällen auf die Gewährung gleicher Rechte hinaus. So werden diverse Fähigkeiten entsprechend der vorgefundenen restriktiven Struktur entwickelt.

Die „DIDF“ bemüht sich darum, eine rechtliche Gleichbehandlung zu erreichen, vornehmlich indem sie sich in zivilgesellschaftliche und politische Diskurse einschaltet. Hier kann sie agieren und eigene Interessen, wie etwa eine gleichberechtigte Teilhabe an alltäglichen Abläufen, zur Geltung bringen. Geteilte Interessenlagen sind das Prinzip, nach dem sich die „DIDF" organisieren und Bündnisse eingehen will. Die Mitglieder organisieren konkrete Lebenshilfemaßnahmen. Sie sprechen sich aber gleichzeitig für Änderungen der Rahmenbedingungen aus, die das alltägliche Leben verbessern helfen. So setzt sich die „DIDF" gezielt gegen die erfolgende Unterschichtung ein. Sie spricht sich gegen Rassismus genauso aus wie gegen die Indienstnahme für nationale Politik. Dabei macht es für sie keinen Sinn, ethnische Konstruktionen nachzubilden oder einer Anpassung an eine sogenannte Leitkultur das Wort zu reden. Sie wendet sich gegen Rechtsextremismus, die Benachteiligung bestimmter Bevölkerungsgruppen und setzt sich für Menschenrechte und eine sozialere Politik ein. „DIDF" sieht es weder als geboten an, für allochthone Gesellschaftsteile gesonderte Institutionen zu schaffen, noch deren Einrichtung zu skandalisieren. Sie plädiert hingegen dafür, mehr Möglichkeiten der Mitbestimmung zu schaffen, und bringt sich, ausgehend von lebensweltlichen Problemen, lokal dort ein, wo ihre Klientel lebt. Sie möchte Raum für eigene Interessen und Bedürfnisse schaffen und beteiligt sich etwa an Debatten, die unter dem Stichwort Integration Assimilationsansprüche stellen. Diesbezüglich fordert der Verein dominante Teile der Bevölkerung auf, Entgegenkommen zu zeigen.

„PHOENIX" geht es besonders um die Ausnutzung eigener Ressourcen. Der Verein nutzt möglichst den gesamten zur Verfügung stehenden Spielraum, setzt im Alltag an und versucht so, eine gesellschaftliche Besserstellung zu erreichen. Dabei geht es um die Aktivierung der eigenen Klientel genauso wie um Öffentlichkeitsarbeit sowie um konkrete Lebenshilfe. „PHOENIX" intendiert, eine Anerkennung der Anwesenheit Russischsprachiger zu erreichen, das Ansehen der eigenen Gruppe zu verbessern und wirkt dem Gefühl, nicht willkommen zu sein sowie der Gesellschaft nicht anzugehören, entgegen. Dabei geht der Verein zunächst davon aus, im gegebenen Rahmen das Mögliche zu erreichen, um in einem Lernprozess dahin zu kommen, über die zivilgesellschaftlich bislang geführten Diskurse hinaus, politisch effektiv agieren zu können. „PHOENIX" beharrt ebenfalls darauf, dass sich auch die zur Mehrheitsgesellschaft Gezählten ändern müssen, um die Entfaltung von Diversität zu ermöglichen. Der Verein setzt unterstellten Defiziten eigene Kompetenzen entgegen, um gesellschaftliche Anerkennung zu erreichen. Er entwickelt Kompetenzen, um offizielle Förderungswürdigkeit zu erlangen und setzt außerdem auf politische Bildung, um eigene Bedürfnisse und Forderungen zur Geltung zu bringen und durchzusetzen.

Großstädtische Gefüge bieten offenbar trotz allem genügend Spielraum, um gleichsam unter Umständen der Illegalisierung Wege zu finden, einen Platz im

Alltag einnehmen und hier eigene Meinungen begrenzt vertreten zu können, auch wenn keine Gleichberechtigung besteht und das eigene Vorkommen in der Gesellschaft regelmäßig negiert wird. Illegalisierten kann es mit Hilfe von Netzwerken gelingen, zumindest teilweise das Gefühl von Normalität zu erlangen. Sie sind darauf angewiesen, Vorsichtsmaßnahmen zu ergreifen und große Bereiche des Lebens weitestgehend heimlich zu organisieren. So entstehende Netzwerke können Einschränkungen teilweise kompensieren. Sie entfalten ihre Wirkung hauptsächlich in lebensweltlichen Bereichen. Häufig wird die Meinung Illegalisierter jedoch auf Umwegen in Diskurse getragen. Die Initiierung von Protestaktionen kann punktuell für diese Gruppe ebenfalls Möglichkeiten schaffen, sich politisch zu äußern. Illegalisierte können sich auf diese Weise diskursiv jedoch nur in geringem Umfang einbringen. Die Kontroverse über das Bild derjenigen Immigration, welche für illegal erklärt wird, findet jedoch in allen gesellschaftlichen Bereichen statt. Gelegentlich können Wege erschlossen werden, anonym die Öffentlichkeit anzusprechen. Dies bewirkt jedoch bisher eine relativ geringe Einflussnahme auf Prozesse der öffentlichen Meinungsbildung. Sie ist auf den Schutz anerkannter, zivilgesellschaftlicher Strukturen angewiesen oder zunächst auf private Bereiche beschränkt. Die großstädtische Struktur bietet unter Umständen Raum für eine heimliche, stets gefährdete Lebensführung Illegalisierter, kann gleichberechtigte Teilhabe aber nicht annähernd gewährleisten.

b) Zivilgesellschaftlicher Beitrag

Migrantische Selbstorganisationen füllen die ihnen zur Verfügung stehenden Spielräume auf unterschiedliche Weise aus, haben jedoch mitunter ähnliche Funktionen, die sich in Korrespondenz zur Änderung gesellschaftlicher Rahmenbedingungen weiterentwickeln. Äußerungen lassen das Wissen über geteilte Probleme, die sich aus der Zurechnung zur Gruppe der MigrantInnen unabhängig von der Staatsbürgerschaft ergeben, erkennen. Es wird daran gearbeitet, Nachteile, die sich aus der gesellschaftlichen Schlechterstellung ergeben, auszugleichen, eigene Kompetenzen zu erhalten, weiterzuentwickeln und einzubringen. Diese Gesichtspunkte werden auch anhand von Publikationen der letzten Jahre, die migrantische Selbstorganisation behandeln, deutlich.[14]

- Verstärktes (zivil-)gesellschaftliches Engagement und Einforderung politischer Partizipation,

14 Vgl. Paraschou 2004; Anwar 2005; A3 – Initiative Minderheiten (Hg.) 2006; Schwenken 2006; Vicovac 2008

- versuchter Ausgleich von Exklusionsfolgen,
- Ringen um eine Anerkennung des gelebten allgemein gebilligten Miteinanders sowie
- Konzentration auf das Private und die Bewältigung des Alltags

lassen sich als unterscheidbare, oftmals in Kombination auftretende, Varianten im strategischen Vorgehen ausmachen, welche mit unterschiedlicher Schwerpunktsetzung verfolgt werden.

Je nach Lage werden damit unterschiedliche Kompetenzen entwickelt und genutzt sowie angemessene Umgangsweisen angewendet. In jedem Fall werden diese jedoch ebenso artikuliert und weitergegeben, ob nun über klandestine oder private Netzwerke oder in diversen Arenen öffentlicher Auseinandersetzung. Wenn dies auch nicht nach einer gemeinsamen Ausrichtung politisch zielgerichtet geschieht, so weist die transnationale Lebenspraxis von MigrantInnen dennoch bereits über den nationalen Denkhorizont hinaus und ihre Erfahrungen beeinflussen das Bild der Mobilität.[15]

Die hier untersuchten Fallbeispiele weisen bezüglich der entwickelten Varianten eine gewisse Vielfalt auf. Während bei der „DIDF“ die Änderung gesellschaftlicher Rahmenbedingungen und die politische Beteiligung betont werden und „PHOENIX“ vornehmlich die im gegebenen Rahmen bestehenden Möglichkeiten optimal zu nutzen versucht, sind Illegalisierte gezwungen, letzteres möglichst unauffällig zu schaffen. Die Teilnahme an zivilgesellschaftlichen Abläufen verläuft dementsprechend unterschiedlich. Illegalisierte können immerhin zum Teil die für Zivilgesellschaft notwendige Öffentlichkeit erreichen. Diese Entwicklung ist besonders seit den 1990er Jahren deutlich zu erkennen und so ist eine Debatte über das Bild der irregulären Einwanderung in Gang gekommen. Aktionen in verschiedenen Ländern, deren AkteurInnen zudem untereinander vernetzt sind, machen deutlich, dass auch Illegalisierte zivilgesellschaftliche AkteurInnen sind. Ihre Anliegen entsprechen der zivilgesellschaftlichen Intention der Einbeziehung aller und bergen an Aufklärung orientiertes Potential für entsprechende Diskurse. Kreativität im Umgang mit gesetzten Grenzen verweist auf die Fragwürdigkeit ihrer Existenz angesichts globalgesellschaftlicher Entwicklungen.[16]

Es zeigen sich also Varianten des adäquaten zivilgesellschaftlichen Vorgehens im Umgang mit den gegebenen Rahmenbedingungen und der Verteilung von Macht. Seitens der „DIDF“ besteht eine Orientierung an politischem Vorgehen und der Versuch, möglichst unabhängig zu bleiben, etwa in Bezug auf Vorgaben,

---

15 Vgl. Römhild 2007, 624

16 Vgl. dies. 2008a, 1

die an den Erhalt staatlicher Gelder geknüpft sind. Währenddessen gehört gerade letzteres zur Strategie von „PHOENIX". Der Verein bemüht sich so um Anerkennung und Einflussnahme. Hier kommt erneut zum Vorschein, dass eine gänzliche Unabhängigkeit der Zivilgesellschaft von staatlichen Einflüssen bislang nicht gewährleistet ist. Wie migrantische Selbstorganisationen Setzungen angesichts vorgefundener Barrieren vornehmen, wird ebenso am Beispiel der Entwicklung in den sogenannten neuen Bundesländern deutlich: Nach dem Ende der DDR wurde für viele der Aufenthalt unsicher, weshalb es zunächst Bemühungen um Bleiberechtsregelungen sowie um angemessene Arbeits- und Unterkunftsmöglichkeiten gab. Danach wurden Betreuungs-, und Beratungsaufgaben, kulturelle Betätigung sowie politische Vertretung wichtiger.[17]

Das Gefüge von migrantischen Selbstorganisationen in einer Stadt ist durch die dortige Ausgestaltung der bürgerrechtlichen Situation mitbestimmt. Ihre Entwicklung hängt zudem mit den institutionellen Rahmenbedingungen zusammen.[18] Die Öffentlichkeitswirksamkeit selbst organisierter zivilgesellschaftlicher Betätigung von MigrantInnen ist aufgrund der Unterschiede in ihren Möglichkeiten, welche durch ausländerrechtliche Statusunterschiede erzeugt werden, eingeschränkt. Dennoch konnten derartige Bemühungen Erfolge in Bezug auf eine gesellschaftliche Besserstellung erringen. Die eingeschränkte rechtliche und politische Teilhabe sowie Diskriminierungen können jedoch lediglich zum Teil ausgeglichen werden.[19]

Das Gesagte kann durchaus auch für andere Gruppierungen gelten, die mit den hiesigen gesellschaftlichen Rahmenbedingungen konfrontiert sind, und es legt den Schluss nahe, dass im Rahmen einer national verfassten Gesellschaft Fähigkeiten im Umgang mit Diversität noch nicht sehr weit entwickelt sind. In allen untersuchten Gruppen gibt es ein Bewusstsein darüber, dass die Zurechnung zur Gruppe der MigrantInnen weitreichende, negative Assoziationen beinhaltet und es mit sich bringt, zum Thema gemacht zu werden. Die Politik nutzt so Diversität, um Ausschlüsse möglich zu machen. Sämtliche untersuchten Beispielgruppen haben, gemäß der ihnen jeweils zugewiesenen gesellschaftlichen Stellung, angemessene Wege gefunden, diesem Mangel im Umgang mit gesellschaftlicher Diversität etwas entgegenzusetzen und als zivilgesellschaftliche AkteurInnen entsprechende, gesamtgesellschaftlich relevante Lösungsansätze zu entwickeln. Sie erheben folgerichtig den Anspruch, als voll akzeptierter Teil

17 Vgl. Weiss 2009, 145

18 Vgl. Roth 2009, 203; Penninx 2009, 616

19 Vgl. Roth 2009, 198f

der Gesellschaft anerkannt zu werden. Daraus folgt, dass bürgerliche Rechte umfassend für alle gelten müssten, womit wir es also mit Menschenrechten zu tun hätten, deren Gewährung nicht von einer bestimmten Staatsangehörigkeit abzuhängen hat, sondern kosmopolitisch begründet werden muss.[20] Damit leisten die Gruppierungen einen Beitrag zur Verwirklichung zivilgesellschaftlicher Ideale, wie sie weiter oben beschrieben wurden.[21] Ihr Einsatz zeigt auf, dass Demokratievorstellungen von Gleichberechtigung noch nicht greifen und leistet damit einen wichtigen Beitrag zur Entwicklung von Zivilgesellschaft. Die im Alltag entwickelten Interessen werden auf der je greifbaren Ebene von Öffentlichkeit platziert, intendieren Mitsprache und verweisen damit auf die Forderung nach wirklicher Beteiligung an der Ausgestaltung menschlichen Zusammenlebens, wie sie dem Zivilgesellschaftsgedanken immanent ist.

c) Eingemeindet-Werden

„Moderne Gesellschaften können ... nicht angemessen als durch geteilte sowie stabile Werte und Normen integrierte Gemeinschaften mit einer sozial und kulturell homogenen Bevölkerung verstanden werden." (Scherr 2009, 80) Die Selbstverständlichkeit im alltäglichen Umgang wird aus pragmatischen, am Gelingen orientierten Gründen praktiziert. Integrationsforderungen, welche ein bestimmendes Wertedach implizieren, verkennen hingegen, dass derartige Bekenntnisse zur Erlangung einer solchen Selbstverständlichkeit keine Rolle spielen, sondern praktisch, zielgerichtet vor Ort verfahren wird. Forderungen nach Integration beruhen auf dieser Missdeutung darüber, wie der Alltag funktioniert. Die Aufforderungen können damit gar nicht zielführend sein, sondern dienen lediglich dazu, die eigene Macht zur Schau zu stellen und bei Bedarf auf die Unterstellung zurückgreifen zu können, diese oder jene seien noch nicht genügend integriert und hätten daher nachzuarbeiten. Zudem wird nicht klar gemacht, welche Werte und Normen im Alltag jeweils relevant sein sollen.

Dabei werden weder die Forderungen nach Anpassungsleistungen – die zumeist ohnehin unscharfen Vorstellungen folgen – an die als Zugehörige zur Mehrheitsgesellschaft Definierten gerichtet, noch wird klargemacht, inwiefern jene überhaupt ein Gefüge bilden, welches in irgendeiner Weise als homogen gelten kann. Derartige Appelle dienen als Möglichkeit, Druck auf Teile der Bevölkerung ausüben zu können, um machterhaltend zu wirken. Sie kommen indes

20 Vgl. Hutter 2003, 9ff, 267

21 Vgl. Unterkapitel II 2. 1

ohne die eigentliche Existenz der in ihnen postulierten Normen und Werte aus. Denn darüber, um welche Setzungen genau es sich dabei handeln könnte, herrscht längst keine Einigkeit. Als allgemein an alle Gesellschaftsmitglieder angelegter Maßstab stellte sich alsbald dessen Untauglichkeit heraus, denn an Stelle derartiger Setzungen bestehen eher zeitweilige veränderbare Übereinkünfte. Trotzdem werden solche Normen und Werte aus den genannten Gründen gegenüber allochthonen Gesellschaftsmitgliedern als eherne Grundsätze behauptet und die Aufforderung ergeht an sie, diese einzuhalten.

Behördliche Maßnahmen, welche auf Integration abzielen, streben eine formale, abgehobene, national ausgerichtete Normierung der sozialen Wirklichkeit an. Dieser Vorgang konstruiert und klientelisiert Bevölkerungsgruppen, denen jene Normen dann übergestülpt werden. Sie sollen sich ihnen anpassen, ansonsten kann ihnen die Mitgliedschaft in der Gesellschaft verwehrt werden.[22] Allerdings findet ebenso eine konzeptionelle Entwicklung statt, welche in Richtung der Überwindung dieser Sichtweise deutet und nationalstaatlicher Fixierung im Denken entgegentritt.[23]

Während beispielsweise „Soziale Integration" im kölner „Konzept zur Stärkung der integrativen Stadtgesellschaft" (Stadt Köln 2010) derart noch als „Erwerb der gesellschaftlichen Mitgliedschaft von Zugewanderten in der Aufnahmegesellschaft" (ebd., 11) und zudem als „Voraussetzung für soziale Partizipation" (ebd.) gilt, geht der „Entwurf eines Integrations- und Diversitätskonzepts für die Stadt Frankfurt am Main" (Stadt Frankfurt/M. 2009) hingegen keineswegs mehr „von den konventionellen Kategorien ethnischer Einwanderergruppen aus, die einer deutschen Mehrheitsgesellschaft gegenüber gestellt werden" (ebd., 21) können.

Der politische Diskurs um Integration ist durch Assimilationsvorstellungen geprägt, während Exklusion weiterhin dafür sorgt, marginale Minderheiten zu schaffen, was sich wiederum leicht populistisch ausnutzen lässt.[24] Die verfehlte Diskussion um Integration basiert auf überkommenen nationalistischen Vorstellungen, die an der Realität längst über Grenzen hinweg organisierter Lebensweisen, welche sich der nationalen Logik entziehen, vorbeigehen. Sie subsumiert einen Teil der Gesellschaft unter eine Vorstellung vom „Anderen" und – allein schon, indem diese gedankliche Spaltung vorgenommen wird – als etwas minderwertiger Anzusehendes.[25] In diesem Sinne geht es bei der Orien-

22 Vgl. Aumüller 2009, 128

23 Vgl. Berking 2008b, 21

24 Vgl. ders. 1997, 404ff; ders. 2008b, 24; Roth 2009, 210

25 Vgl. Römhild 2005, 93; dies. 2009, 5; Bukow 2010, 97, 182

tierung am Begriff der Integration ohnehin vornehmlich um formal akzeptierte Immigration. Illegalisierte, Geduldete und Asylsuchende bleiben außen vor. Ihre Randstellung wird so erneut bestätigt.[26]

Was als Phänomene der Desintegration der allochthonen Bevölkerung diskutiert wird, steht in Zusammenhang mit rassistischen, ethnisierenden und nationalistischen Ansichten, mit institutioneller, rechtlicher und politischer Diskriminierung sowie sozioökonomischer Schlechterstellung. Was mit Integration gemeint ist, bleibt uneinheitlich. Daher kann es sogar passieren, dass die Annahme einer Übereinstimmung entsteht, wo eigentlich Verschiedenes gemeint ist. Viele Denkansätze beinhalten normative Zielvorstellungen. Die in den Debatten um Integration ins Feld geführten Bezüge sind derart vielfältig und unklar, dass es unmöglich bleibt anzugeben, wann Integriert-Sein genau beginnt. Trotzdem lässt sich ein Trend ausmachen, Beobachtungen anzustellen, den erreichten Integrationsgrad zu messen.[27]

Zur politischen Orientierung birgt der Begriff der Integration stets eine Vorstellung des Gebildes, in das integriert werden soll. Dabei wird zumeist von einem längst nicht mehr zur sozialen Wirklichkeit passenden, nationalstaatlichen Gesellschaftsverständnis ausgegangen, das angesichts der Geltung heutiger übernationaler Beweglichkeit, welche weiterhin als Ausnahme von der Regel verstanden wird, eine Homogenitätsphantasie zu retten versucht. Statt um die Frage, wie sich bestimmte Bevölkerungsgruppen – die zudem dafür zunächst diskursiv geschaffen werden müssen – in eine – ebenso hervorgebrachte – nationale Volksgemeinschaft eingliedern lassen, müsste es eigentlich darum gehen, wie sich Handeln routiniert in alltäglichen Abläufen unterbringen lässt, indem sich Gesellschaft auf Mobilität und Vielfalt als Normalität einstellt. Die Auseinandersetzung um das Schlagwort Integration kaschiert, dass es eigentlich nicht um die Frage geht, ob Integration erfolgt, sondern darum, welche Art der gesellschaftlichen Partizipation als problematisch gilt.[28]

Im Gegensatz dazu ist längst „im politischen Diskurs ausgemacht, dass ... ein massives Integrationsproblem besteht und dass dieses Problem durch ... fremde Ethnizität und ... Religion ... provoziert wird.“ (Bukow 2010, 219)

Entsprechend sehen auch die offiziellen Maßnahmen zu diesem Thema aus:

– Das ins Konstrukt Einzugliedernde erkennen,

---

26 Vgl. Scherr 2009, 71f; Aumüller 2009, 111

27 Vgl. Aybek/Straßburger 2009, 363; Penninx 2009, 613, 625; Scherr 2009, 73, 77

28 Vgl. Römhild 2004, 2, 4f; dies. 2005, 92f; dies. 2009, 5f; Scherr 2009, 72, 78; Bukow 2010, 25, 223

- „stärker auf die Zugewanderten zugehen“ (Hümpfner 2009, 52)[29]
- und sich dort betätigen, „wo Probleme im Zusammenleben und Hindernisse für Integration“ (ebd.) ausgemacht werden.

Kommunen können so etwa mit ihrer Integrationspolitik beeinflussen, welche Bevölkerungsgruppen Kurse zur Integration besuchen sollen.[30] Integrationsstrategische Maßnahmen, die auf soziale Aktivierung der Klientel setzen, bergen die Gefahr der Diskriminierung und Selektion, indem sie vornehmlich jene ansprechen, die ohnehin bereits über Ressourcen verfügen, während sie für die nicht Erfassten unerreicht bleiben. Zwar nehmen offizielle Stellen zivilgesellschaftliches Engagement von MigrantInnen nicht mehr durchgängig als Abschottungstendenz wahr, jedoch wird im Umfeld politischer Programme der Integration immer wieder eine Orientierung an Konflikten, Krisen und Problemen offenbar.[31]

Immerhin gehen kulturalistische Deutungsmuster zumindest in den programmatischen Vorstellungen zurück, und in einigen wenigen Städten wird der Anspruch erhoben, die Integrationspolitik, welche vornehmlich die Minderheitengruppen in den Blick nimmt, durch eine allgemein gesellschaftlich ausgerichtete zu ersetzen. Allzu häufig wird jedoch denjenigen, welche als die zu Integrierenden gelten, weiterhin ein Versäumnis zugeschrieben. Selbst bei seit mehreren Generationen Ansässigen können so vermeintliche Defizite verortet werden, welche dann durch Programme und Sondermaßnahmen der Kompensation bearbeitet werden sollen.[32]

Soziale Probleme bleiben häufig – auch wenn sie ganzen Stadtteilen zugeordnet werden – mit der allochthonen Bevölkerung assoziiert, woraus etwa gefolgert wird, dass ausgerechnet an diesen Orten Förderung migrantischer Selbstorganisationen am nötigsten sei.[33] In europäischen Ländern lösen Krisensituationen bezüglich der Integration von MigrantInnen vielfach Maßnahmen aus, welche auf übertriebene Weise die Ansichten der vor Ort dominanten Gruppen reflektieren.[34] Integrationspolitik beinhaltet stets die Aufforderung, sich einzufügen. Vor dem Hintergrund einer strukturellen Diskriminierung bleibt allerdings die Gefahr groß, dass ungewollte Entwicklungen den allochthonen Teilen der

29 „(Ethnische) Antidiskriminierungsarbeit in Nordrhein-Westfalen“, In: Bambal/Boldok/Bukow/Meder/Schulze (Hg.) 2009, 49-55

30 Vgl. Bommes 2009, 101

31 Vgl. Roth 2009, 206ff

32 Vgl. Filsinger 2009, 285f, 289; Loeffelholz 2009, 190

33 Vgl. Hümpfner 2009, 52, In: Bambal/Boldok/Bukow/Meder/Schulze (Hg.) 2009

34 Vgl. Penninx 2009, 621

Bevölkerung angelastet werden.[35] Allein durch eine derartige Herstellung eines Zusammenhanges von auftretenden Problemen und Migration bleiben vollmundig mit dem Schlagwort Integration verbundene, staatliche Versprechungen von Gleichberechtigung[36] fraglich.

Dieser häufig ins Feld geführte, konstruierte Zusammenhang wird in einer Publikation des „Landschaftsverbandes Rheinland" zum Thema „Zusammenleben und Integration auf Rheinisch" (Untertitel von Dafft 2008) im Stadtteil Nippes, die sich eifrig an der diskursiven Schaffung von Bevölkerungsgruppen beteiligt, ebenfalls nicht aufgelöst. Hier heißt es, „die alltäglichen Probleme mit den Ausländern brennen den Nippesern ... sehr auf den Nägeln" (ebd., 18).

Der Text sortiert stets nach „alteingesessenen und einheimischen" (ebd., 16) StadtteilbewohnerInnen und „Menschen fremder Herkunft" (ebd., 18), welche es zu integrieren gelte. Damit schreibt er jene Konstruktion fort, die längst Dazugehörende als „Andere" markiert und ist vor dieser Folie durchweg damit beschäftigt, den typischen Bewohner des Rheinlandes zu konstruieren – exemplarisch am Beispiel der zur Mehrheitsgesellschaft gezählten BewohnerInnen des kölner Stadtteiles. Diese schrieben MigrantInnen zwar vielfach die Schuld für Problemlagen zu, besonders typisch für das Rheinland sei es jedoch trotzdem, dass Integration im untersuchten Viertel gut funktioniere, woraufhin ostentativ gefragt wird: „Oder gerade deswegen?" (ebd., 21) Vorgefundenes wird zu einer Regionaltypie modelliert, bis hin zu der Vorstellung, bestimmte Verhaltensweisen seien ererbt, also „den Menschen am Rhein in die Wiege gelegt." (ebd., 28) Als Problemursache gelten weiterhin die „Anderen", weil sie häufig nicht die an sie gestellten Integrationsanforderungen erfüllten.[37]

Zwar sei es im Stadtteil üblich, Probleme ethnisierend zu kanalisieren und MigrantInnen verantwortlich zu machen, sich gar zu rassistischen Beschimpfungen hinreißen zu lassen,[38] aber eigentlich schuld seien „Nicht die Ausländer als solche, sondern deren unzureichende Integration" (ebd., 70) in die imaginierte rheinische Gemeinschaft, welche selbst bestimmt, was als integriert zu gelten hat. An sich gut als Anzeichen für gelungenes, routiniertes Unterbringen von Biographien im Alltag interpretierbare Phänomene, wie „Migrantenkinder in der Überzahl

35 Vgl. Filsinger 2009, 292

36 Vgl. Bambal/Boldok/Meder 2009, 64, In: Bambal/Boldok/Bukow/Meder/Schulze (Hg.) 2009

37 Vgl. Dafft 2008, 50, 52

38 Vgl. ebd., 60ff

auf dem Spielplatz" (ebd., 73), können dann – wenn es passt – kurzerhand zum Zeichen für Desintegration werden.

Erklärlich werde, dass diejenigen, welche als eigentliche Einwohnerschaft des Stadtteils zu gelten hätten, sich abreagierten, „indem sie über die Ausländer schimpfen" (ebd., 79), mit ihrer „Angst vor allem Fremden und vor zu vielen Fremden" (ebd.). Daher erfolgt der gute Rat, dass es „Für Migranten ... umso wichtiger" (ebd.) sei, „möglichst schnell die Einheimischen im Veedel kennenzulernen." (ebd.)[39] Dann sei man schließlich auch „in der Lage, Ausländer nicht nur pauschal als Fremde anzusehen, sondern ... zu integrieren." (ebd., 99)

Diese Fähigkeit, Gnade zu gewähren, wird zum typischen Wesenszug der als einheimisch Geltenden stilisiert. Zwar bleibt es dabei, dass die vermeintlich Anderen „die Integrationskraft des Veedels auf die Probe stellen, egal, sie bringen immerhin auch exotische Vielfalt und Abwechslung." (ebd., 98) Auf diese Weise werden sie zwar weiterhin als etwas Fremdes angesehen, aber „Im Zweifelsfall konzentrieren sich die Nippeser ... auf die guten Seiten." (ebd.) Derart sorgt der Integrationsdiskurs ebenfalls dafür, dass es für allochthone Teile der Bevölkerung bei der widersprüchlichen Situation bleibt, dass sie beweisen sollen, dazuzugehören, ihren angeführten Belegen bei Bedarf jedoch die Geltung abgesprochen wird.[40] Für eine Integrationspolitik ergeben sich daraus keine Hinweise darauf, wie mit rassistischen Einstellungen in der autochthonen Bevölkerung umgegangen werden kann, welche zudem durch die vielfach diskriminierende, Gleichberechtigungsbemühungen untergrabende Ausgestaltung des Ausländerrechts bestätigt zu werden scheint.[41] Selbst in der als vorbildlich geltenden Stadt Stuttgart hat Integrationspolitik es nicht vermocht, die Akzeptanz gegenüber Allochthonen zu steigern. Vorbehalte sind dort sogar größer geworden.[42]

Die Sicht des Staates mit ihrer Schaffung von Bevölkerungsgruppen und der dazugehörigen Abstufung der Zugangsbedingungen zu gesellschaftlichen Funktionssystemen beinhaltet einen Hang, das Bild vom „Anderen" als etwas dauerhaft Unbekanntes festzuschreiben.[43] Dass Teile der Bevölkerung weiterhin auf diskriminierende Weise zu Gruppen zusammengefasst werden, welche als eigentlich

39 Demgegenüber weist Helmuth Berking auf Folgendes hin: „Ein Multikulturalismusdiskurs, der exklusiv auf Kontakt orientiert ist, gefährdet das urbane Arrangement." (2008b, 24)

40 Vgl. Bukow 2010, 160

41 Vgl. Gesemann/Roth 2009, 25

42 Vgl. Meier-Braun 2009, 378

43 Vgl. Bukow 2010, 204

nicht zugehörig gelten, kann durch kommunale Integrationspolitik nicht ausgeglichen werden. Lokal installierte, gesonderte Angebote einer unverbindlichen beratend mitmachenden politischen Beteiligung mit geringer Wirkung werden, angesichts der anhaltenden Diskriminierung bezüglich wichtiger Teilsysteme, ohnehin oft nicht angenommen. Derartige migrantischen Selbstorganisationen gemachte Angebote der Partizipation können lediglich eine unzulängliche Abgeltung für das Vorenthalten voller Bürgerrechte sein, welches mittels nationaler Diskurse begründet wird. Noch immer ist kaum eine Entwicklung hin zu einer gleichberechtigten, rechtlich gesicherten bürgerschaftlichen Beteiligung zu erkennen. Da die Anerkennung auf Symbolebene stehen bleibt, haben Verbände von MigrantInnen bereits die Inszenierung von Integrationsmaßnahmen öffentlichkeitswirksam boykottiert, weil sie nicht als Staffage für Beschlüsse, bei denen sie letztlich keine Mitentscheidungsbefugnis haben, vereinnahmt werden wollten. Derartiges geschieht aufgrund des begründeten Gefühls von Machtlosigkeit und fehlender Anerkennung, weniger aus mangelndem Interesse an den politischen Vorgängen. Bereits früh haben migrantische Selbstorganisationen daher gegen ein paternalistisches Vorgehen im Zuge der Gewährung von Möglichkeiten des Einbringens eigener Interessen opponiert.[44]

Zugang zum System der Politik ist darum für alle wichtig, weil es das System ist, welches Zugangsmodi zu gesellschaftlichen Teilsystemen verändern kann. Unter den gegebenen Umständen bleibt jedoch vielfach lediglich zivilgesellschaftlich ausgerichtetes Engagement zur Einflussnahme übrig, aber auch hier ist die anerkannte Teilhabe an öffentlichen Prozessen der Auseinandersetzung durch ständige Infragestellung ihrer Legitimität mittels abgestufter, national definierter Schemata weiterhin eine unsichere Sache.[45] Entlang solcher verläuft gleichsam die Exklusion aus gesellschaftlichen Funktionssystemen. Während Illegalisierten am unteren Ende der Hierarchie jeglicher geregelter Zugang zu diesen versperrt wird, gelingt ihre Integration, insofern sie es schaffen, sich mit ihrer Biographie im hiesigen Alltag einzurichten[46] – wenn dies auch zumeist als gefährdetes Dauerprovisorium geschehen muss.

So bestimmt die jeweilige Art der Exklusion also nicht nur – wie hier darzustellen versucht – die zivilgesellschaftliche Beteiligung, sondern beeinflusst allemal in Form von Ungerechtigkeit den gesamten Lebenslauf. Die den unteren Gesellschaftsschichten zugeordneten Nachfahren von aus anderen Staaten Zuge-

44 Vgl. Roth 2009, 198f, 202, 210f; Filsinger 2009, 289

45 Vgl. Bukow 2010, 80

46 Vgl. Unterkapitel II 1. 6

zogenen verhalten sich ihrer gesellschaftlichen Stellung gemäß, „sind also nicht kulturell desintegriert, sondern umgekehrt hochintegriert." (Bukow 2010, 35)

Über die derart determinierte Integration gelingt dann sogar Illegalisierten mitunter auch wieder der Zugang zu den wichtigsten Funktionssystemen (wie Arbeits- und Wohnungsmarkt) – Inklusion quasi durch die Hintertür. Der Preis dafür sind niedrige Löhne, hohe Mieten, Abhängigkeiten. Das Problem liegt augenscheinlich also weniger an mangelnder Integration der in Bevölkerungsgruppen Aufgeteilten, sondern darin, dass die sich als Mehrheitsgesellschaft Definierenden ihre Vorteile sichern wollen.

„Konfrontiert mit einer Gruppe, die sie als eine Bedrohung ihrer Machtüberlegenheit ... und damit auch ihrer menschlichen Höherwertigkeit ... empfindet, sieht sich die Etabliertengruppe zum Gegenschlag gezwungen, den sie mittels einer permanenten Ablehnung und Demütigung der anderen führt." (Elias 1976, 49)

Desintegriert wird man demnach gemacht, und zwar von jenen, die einen für die „Anderen" halten. Im Zweifelsfall sind sie es gleichsam, die bestimmen, wie weit man es schon gebracht hat mit dem Integriert-Sein, unabhängig davon, inwieweit die zur Eigengruppe Gezählten den jeweils aufgestellten Integrationskriterien selbst entsprechen mögen.[47] Im Alltag wird dabei die gesetzliche Einteilung in Bevölkerungsgruppen mehr oder weniger kreativ, mehr oder weniger individuell und mehr oder weniger ausgeprägt nachvollzogen. Usus ist es jedenfalls, kulturalisierende und ethnisierende Zurechnungen nach Bedarf vorzunehmen und tradierte Vorstellungen des Nationalen zur Hand zu haben.[48]

Derart wird dann weiterhin für den Abstand zu den gleichsam mitgeschaffenen Bevölkerungsgruppen gesorgt. So greifen etwa im Bildungssystem jene Zurechnungstätigkeiten, welche formal eigentlich Zugelassene dort auf die hinteren Ränge verweisen. Weil jedoch die Umsetzung der gesetzlichen Schaffung von Bevölkerungsgruppen im Alltag sich nicht eins zu eins vollzieht, haben migrationsleitende und -abhaltende, politische Maßnahmen kaum ihre ursprünglich intendierte Wirkung gezeigt, die Grenzen nicht undurchlässig gemacht werden können. Hier können migrantische Selbstorganisationen gemäß ihrer gesellschaftlichen (Ohn-)Machtstellung in den Diskurs intervenieren.

Denn da „staatliche Systeme keine Gesellschaften darstellen, bleiben ihre 'Erfolge' im ... Umgang mit Mobilität begrenzt und bewirken ... bestenfalls zu-

---

47 Vgl. Frangenberg 2009, 15f, In: Bambal/Boldok/Bukow/Meder/Schulze (Hg.) 2009; Kebaili 2009, 122, In: ebd.; Scherr 2009, 77; Bukow 2010, 63, 68, 160, 184ff, 192, 199f

48 Vgl. ebd., 212f, 234

fällig etwas von dem, was sie beabsichtigen. Aber politische Systeme ... haben weniger Handlungs- als vielmehr Macht- und Machtlegitimationsprobleme." (Bukow 2010, 12)

Sie versuchen daher weiterhin, die Unterschichtung von ImmigrantInnen entweder durch Illegalisierung zu sichern oder die als Zuwanderung deklarierte Mobilität nur unter Gesichtspunkten ökonomischen Nutzens und möglichst in geringem Umfang zuzulassen.[49]

d) Grenzüberschreitende Diskurse

Die Art und Weise, wie Städte ihren Ermessensspielraum nutzen, steht aber nicht nur in Zusammenhang mit nationalstaatlichen Vorgaben, sondern hängt auch mit dem Verlauf internationaler Diskurse zum Thema Migration und Integration zusammen.[50] In diesen bietet die Selbstpositionierung nicht nur als Ausgegrenzte – obwohl mitunter Marginalisierungserfahrungen bestehen – Möglichkeiten, sich gesellschaftlich wie politisch zu verorten. Trotz Abseitsstellung kann also eine Position auf der städtischen Bühne bezogen werden.[51] Wie gesehen ist diese Stellung von der jeweils Diskriminierungserfahrungen zeitigenden Form der formalen Inklusion und einer Minorisierung im Alltag beeinflusst. Entsprechend ringen Diskriminierung Erfahrende seit langem um (formale) Anerkennung sowie Gleichbehandlung.[52]

Zivilgesellschaftlicher Einsatz von Zugewanderten, der mittlerweile zumindest tendenziell anerkannt und einbezogen wird, läuft allerdings Gefahr, im Sinne einer Integrationspolitik als Ausgleich für eine verfehlte Sozialpolitik in Anspruch genommen zu werden, obwohl gegen die Unterschichtung mittels lokaler Ansätze nicht effektiv etwas unternommen werden kann. Zudem kann die immerhin zaghaft erfolgende Anerkennung migrantischer Selbstorganisationen als Orte des Lernens zum Ausgleich für ungleich gewährte Bildungschancen instrumentalisiert werden. Währenddessen kommt es gleichfalls zu einer Bewertung, ob zivilgesellschaftliche Aktivitäten als anerkennungs- und förderungswürdig einzustufen sind. Nicht allen zivilgesellschaftlichen AkteurInnen wird ein gleicher Zugang zu den kommunalen Instanzen der Entscheidungsfindung gewährt. Das Verwaltungsinteresse bleibt tonangebend. Es besteht die Gefahr,

---

49 Vgl. ebd., 204

50 Vgl. Penninx 2009, 625

51 Vgl. Nikodem 2002, 266

52 Vgl. Bambal/Boldok/Bukow/Meder/Schulze (Hg.) 2009, 7f

für Regierungsaufgaben ausgenutzt und zur effektiveren Regierung instrumentalisiert zu werden.[53]

> „Solange nicht die ausschließliche Gültigkeit des Territorialprinzips, unabhängig von Herkunft und Abstammung durchgesetzt ist, solange wird unter diesem System eine mehr oder minder umfangreiche Diskriminierung von Randgruppen praktiziert. ... Der Überhöhung der Nation entspricht die ungenügende Demokratisierung der Lebenswelten." (Bullan et al. 1993, 70)

Das Zentrum des entsprechenden gesellschaftlichen Diskurses bildet ein durch nationale Mythen beflügelter, heimlicher Rassismus. Er wird traditionell machtpolitisch erfolgreich dazu genutzt, Struktur und Ordnung zu erhalten, welche den Status quo derjenigen sichern, die bestimmen, und er kommt dem Reglementierungswillen des Staates entgegen.[54]

„Dagegen anzugehen bedeutet insbesondere, die mythologischen Fiktionen im Alltagsverstand zurückzudrängen" (ebd., 71) und für eine – unter breiter Beteiligung unabhängig und eigenständig ablaufende – zivilgesellschaftliche Entscheidungsfindung zu sorgen. Gefragt ist eine Umstellung des Arrangements auf die Bedürfnisse der Individuen, anstatt deren Anpassung an selbiges zu verlangen. Einerseits geht es dabei im vorliegenden Zusammenhang darum, die Zugangsmodi zu gesellschaftlichen Funktionssystemen zu korrigieren und andererseits in der Lebenswelt Anerkennung zu erfahren sowie sich an zivilgesellschaftlichen Prozessen beteiligen zu können.[55]

Wie gesehen, leisten migrantische Selbstorganisationen hierzu auf verschiedenste Weise einen Beitrag. Sie sind zwar durch gewisse Ausschlussfunktionen beeinflusst, agieren jedoch vor dem Background transnationaler Biographien auf die jeweils entwickelte Weise erfolgreich. Die Möglichkeiten und Durchsetzungsweisen migrantischer Selbstorganisation zeigen damit, dass Mängeln bezüglich der Fähigkeiten im Umgang mit wachsender Vielfalt etwas entgegengesetzt werden kann.

Die Lebenssituation vieler Menschen ist heute durch internationale Erfahrungen geprägt. Dieser gesellschaftlichen Wirklichkeit wird die Unterteilung in erwünschte und unerwünschte Mobilität nicht mehr gerecht. Grenzüberschreitende Kommunikationstechniken eröffnen neue Möglichkeiten für internationale Diskurse der Zivilgesellschaft. Die Stimmen von Menschen mit

---

53 Vgl. Dahme/Wohlfahrt 2009, 56, 59ff; Roth 2009, 209; Filsinger 2009, 288, 290; Krummacher/Kulbach 2009, 392f

54 Vgl. Bukow 2010, 21, 50, 64, 204, 211

55 Vgl. ebd., 97f, 134, 239

Migrationserfahrung spielen hier eine bedeutende Rolle. Sie kommunizieren nicht nur Wissen über den Umgang mit Diskriminierungserfahrungen in Ankunftsländern, sie bringen ebenso Kenntnisse ein, welche aus dem transnational erworbenen Erfahrungsschatz gewonnen werden, etwa wie sich mobiles Leben trotz der unzeitgemäßen Aufrechterhaltung von Grenzen gestalten lässt. Des Weiteren ergeben sich so globalgesellschaftlich relevante Diskurse, nicht nur über den Umgang mit Mobilität.

Im Ringen migrantischer Selbstorganisationen um eine Anerkennung des gelebten allgemein gebilligten Miteinanders zeigt sich, dass es ebenso um demokratische Grundprinzipien geht, die im national verfassten Staat weiterhin ihrer Umsetzung harren. Diese gesamtgesellschaftlich und international relevante Perspektive wie auch Bestrebungen, in politischen Auseinandersetzungen nicht auf das Attribut MigrantIn reduziert werden zu wollen, belegen, dass über die Interessenvertretung einer bestimmten Klientel hinaus die Aushandlung von übergreifenden Lösungswegen auch für diesen Teil der Zivilgesellschaft von Belang ist. Fähigkeiten im Umgang mit Diversität finden sich bereits im selbstverständlich gelebten Alltag. Von hier aus finden sie Eingang in globale Diskurse. Demgegenüber steht allerdings noch immer das machtvolle Beharren auf der Ziehung von Grenzen, deren Bestehen der Schriftsteller Albert Vigoleis Thelen bereits vor über sechzig Jahren anprangerte: „die tatsache, dass wir uns immer noch den grenzen unterordnen, vor einem beamten sitzen mit dem irrwahn der anbetung einer höheren potenz, daran gehen wir zugrunde." (1949, Kleinschreibung im Original)[56]

---

56 Zit. n. Faure/Pütz (Hg.) 2010, 291

V Literatur und Quellen

A3 – Initiative Minderheiten (Hg.) 2006: Migrantische Selbstorganisation als politische Handlung, Publikation im Rahmen der Equalpartnerschaft wip, Wien, unter: http://igkultur.at/igkultur/transfer/news/1141047259 -abgerufen am 25. 10. 2010

Akkaya, K. 2000: Anforderungen an die öffentlichen Einrichtungen und Möglichkeiten der kommunalen Versorgung am Beispiel Kölns, In: Butterwegge, C./Hentges, G. (Hg.): Zuwanderung im Zeichen der Globalisierung, 1. Aufl., Leske + Budrich, Opladen, 247-257

Aleman, F. v. 1998: zero immigration. Die aktuelle Asylpolitik, In: JungdemokratInnen/Junge Linke NRW (Hg.): Freiheit stirbt mit Sicherheit, Reader zu Grund- und Freiheitsrechten, Broschüre, Wuppertal, 34-37

Alt, J. 2003: Leben in der Schattenwelt, von Loeper Literaturverlag, Karlsruhe

– 2009: Globalisierung, illegale Migration, Armutsbekämpfung, von Loeper Literaturverlag, Karlsruhe

–/Bommes, M. (Hg.) 2006: Illegalität, VS Verlag für Sozialwissenschaften, Wiesbaden

–/Fodor, R. 2001: Rechtlos? Menschen ohne Papiere, von Loeper Literaturverlag, Karlsruhe

analyse & kritik 2005: Marketing und Propaganda, Ausgabe 501 vom 16. Dezember, a.k.i Verlag für analyse, kritik und information, Hamburg, unter: www.akweb.de/ak_s/ak501/05.htm -abgerufen am 4. 11. 2010

Anumsa 1994: „Alles geht ins Leere“, In: BUKO-Arbeitsschwerpunkt Rassismus und Flüchtlingspolitik (Hg.): Zwischen Flucht und Arbeit, Verlag Libertäre Assoziation, Hamburg 1995, 78ff

Anwar, H. 2005: Selbstorganisation im Einwanderungsland, Bibliotheks- und Informationssystem der Carl von Ossietzky Universität Oldenburg (BIS)-Verlag, Oldenburg 2007, unter: http://oops.uni-oldenburg.de/volltexte/2007/534/-abgerufen am: 1. 11. 2010

Aslan, F./Bozay, K. et al. 2000: Türkische Lobby in Deutschland, In: Dies.: Graue Wölfe heulen wieder, UNRAST-Verlag, Münster, 209-215

Auernheimer, G. (Hg.) 2003: Schieflagen im Bildungssystem, Leske + Budrich, Opladen

Aumüller, J. 2009: Die Kommunale Integration von Flüchtlingen, In: Gesemann, F./Roth, R. (Hg.): Lokale Integrationspolitik in der Einwanderungsgesellschaft, VS Verlag für Sozialwissenschaften, Wiesbaden, 111-130

AutorInnenkollektiv 2000: Ohne Papiere in Europa, Verlag der Buchläden Schwarze Risse, Rote Straße/Verlag Libertäre Assoziation, Berlin/Hamburg

Aybek, C./Straßburger, G. 2009: 'Politik des friedlichen Zusammenlebens' – ein Integrationsansatz mit Modellcharakter in Frankfurt/Main, In: Gesemann, F./Roth, R. (Hg.): Lokale Integrationspolitik in der Einwanderungsgesellschaft, VS Verlag für Sozialwissenschaften, Wiesbaden, 351-365

Bade, K. J. 1994: Ausländer – Aussiedler – Asyl: eine Bestandsaufnahme, Verlag C. H. Beck, München

–/Oltmer, J. 1999: Einführung: Aussiedlerzuwanderung und Aussiedlerintegration. Historische Entwicklungen und aktuelle Probleme, In: Dies. (Hg.): Aussiedler: deutsche Einwanderer aus Osteuropa, Universitätsverlag Rasch, Osnabrück, 9-51

Balibar, E. 1991: Ausschließung oder Klassenkampf?, In: Ders. 1993: Die Grenzen der Demokratie, Argument-Verlag, Hamburg, 157-171

Bambal, B./Boldok, J./Bukow, W.-D./Meder, K./Schulze, E. (Hg.) 2009: Gleichstellung und Gleichbehandlung, Edition Der Andere Buchladen, Köln

Bauman, Z. 2004: Verworfenes Leben, Hamburger Edition, Hamburg 2006

Beck, U. 1986: Risikogesellschaft, Suhrkamp, Frankfurt/M.

– 2007: Weltrisikogesellschaft, Suhrkamp, Frankfurt/M.

Beck-Gernsheim, E. 2004: Wir und die Anderen, Suhrkamp, Frankfurt/M.

Behringer, L. 1993: Leben auf dem Land, Leben in der Stadt: Stabilität durch soziale Einbindung, In: Jurczyk, K./Rerrich, M. S. (Hg.): Die Arbeit des Alltags, Lambertus Verlag, Freiburg/Breisgau, 175-194

Beisbart, A. 2003: Zur Situation von Papierlosen in Deutschland und den Möglichkeiten sozialpädagogischer Intervention, Diplomarbeit, Bielefeld, unter: www.aha-bueren.de/ohnepapiere/diplomarbeit.pdf -abgerufen am: 15. 9. 2008

Berkenbusch, A./Haustein, S./Kühne, F./Renner, B. (Hg.) 2008: Geschlossene Gesellschaft, Burg Giebichenstein Hochschule für Kunst und Design, Halle

Berking, H. 1997: Populismus: Inklusion und Exklusion als politischer Stil, In: Rehberg, K.-S. (Hg.): Differenz und Integration: die Zukunft moderner Gesellschaften. Verhandlungen des 28. Kongresses der Deutschen Gesellschaft für Soziologie im Oktober 1996 in Dresden; Band 2: Sektionen, Arbeitsgruppen, Foren, Fedor-Stepun-Tagung, Westdeutscher Verlag, Opladen, 404-406

– 2008a: Was Städte zu Städten macht, Interview, ORF, Wien, unter: http://sciencev1.orf.at/science/news/151268 -abgerufen am: 5. 10. 2010

– 2008b: StadtWelten – Migration, Urbanität, neue zivilisatorische Arrangements, In: Brüning, H./Mittmann, E. (Hg.): Stadt und Migration Band 8, Edition Bauhaus, Dessau, 18-25

Beste, H. 2000: Morphologie der Macht, Leske + Budrich, Opladen

Bicker, B. 2009: Illegal, Antje Kunstmann Verlag, München

Bieling, H.-J. 2000: Dynamiken sozialer Spaltung und Ausgrenzung, Verlag Westfälisches Dampfboot, Münster

Bode, K. et al. 2010: The Man Who Divided Germany, Artikel vom 6. 9. 2010, unter: www.spiegel.de/international/germany/0,1518,715876-6,00.html -abgerufen am: 29. 10. 10

Bohnsack, R./Marotzki, W./Meuser, M (Hg.) 2003: Hauptbegriffe Qualitativer Sozialforschung, Leske + Budrich, Opladen

Bojadžijev, M. 2002: „Deutsche und ausländische Arbeiter: Ein Gegner – ein Kampf"? Antirassistische Kämpfe – Methodische Fragen, historische Entwicklungen, In: Demirović, A./Bojadžijev, M. (Hg.): Konjunkturen des Rassismus, Verlag Westfälisches Dampfboot, Münster, 268-289

– 2006: Autonomie der Migration, In: jour fixe initiative berlin (Hg.): Klassen und Kämpfe, UNRAST-Verlag, Münster, 149-165

– 2008: Die windige Internationale, Verlag Westfälisches Dampfboot, Münster

Bommes, M. 2009: Die Rolle der Kommunen in der bundesdeutschen Migrations- und Integrationspolitik, In: Gesemann, F./Roth, R. (Hg.): Lokale Integrationspolitik in der Einwanderungsgesellschaft, VS Verlag für Sozialwissenschaften, Wiesbaden, 89-109

–/Scherr, A. 1991: Der Gebrauchswert von Selbst- und Fremdethnisierung in Strukturen sozialer Ungleichheit, In: PROKLA, Ausgabe 83. Migrationsgesellschaft, Rotbuch Verlag, Berlin, 291-316

–/Wilmes, M. 2007: Menschen ohne Papiere in Köln, Osnabrück, unter: www.kmii-koeln.de/XE3system/uploads/Studie%20Menschen%20ohne%20Papiere%20in%20K%C3%B6ln.pdf -abgerufen am: 14. 3. 2009

Brandt, A./Kaiser, S./Kleinhubbert, G./Ulrich, A./Weinzierl, A. 2007: Weiße Weste für die Parallelwelt, In: Der Spiegel, Ausgabe vom 10. Dezember

Bürgerfunk Köln 2005: Illegalisierte im Interview, In: clarissa/Oli: Kein Mensch ist illegal Köln Teil 1, Produktionsdatum: 27. 5., unter: www.freie-radios.net/portal/content.php?id=9463 -auf Anfrage erhalten am: 24. 6. 09

Bukow, W.-D. 1994: Zur gesellschaftlichen und politischen Konstruktion ethnischer Minderheiten, In: Forschungsinstitut der Friedrich-Ebert-Stiftung Abt. Arbeits- und Sozialforschung (Hg.): Minderheiten- und Antidiskriminierungspolitik: Alternative zur Integration?, Gesprächskreis Arbeit und Soziales Nr. 34, Bonn, 7-25

– 1996: Feindbild: Minderheit, Leske + Budrich, Opladen

– 1999: Bemerkungen zur Zukunft der Zivilgesellschaft, In: Ders./Ottersbach, M. (Hg.): Die Zivilgesellschaft in der Zerreißprobe, Leske + Budrich, Opladen, 27-40

– 2010: Urbanes Zusammenleben, VS Verlag für Sozialwissenschaften, Wiesbaden

–/Llaryora, R. 1998: Mitbürger aus der Fremde, Westdeutscher Verlag, Opladen/Wiesbaden

–/Nikodem, C./Schulze, E./Yildiz, E. 2001: Die multikulturelle Stadt, Leske + Budrich, Opladen

–/–/ –/– (Hg.) 2001: Auf dem Weg zur Stadtgesellschaft, Leske + Budrich, Opladen

–/Yildiz, E. (Hg.) 2002: Der Umgang mit der Stadtgesellschaft, Leske + Budrich, Opladen

–/– o. J.: Urbaner Wandel durch Migration am Beispiel eines Einwandererquartiers in Köln Mülheim: Die Keupstraße, unter: http://migration-boell.de/web/integration/47_1206.asp -abgerufen am: 16. 9. 2008

Bullan, K. et al. 1993: Nationalismus und Neue Rechte, VSA-Verlag, Hamburg

Bundesverwaltungsamt (Hg.) 2009: Ausländerzentralregister, unter: www.bva.bund.de/cln_046/nn_924660/DE/Aufgaben/Abt__III/InnereSicherheitAuslaender/AZR/azr-inhalt.html__nnn=true -abgerufen am: 10. 12. 2009

Burczyk, D. 2008: Grenzschutz ist überall, In: NaturFreunde Berlin (Hg.): Grenzgänger. Migration und Tourismus, Berlin, 50-59

Cappai, G. 2005: Im migratorischen Dreieck, Lucius & Lucius, Stuttgart

Castel, R. 2008: Die Fallstricke des Exklusionsbegriffs, In: Bude, H./Willisch, A.: Exklusion, Suhrkamp, Frankfurt/M., 69-86

Cissé, M. 1998: „Wir müssen unseren Kampf wieder von vorne beginnen". Interview mit Madjiguène Cissé, Sprecherin der sans-papiers in Frankreich, In: JungdemokratInnen/Junge Linke Berlin und Brandenburg (Hg.): Kein Mensch ist illegal: Handbuch gegen Ausgrenzung, Selektion und Vertreibung, Berlin, 68-71

Cohen, R. 1992: Bürger, Eingebürgerte und Heloten, In: Blaschke, J./Germershausen, A.: Sozialwissenschaftliche Studien über das Weltflüchtlingsproblem. Band 1, Edition Parabolis, Berlin, 53-74

Dafft, G. 2008: Nippes pur!, Greven Verlag, Köln

Dahme, H.-J./Wohlfahrt, N. 2009: Politische Steuerung in der Stadt, In: Gesemann, F./Roth, R. (Hg.): Lokale Integrationspolitik in der Einwanderungsgesellschaft, VS Verlag für Sozialwissenschaften, Wiesbaden, 53-67

Dangschat, J. S. 1997: Sag' mir, wo Du wohnst, und ich sag' Dir, wer Du bist! Zum aktuellen Stand der deutschen Segregationsforschung, In: PROKLA, Ausgabe 109. StadTRaum, Verlag Westfälisches Dampfboot, Münster, 619-647

Díaz, V./Arnold, A. 2001: Unter Deutschen leben. Interview mit einer Latina ohne Papiere, In: Ohne Papiere/ila 250, unter: www.ila-bonn.de/artikel/250unter.htm -abgerufen am: 13. 5. 2009

DIDF (Hg.) 2006: 25 Jahre DIDF. Das andere Gesicht der Migration, Köln

– 2009: Über uns, unter: www.didf.de/?page_id=2 -abgerufen am: 29. 6. 2009

DIDF-Jugend o. J.: Selbstdarstellung, Faltblatt, Köln

– 2008: Wir lassen uns nicht spalten, Flugblatt, Köln

DIDF Mediengruppe 2006: Film zu 25 Jahre DIDF, unter: www.didf.de -abgerufen am: 5. 6. 2007

Die Beauftragte der Bundesregierung für Migration, Flüchtlinge und Integration 2010: 8. Bericht der Beauftragten der Bundesregierung für Migration, Flüchtlinge und Integration über die Lage der Ausländerinnen und Ausländer in Deutschland, unter: www.bundesregierung.de/Webs/Breg/DE/Bundesregierung/BeauftragtefuerIntegration/beauftragte-fuer-integration.html -abgerufen am: 26. 10. 2010

Diekmann, A. 1996: Empirische Sozialforschung, Rowohlt, Reinbek

Dienelt, K. 2006: Innenministerkonferenz – Einbürgerungskurs und Eidesleistung zur Einbürgerung, unter: www.migrationsrecht.net/nachrichten-auslaenderrecht-politik-gesetzgebung/515-innenministerkonferenz-einbrungskurs-und-eidesleistung-zur-einbrung.html -abgerufen am: 27. 10. 2010

– 2008: Rund 9.000 Teilnehmer bei Einbürgerungstests im September und Oktober 2008, unter: www.migrationsrecht.net/nachrichten-auslaenderrecht-politik-gesetzgebung/1241-rund-9000-teilnehmer-bei-einbrungstests-im-september-und-oktober-2008.html -abgerufen am: 27. 10. 2010

Dietmar, C. 2005: Kölner Toleranz, In: Ders.: Kölner Mythen, Kiepenheuer und Witsch, Köln, 51-59

dj osten 2005: Innenstadtpol. K., In: Junge Linke (Hg.): Ja sicher, schon klar! Ein Magazin zum Thema Sicherheitswahn, Broschüre, Köln, 12-16

Dreher, S. 2003: Vom Wohlfahrtsstaat zum Wettbewerbsstaat?, In: Hunger, U./Santel, B. (Hg.): Migration im Wettbewerbsstaat, Leske + Budrich, Opladen, 13-31

Dt. Ausländerrecht 2005, 19. Aufl., dtv, München

Düvell, F. 2002: Die Globalisierung des Migrationsregimes, Assoziation A, Berlin/Göttingen/Hamburg

Durugönül, E. 1999: Die Funktion der Konstruktion von ethnischen Minderheiten am Beispiel der türkischen Migranten in Deutschland, In: Kürşat-Ahlers, E./Tan, D./Waldhoff, H.-P. (Hg.): Globalisierung, Migration und Multikulturalität, Verlag für interkulturelle Kommunikation, Frankfurt/M., 139-147

Eichener, V. 1990: Außenseiter und Etablierte: Ausländer auf dem Wohnungsmarkt, In: Korte, H. (Hg.): Gesellschaftliche Prozesse und individuelle Praxis, Suhrkamp, Frankfurt/M., 160-178

Elias, N. 1976: Zur Theorie von Etablierten-Außenseiter-Beziehungen, In: Ders./Scotson, J. L. 2006: Etablierte und Außenseiter, Suhrkamp, Baden-Baden, 7-56

Farzin, S. 2006: Inklusion Exklusion, transcript Verlag, Bielefeld

Faure, U./Pütz, J. (Hg.) 2010: Albert Vigoleis Thelen: Meine Heimat bin ich selbst. Briefe 1929-1953, DuMont Buchverlag, Köln

Filsinger, D. 2009: Entwicklungen, Konzepte und Strategien der kommunalen Integrationspolitik, In: Gesemann, F./Roth, R. (Hg.): Lokale Integrationspolitik in der Einwanderungsgesellschaft, VS Verlag für Sozialwissenschaften, Wiesbaden, 279-296

Flam, H. (Hg.) 2007: Migranten in Deutschland, UVK Verlagsgesellschaft, Konstanz

Flick, U. 2006: Qualitative Sozialforschung, Rowohlt, Reinbeck

FoeBuD e.V. 2006: Preisträger der Kategorie „Lebenswerk", unter: www.bigbrotherawards.de/2000/.life -abgerufen am: 10. 12. 2009

Fülberth, G. 2010: Mob und Elite, In: Gremliza, H. L. (Hg.): konkret, Ausgabe 10/2010, KVV konkret, Hamburg, 12f

Fulbrook, M. 1996: Germany for the Germans? Citizenship and nationality in a divided nation, In: Cesarani, D./Fulbrook, M. (Ed.): Citizenship, Nationality and Migration in Europe, Routledge, London/New York 1997, 88-105

Gaitanides, S. 2005: Selbstorganisation von Eltern mit Migrationshintergrund und ihr Beitrag zur Integration, In: Roth, F./Sorg, U./Willenborg, K.-H. (Hg.): Erfolg in Schule und Beruf, München, 52-60, unter: www.muenchen.de/cms/prod1/mde/_de/rubriken/Rathaus/80_scu/20_bildber/internat/pdfs/pdf10.pdf -abgerufen am: 15. 9. 2008

GegenStandpunkt 2006: Stichwort: Integration. Die Nation beschafft ihren Immigranten eine deutsche Staatsbürgernatur, Ausgabe 4-06, GegenStandpunkt Verlag, München

Geller, M. 2008: Bilder ohne Ende, In: NaturFreunde Berlin (Hg.): Grenzgänger. Migration und Tourismus, Berlin, 12-21

Gesellschaft für Legalisierung 2004: The claim for rights – the right for legalisation [sic], In: Bundeskoordination Internationalismus (BUKO) et al.: das ende der bescheidenheit aneignung neoliberalismus widerstand, Dokumentation des 27. Bundeskongresses (BUKO) vom 20.-23. Mai, Kassel, 106ff

Gesemann, F./Roth, R. 2009: Kommunale Integrationspolitik in Deutschland – einleitende Bemerkungen, In: Dies. (Hg.): Lokale Integrationspolitik in der Einwanderungsgesellschaft, VS Verlag für Sozialwissenschaften, Wiesbaden, 11-29

Girtler, R. 1989: Feldforschung, In: Endruweit, G./Trommsdorff, G.: Wörterbuch der Soziologie, Band 1, dtv/Enke, Stuttgart, 201ff

Gläser, J./Laudel, G. 2006: Experteninterviews und qualitative Inhaltsanalyse, VS Verlag für Sozialwissenschaften, Wiesbaden

Goebel, T./Wilberg, B./Klopotek, F./Wegener, M. 2004: Köln vor der Wahl, In: Stadt Revue, Ausgabe 09/04, Köln, 32-39

Goffman, E. 1959: Wir alle spielen Theater, Piper, München/Zürich 2006

Gottschalk, C. 2002: Schlimmer Express, trauriger Herausgeber, In: Stadt Revue, Ausgabe 10/02, Köln, unter: www.stadtrevue.de/index_archiv.php3?tid=302&bid=3&ausg=10/02 -abgerufen am: 10. 3. 2009

Gomolla, M./Radtke, F.-O. 2002: Institutionelle Diskriminierung. Die Herstellung ethnischer Differenz in der Schule, Leske + Budrich, Opladen

Greiner, Y. 2003: Räumpanzer gegen Igluzelte, In: Stadt Revue, Ausgabe 09/03, Köln, 13

Grell, B. 2006: Gibt es einen Paradigmenwechsel in der US-amerikanischen Einwanderungspolitik?, unter: www.migration-boell.de/web/migration/46_683.asp -abgerufen am: 6. 11. 2010

Ha, K. N. 1999: Ethnizität und Migration, Verlag Westfälisches Dampfboot, Münster

– 2007: „Integration kann nicht verordnet werden". Ohne gleiche Rechte und Selbstbestimmung keine Integration, unter: www.migration-boell.de/web/integration/47_1307.asp -abgerufen am: 27. 10. 2010

Habermas, J. 1992: Zur Rolle von Zivilgesellschaft und politischer Öffentlichkeit, In: Ders.: Faktizität und Geltung, Suhrkamp, Frankfurt/M., 399-467

Haug, W. F. 2005: Zivilgesellschaft, In: Wissenschaftlicher Beirat von attac (Hg.): ABC der Globalisierung, VSA-Verlag, Hamburg, 212f

Heck, G. 2008: „Illegale Einwanderung", UNRAST-Verlag, Münster

Heinze, T. 2001: Qualitative Sozialforschung, Oldenbourg Wissenschaftsverlag, München/Wien

Hentges, G. 2006: „Integrationskurse" – Integration?, unter: www.bdwi.de/forum/archiv/archiv/277883.html -abgerufen am: 27. 10. 2010

Herbert, U. 1986: Geschichte der Ausländerbeschäftigung in Deutschland 1880 bis 1980, Verlag J. H. W. Dietz Nachf., Berlin/Bonn

– 2001: Geschichte der Ausländerpolitik in Deutschland, Verlag C. H. Beck, München

Herman, L. 2004: Der Klub der polnischen Wurstmenschen, Ullstein, Berlin

Holert, T. 2008: Leben in der Fremde, In: NaturFreunde Berlin (Hg.): Grenzgänger. Migration und Tourismus, Berlin, 22-31

Hoppe, J. R./Huth, S. 2002: Recherche zum freiwilligen Engagement von Migrantinnen und Migranten, Frankfurt/M., unter: www.inbas-sozialforschung.de/download/FE_Migranten_Bericht.pdf -abgerufen am: 15. 9. 2008

Huth, S. 2002: Vortrag: Freiwilliges Engagement und Selbstorganisationen von MigrantInnen im Kontext wissenschaftlicher Diskussion, Bonn/Frankfurt (M.), unter: www.inbas-sozialforschung.de/download/FE-MigrantInnen-Vortrag.pdf -abgerufen am: 15. 9. 2008

– 2007: Bürgerschaftliches Engagement von Migrantinnen und Migranten – Lernorte und Wege zu sozialer Integration, unter: www.inbas-sozialforschung.de/download/0705_BE_Migranten_Lernorte_Integration_SHuth.pdf -abgerufen am: 15. 9. 2008

Huth-Hildebrandt, C. 2002: Das Bild von der Migrantin, Brandes & Apsel, Frankfurt/M.

Hutter, F.-J. 2003: No rights, Aufbau Taschenbuch Verlag, Berlin

Ioffe, A./PHOENIX-Köln e. V. 2003-2006: Die „Russische Frage" im heutigen Deutschland, unter: www.phoenix-cologne.com -abgerufen am: 12. 6. 2007

Jensen, A. 2009: Schule nicht für alle da, In: VER.DI PUBLIK, Ausgabe 01/02, Januar/Februar

JobBörse PHOENIX o. J.: Die JobBörse PHOENIX stellt sich vor, Faltblatt

Josten, D. 2004: Gibt es eine Renaissance der Geopolitik?, GRIN Verlag, München/Ravensburg

– 2009: Zur Geschichte der Erzeugung nationaler Wirklichkeit in Deutschland, In: Junge Linke (Hg.): Die Politik Postille, Ausgabe 2, Köln, 2-7

Jugendclub Courage Köln e. V. (Hg.) 2008: Köln ganz rechts. Die extreme Rechte und die Braunzone in Köln, Broschüre, Köln

– et al. 1997: „... ich möchte nicht mehr sitzen hier für Deutschland!" Reader zur Ausstellung über Flüchtlinge und Abschiebehaft in Deutschland, Broschüre, Köln

Kieser, A. 2001: Rentabel und verfolgt. Illegale und die deutsche Debatte über Einwanderung, In: Tolmein, O. (Hg.): Besonderes Kennzeichen: D, KVV konkret, Hamburg, 48-71

– 2008: „Wer nicht mitfährt, wird verhaftet", In: Stadt Revue, Ausgabe 01/08, Köln, 14

Klingsieck, R. 2008: „Illegale" besetzen ihre Arbeitsplätze, In: Neues Deutschland, Ausgabe vom 22. April

Kneer, G. 1997: Zivilgesellschaft, In: Ders./Nassehi, A./Schroer, M. (Hg.): Soziologische Gesellschaftsbegriffe, Fink, München, 228-251

Kölner Statistische Nachrichten 2007: Statistisches Jahrbuch 2006, Ausgabe 5/07, 85. Jahrgang, unter: www.stadt-koeln.de/1/zahlen-statistik/jahrbuch/-abgerufen am: 12. 3. 2009

Kronauer, M. 2002: Exklusion, Campus Verlag, Frankfurt (M.)/New York

– 2008: Plädoyer für ein Exklusionsverständnis ohne Fallstricke, In: Bude, H./Willisch, A.: Exklusion, Suhrkamp, Frankfurt/M., 146-153

Krummacher, M./Kulbach, R. 2009: Interkulturelles Konzept der Stadt Essen: Umsetzung, Erfahrungen und Anregungen zur Übertragung, In: Gesemann, F./Roth, R. (Hg.): Lokale Integrationspolitik in der Einwanderungsgesellschaft, VS Verlag für Sozialwissenschaften, Wiesbaden, 383-397

Landratsamt Ortenaukreis Migrationsamt 2008: Loyalitätserklärung mit Bearbeitungsblatt, unter: www.ortenaukreis.de/media/custom/loadDocument.phtml?ObjSvrID =597&ObjID=850&ObjLa=1&Ext=PDF -abgerufen am: 27. 10. 2010

Latorre Pallares, P. et al. 2006: Selbstorganisationen von Migrantinnen – ihre Bedeutung für die Partizipation in der Einwanderungsgesellschaft, Darmstadt, unter: www.abpaed.tu-darmstadt.de/arbeitsbereiche/eb/documents/AbschlussberichtSelbstorganisationenvonMigrantinnen-ihreBedeutungfurdiePartizipationinderEin.pdf -abgerufen am: 17. 9. 2008

Leggewie, C. 1980: Deutschland – Land aus Gold, In: Michel, K. M./Spengler, T. (Hg.): Kursbuch, Ausgabe 62. Vielvölkerstaat Bundesrepublik, Kursbuch/Rotbuch Verlag, 121-133

Lehnert, M. 2008: Nach Art des Deutschen Hauses, In: Jungle World, Ausgabe vom 12. Juni

Litschko, K. 2009: NPD lockt Antifa nach Berlin-Köpenick, Artikel vom 23. April, unter: www.taz.de/1/berlin/artikel/1/npd-lockt-antifa-nach-berlin-koepenick/-abgerufen am: 2. 11. 2010

Loeffelholz, H. D. v. 2009: Auswirkungen von Zuwanderung auf die ökonomische Entwicklung von Kommunen, In: Gesemann, F./Roth, R. (Hg.): Lokale Integrationspolitik in der Einwanderungsgesellschaft, VS Verlag für Sozialwissenschaften, Wiesbaden, 171-193

Löw, M./Steets, S./Stoetzer, S. 2007: Einführung in die Stadt- und Raumsoziogie,
Verlag Barbara Budrich, Opladen/Farmington Hills

Ludwig, M. 2008: Keine Papiere, aber Arbeit, In: VER.DI PUBLIK, Ausgabe v. 10. Oktober

Mammey, U. 1999: Segregation, regionale Mobilität und soziale Integration von Aussiedlern, In: Bade, K. J./Oltmer, J. (Hg.): Aussiedler: deutsche Einwanderer aus Osteuropa, Universitätsverlag Rasch, Osnabrück, 107-126

Mannitz, S. 2006: Die verkannte Integration, transcript Verlag, Bielefeld

MASSKS (Ministerium für Arbeit, Soziales und Stadtentwicklung, Kultur und Sport des Landes NRW) (Hg.) 1999a: Selbstorganisationen von Migrantinnen und Migranten in NRW. Wissenschaftliche Bestandsaufnahme, Düsseldorf

– (Hg.) 1999b: Selbstorganisationen von Migrantinnen und Migranten in NRW. Adressenverzeichnis, Düsseldorf

Mayer, M. 1997: Berlin – Los Angeles. Berlin auf dem Weg zur „Global City"?, In: PROKLA, Ausgabe 109. StadTRaum, Verlag Westfälisches Dampfboot, Münster, 519-543

Medienkommando Kölle 2009: Rede eines betroffenen Flüchtlings von heute (25. 3.), unter: http://de.indymedia.org/2009/03/245098.shtml -abgerufen am: 22. 6. 09

Meier-Braun, K.-H. 2009: Stuttgart: Zuwanderung seit 30 Jahren als Chance und Bereicherung, In: Gesemann, F./Roth, R. (Hg.): Lokale Integrationspolitik in der Einwanderungsgesellschaft, VS Verlag für Sozialwissenschaften, Wiesbaden, 367-382

Melber, H. 1997: Zivilgesellschaft, internationale, In: Albrecht, U./Vogler, H. (Hg.): Lexikon der Internationalen Politik, R. Oldenbourgh, München/Wien, 568-570

Menke, M. 1993: Ausländer, In: Hartung, S./Kadelbach, S. (Hg.): Bürger, Recht, Staat, Fischer, Frankfurt/M., 236-253

Mertens, H. 2001: Bedürfnisorientierung und Politik in der Weltgesellschaft. Beobachtungen auf der 'Schäl Sick', In: PERIPHERIE, Ausgabe Nr. 83, Frankfurt/M., 78-97

Mönninger, M. 1999: Einleitung: Tendenzen der Stadtentwicklung im Spiegel aktueller Theorien, In: Ders (Hg.): Stadtgesellschaft, Suhrkamp, Frankfurt/M., 7-28

Moreno, M./Bayer, S. 2005: Sie nahmen mir die Freiheit. Geständnisse einer Illegalen, Droemer, München

Müller, U. 2002: Bericht zum freiwilligen Engagement von Migranten in Reutlingen: Engagement im Verein und in der Lokalpolitik, unter: www.inbas-sozialforschung.de/download/FE_Migranten_Anhang_4_3_2.pdf -abgerufen am: 28. 7. 2008

Münz, R./Alscher, S./Özcan, V. 2001: Leben in der Illegalität, In: Bade, K. J. (Hg.): Integration und Illegalität in Deutschland, Inst. für Migrationsforschung und Interkulturelle Studien (IMIS), Osnabrück, 77-90

Nassehi, A. 2006: Die paradoxe Einheit von Inklusion und Exklusion. Ein systemtheoretischer Blick auf die „Phänomene", In: Bude, H./Willisch, A. (Hg.): Das Problem der Exklusion: Ausgegrenzte, Entbehrliche, Überflüssige, Hamburger Edition, Hamburg, 46-69

– 2008: Exklusion als soziologischer und sozialpolitischer Bergriff?, In: Bude, H./Willisch, A. (Hg.): Exklusion, Suhrkamp, Frankfurt/M., 121-130

Netzwerk Migration in Europa (Hg.) 1998: Thailand: Abschiebung von 300.000 illegalen Arbeitern begonnen, In: Migration und Bevölkerung, Ausgabe 05/98, unter: www.migration-info.de/migration_und_bevoelkerung/archiv/ausgaben/ausgabe9805.htm -abgerufen am: 6. 11. 2010

Nikodem, C. 2002: Inklusions- und Exklusionsverfahren. Erläutert am Beispiel des Arbeitsmarktes eines Kölner Stadtteils, unter: http://kups.ub.uni-koeln.de/volltexte/2003/909/-abgerufen am: 12. 8. 2008

Nome, F. 2006: Entlang der Schmugglerroute, Wilhelm Heyne Verlag, München

Nuscheler, F. 1995: Internationale Migration, Leske + Budrich, Opladen

Ören, A. 1983: Bitte nix Polizei, Kriminalerzählung, Fischer, Frankfurt/M.

Ottersbach, M. 1997: Gesellschaftliche Konstruktion von Minderheiten, Leske + Budrich, Opladen

– 2003: Außerparlamentarische Demokratie, Campus Verlag, Frankfurt (M.)/New York
Papamichou, M. 2005: Massenmedien und ethnische Minderheiten unter besonderer Berücksichtigung griechischer Bevölkerungsteile, Athen/Köln, unter: http://kups.ub.uni-koeln.de/volltexte/2006/1643/-abgerufen am: 12. 8. 2008
Paraschou, A. 2004: Die Selbstorganisation von MigrantInnen, In: ISS-Frankfurt a. M. (Hg.): Migration und soziale Arbeit, Ausgabe 2, 26. Jahrgang, Juventa Verlag, Weinheim, 118-122
Penninx, R. 2009: Vergleichende Studien zu Integrationspolitiken europäischer Städte, In: Gesemann, F./Roth, R. (Hg.): Lokale Integrationspolitik in der Einwanderungsgesellschaft, VS Verlag für Sozialwissenschaften, Wiesbaden, 611-633
Peuckert, R. 2000: Rolle, soziale, In: Schäfers, B. (Hg.): Grundbegriffe der Soziologie, Leske + Budrich, Opladen, 290-294
PHOENIX-Köln e. V. o. J.: Hallo ... auch wir sind Deutschland, Broschüre, 3. Aufl.
Pongs, A. 1999: In welcher Gesellschaft leben wir eigentlich?, Dilemma Verlag, München
Pries, L./Sezgin, Z. (Hg.) 2010: Jenseits von 'Identität oder Integration', VS Verlag für Sozialwissenschaften, Wiesbaden
Reif, W. 1997: Zur Situation nichtdeutscher Inhaftierter in den Justizvollzugsanstalten, In: Jünschke, K./Tekin, U. (Hg.): Jugendkriminalität. Gegen die Kriminalisierung von Jugendlichen, Edition Der Andere Buchladen, Köln, 47-53
Reißlandt, C. 2003: Ein neuer Anlauf nach dem Scheitern? – Die wechselhafte Geschichte des Zuwanderungsgesetzes, In: Butterwegge, C./Hentges, G. (Hg.): Zuwanderung im Zeichen der Globalisierung, 2. Aufl., Leske + Budrich, Opladen, 123-148
Römhild, R. 2004: Global Heimat Germany. Migration and the Transnationalization of the Nation-State, In: Transit 1(1), unter: http://escholarship.org/uc/item/57z2470p -abgerufen am: 24. 4. 2010
– 2005: Nach der „Gastarbeit“: Transitgesellschaft Europa, In: Kölnischer Kunstverein et al. (Hg.): Projekt Migration, DuMont, Köln, 92-97
– 2007: Migranten als Avantgarde?, In: Blätter für deutsche und internationale Politik, Ausgabe 5/07, Blätter Verlagsgesellschaft, Berlin, 618-624
– 2008a: Alte Träume, neue Perspektiven, In: Goethe-Institut e. V. (Hg.): Migration und Integration – Dossier: Kulturen in Bewegung – Kulturelle Globalisierung, unter: http://goethe.de/ges/pok/prj/mig/kgl/de3298933.htm -abgerufen am: 24. 4. 2010
– 2008b: Global Heimat – Alltag junger Migranten in der Einwanderungsgesellschaft, In: Brüning, H./Mittmann, E. (Hg.): Stadt und Migration Band 8, Edition Bauhaus, Dessau, 62-72
– 2009: Die Richtung stimmt – aber der Weg führt noch weiter, In: MiG – Migration in Germany e.V. (Hg.): Migazin.de, Köln, unter: www.migazin.de/2009/11/06/die-richtung-stimmt-aber-der-weg-fuhrt-noch-weiter/-abgerufen am: 24. 4. 2010
Roth, R. 2009: Integration durch politische Partizipation und bürgerschaftliches Engagement, In: Gesemann, F./Roth, R. (Hg.): Lokale Integrationspolitik in der Einwanderungsgesellschaft, VS Verlag für Sozialwissenschaften, Wiesbaden, 195-215

RTL AKTUELL 2010: Gabriel: Mehr ältere Arbeitslose in Arbeit bringen, Artikel vom 24. Oktober, unter: www.rtl.de/medien/information/rtlaktuell/101da-7a51f-51ca-11/gabriel-mehr-aeltere-arbeitslose-in-arbeit-bringen.html – abgerufen am: 29. 10. 2010

Rütten, A. 2000: Globale Migration und integrationspolitische Handlungsmöglichkeiten auf Landesebene am Beispiel Nordrhein-Westfalens, In: Butterwegge, C./Hentges, G. (Hg.): Zuwanderung im Zeichen der Globalisierung, 1. Aufl., Leske + Budrich, Opladen, 179-187

Rudolph, R. 2009: Hilfspaket für die „Illegalen", In: Kölner Stadt Anzeiger, Ausgabe vom 5. Februar

Sassen, S. 1997: Migranten, Siedler, Flüchtlinge, Fischer, Frankfurt/M.

– 2008: Abschottung ist der falsche Weg, Interview, In: NaturFreunde Berlin (Hg.): Grenzgänger. Migration und Tourismus, Berlin, 73-81

Scherr, A. 2009: Leitbilder in der politischen Debatte: Integration, Multikulturalismus und Diversity, In: Gesemann, F./Roth, R. (Hg.): Lokale Integrationspolitik in der Einwanderungsgesellschaft, VS Verlag für Sozialwissenschaften, Wiesbaden, 71-88

Schmals, K. M. 2000: Thesen zur Veranstaltung Stadt und Migration im Wintersemester 2000, Dortmund, unter: www.raumplanung.uni-dortmund.de/soz/skripte/thesen-migration.html -abgerufen am: 29. 4. 2007

Schmidt, D. 2003: Migrantenselbstorganisationen in der Zivilgesellschaft, unveröffentl. Diplomarbeit, Köln

Schmidt, J. 2007: Zivilgesellschaft, Rowohlt, Reinbeck

Schmidt, M. G. 1995: Zivilgesellschaft, In: Ders.: Wörterbuch zur Politik, Kröner, Stuttgart, 1096

Schnell, R./Hill, P. B./Esser, E. 2005: Methoden der empirischen Sozialforschung, Oldenbourg Wissenschaftsverlag, München/Wien

Schönwälder, K. 1996: Migration, refugees and ethnic plurality as issues of public and political debates in (West) Germany, In: Cesarani, D./Fulbrook, M. (Ed.): Citizenship, Nationality and Migration in Europe, Routledge, London/New York 1997, 159-178

–/Vogel, D./Sciortino, G. 2004: Migration und Illegalität in Deutschland, unter: www.aha-bueren.de/links/irregulare-migrationfluchthilfe/-abgerufen am: 14. 3. 2010

Schulze, E. 2003: Urbane Lebenswelten. Lebensformen, -stile und -welten im multikulturellen städtischen Raum, unter: http://kups.ub.uni-koeln.de/volltexte/2005/1372/-abgerufen am: 31. 3. 2007

Schwenken, H. 2006: Rechtlos, aber nicht ohne Stimme, transcript Verlag, Bielefeld

Scobel, G. et al. 2010: scobel, Thema: Illegal in Deutschland, ZDF/3Sat, TV-Sendung vom 10. Juni

Seidel-Pielen, E. 1993: Politik auf der Straße, In: Leggewie, C./Şenocak, Z. (Hg.): Deutsche Türken, Rowohlt, Reinbek, 37-48

– 1995: Vom Stadtteilkampf zum Ausländerprojekt, In: Ders.: Unsere Türken, Elefanten Press, Berlin, 116-126

Simsa, R. 2001: Die Zivilgesellschaft als Hoffnungsträger zu Lösung gesellschaftlicher Probleme? Zwischen Demokratisierung und Instrumentalisierung gesellschaftlichen Engagements, In: Institut für Sozialarbeit und Sozialpädagogik e. V. (Hg.): Europäische Integration als Herausforderung, Frankfurt/M., 23-40

SPIEGEL ONLINE 2010: Äußerungen zur Einwanderung. Seehofer lehnt Entschuldigung ab, Artikel vom 11. Oktober, unter: www.spiegel.de/polizik/deutschland/0,1518,722408,00.html -abgerufen am: 2. 11. 2010

Sprinzl, R. 2005: Ein effektives Märchen: Ausländerkriminalität, In: Junge Linke (Hg.): Ja sicher, schon klar! Ein Magazin zum Thema Sicherheitswahn, Broschüre, Köln, 31-33

Stadt Frankfurt/M. 2009: Entwurf eines Integrations- und Diversitätskonzepts für die Stadt Frankfurt am Main, unter: www.mmg.mpg.de/documents/Integrationskonzept.pdf -abgerufen am: 26. 4. 2010

Stadt Köln 2010: Konzept zur Stärkung der integrativen Stadtgesellschaft, Entwurfsversion vom 1. April

Statistisches Bundesamt 2010: Bevölkerung mit Migrationshintergrund – Ergebnisse des Mikrozensus 2009 – Fachserie 1 Reihe 2.2 – 2009, Wiesbaden, unter: www-ec.destatis.de/csp/shop/sfg/bpm.html.cms.cBroker.clscmspath=struktur,vollanzeige.csp&ID=1025904 -abgerufen am: 4. 9. 2010

Steven, E. 2003: Grenzcamp-Räumung in Köln: Grundrechte außer Kraft gesetzt?, In: Junge Welt, Ausgabe vom 19. August

Stobbe, H. 2004: Undokumentierte Migration in Deutschland und den Vereinigten Staaten, Universitäts-Verlag, Göttingen

Strubelt, W./Veith, K. 1997: Zuwanderung und Integration – Deutschland in den 80er und 90er Jahren, In: Friedrichs, J. (Hg.): Die Städte in den 90er Jahren, Westdeutscher Verlag, Opladen/Wiesbaden

Terkessidis, M. 2000: Migranten, Europäische Verlagsanstalt/Rotbuch Verlag, Hamburg

Tornau, J. F. 2003: Kölner Polizei dreht Grenzcampern das Wasser ab, In: Frankfurter Rundschau, Ausgabe vom 11. August

Treibel, A. 1999: Migration in modernen Gesellschaften, Juventa Verlag, Weinheim/München

Valerie 2007: Aussagen im Interview als O-Ton, In: Beerhold, J./Linder, C.: Schattenmenschen. Illegal in Deutschland, Dokumentarfilm, WDR

Vedale 1995: „Ich muß mich unsichtbar machen", In: BUKO-Arbeitsschwerpunkt Rassismus und Flüchtlingspolitik (Hg.): Zwischen Flucht und Arbeit, Verlag Libertäre Assoziation, Hamburg, 87ff

Vicovac, J. 2008: Funktionen migrantischer Selbstorganisation am Beispiel der Vereins- und Organisationslandschaft der „Polonia" in Wien, Diplomarbeit, Wien

Waldrauch, H./Sohler, K. 2004: Migrantenorganisationen in der Großstadt, Campus Verlag, Frankfurt (M.)/New York

Weerth, G. 1845-1848: Humoristische Skizzen aus dem deutschen Handelsleben, Insel-Verlag, Leipzig 1979

Wehmann, M. 1999: Freizeitorientierungen jugendlicher Aussiedler und Aussiedlerinnen, In: Bade, K. J./Oltmer, J. (Hg.): Aussiedler: deutsche Einwanderer aus Osteuropa, Universitätsverlag Rasch, Osnabrück, 207-226

Weiss, K. 2009: Zuwanderung und Integration in den neuen Bundesländern, In: Gesemann, F./Roth, R. (Hg.): Lokale Integrationspolitik in der Einwanderungsgesellschaft, VS Verlag für Sozialwissenschaften, Wiesbaden, 131-148

Wiedemann, C. 2009: Auf illegalem Streikposten, In: VER.DI PUBLIK, Ausgabe vom 3. März

Wodak, R./Leeuwen, T. v. 1999: Politische, rechtliche und bürokratische Legitimation von Einwanderungskontrolle: Eine diskurs-historische Analyse, In: Kossek, B. (Hg.): Gegen-Rassismen: Konstruktionen – Interaktionen – Interventionen, Argument-Verlag, Hamburg/Berlin, 100-129

Yildiz, E. 1994: Migrantensozialarbeit – Migrantenselbstorganisationen – Initiativgruppen, In: Kölner Appell (Hg.): Köln International, Volksblatt Verlag, Köln, 42-53

– 1999: Fremdheit und Integration, BLT/Verlagsgruppe Lübbe, Bergisch Gladbach

– 2000: Multikulturalität und Demokratie im Zeitalter der Globalisierung, In: Butterwegge, C./Hentges, G. (Hg.): Zuwanderung im Zeichen der Globalisierung, 1. Aufl., Leske + Budrich, Opladen, 210-226

Yurdakul, G. 2005: „Wir sind gemeinsam stark?“ Die unglückliche Ehe zwischen Migrantenvereinigungen und Gewerkschaften, In: IFADE (Hg.): Insider – Outsider, transcript Verlag, Bielefeld, 119-137

Zabel, U. 2001: Aus der Beratungsarbeit mit Zuwanderern ohne Aufenthaltsrecht und Duldung im Caritas-Migrationsdienst Berlin, In: Bade, K. J. (Hg.): Integration und Illegalität in Deutschland, Inst. für Migrationsforschung und Interkulturelle Studien (IMIS), Osnabrück, 91-99

Zentrum für Türkeistudien (Hg.) 1994: Ausländische Selbstorganisationen und Vereine, In: Dass.: Ausländer in der Bundesrepublik Deutschland, Leske + Budrich, Opladen, 331-390